北京体育大学“211工程”
重点资助体育专业研究生通用教材

体能训练理论与实践

Tineng Xunlian Lilun yu Shijian

王卫星　编著

高等教育出版社·北京

内容提要

本教材共分六章，内容主要包括体能训练概述、力量训练原理与方法、速度、灵敏训练原理与方法、耐力训练原理与方法、核心力量训练原理与方法及拉伸训练原理与方法等内容。全书紧扣运动员体能训练的实践需要，在秉承了传统体能训练的基础上，融合了当代体能训练的先进理念，内容丰富、资料新颖、图文并茂、语言简明。本书适合作为普通高校体育教育训练学专业、运动训练专业和民族传统体育专业研究生的专业基础课程教材，亦可作为体育学其他专业研究生、本科生的参考资料，还可作为教练员、运动员、相关体育科研人员、体育专业教师等学习和研究的参考书。

图书在版编目（CIP）数据

体能训练理论与实践／王卫星编著．—北京：高等教育出版社，2012.8（2023.5重印）
ISBN 978-7-04-034507-0

Ⅰ.①体…　Ⅱ.①王…　Ⅲ.①身体训练-研究生-教材　Ⅳ.①G808.14

中国版本图书馆CIP数据核字(2012)第139609号

策划编辑　傅雪林　　责任编辑　桂隽超　胡高峰　　封面设计　于　涛　　版式设计　杜微言
责任校对　胡美萍　　责任印制　刘思涵

出版发行	高等教育出版社	咨询电话	400-810-0598
社　　址	北京市西城区德外大街4号	网　　址	http://www.hep.edu.cn
邮政编码	100120		http://www.hep.com.cn
印　　刷	北京玥实印刷有限公司	网上订购	http://www.landraco.com
开　　本	787×960　1/16		http://www.landraco.com.cn
印　　张	15.75	版　　次	2012年8月第1版
字　　数	280千字	印　　次	2023年5月第8次印刷
购书热线	010-58581118	定　　价	26.80元

本书如有缺页、倒页、脱页等质量问题，请到所购图书销售部门联系调换

物 料 号　34507-00

编 委 名 单

主　编

王卫星（北京体育大学教授）

副主编

韩春远（华南理工大学博士）
苍　海（北京体育大学副教授）

编　委（按姓氏笔划排序）

苍　海（北京体育大学副教授）
董德龙（西南大学副教授）
韩春远（华南理工大学博士）
王冬月（郑州航空工业管理学院博士）
王卫星（北京体育大学教授）
周爱国（北京体育大学博士）
张秀云（北京体育大学硕士）
武文强（北京体育大学博士）
尹晓光（北京体育大学博士）

前言

本教材在编写过程中根据研究生的学习需要，结合当代体能训练的特点，以运动实践为切入点，突出教材的可读性和实操性，力求将训练理论与训练实践有机结合，由此激发学生的学习兴趣和求知欲望，深入而全面地了解和掌握当代体能训练的现状、方法及发展趋向。

根据高校体育专业研究生的培养目标及课程开设的特点，运动员体能训练内容实际涵盖诸如运动训练、运动解剖学、运动生理学、运动保健学、运动生物力学、运动生物化学和运动营养学等众多三级学科的知识。本书既打破了按运动训练学系统编排的体系，又突破了按三级学科并列予以介绍的方式，将各门课程的主要知识有机地融合起来。全书分为6章，在内容的取舍与安排上，主要根据体能训练理论与实践的需要，而不单纯拘泥于单科的知识体系，在不削弱运动训练基本理论和基础学科理论知识的同时，加强应用知识和实操技能的介绍，使训练理论与训练实践紧密联系，并根据近年来世界体能训练学科发展的最新成果，对相关内容进行了增补和更新。

本书由王卫星教授任主编，韩春远、苍海任副主编，参加编写的人员是来自北京体育大学、华南理工大学体育学院、西南大学体育学院及郑州航空工业管理学院等高校的教授和博士，他们均工作在体育教学和运动员体能训练的第一线，长期从事体能训练相关课程的教学和研究工作。本书编写的章次分别为：第一章王卫星、董德龙，第二章周爱国、武文强，第三章王卫星、韩春远，第四章董德龙、尹晓光，第五章王卫星、韩春远，第六章张秀云、王冬月。

编写人员在编写过程中查阅了大量的文献资料，根据“注重实践、理论前沿”的编写原则认真撰写，完成了各自的初稿后，由主编和副主编分别对初稿进行了统稿，最后由王卫星教授对全书进行了修改和定稿。

本教材虽经数次讨论并几易其稿，但限于我们的业务水平，在体系和内容上，尚存在不当和错误之处，敬请读者批评指正，也衷心希望各位同仁和读者赐教。

体能训练高级教程编写组

2012年6月　北京

目录

第一章 体能训练概述

体能训练对普通人群来说，主要以增进健康和提高基本运动能力为目的；对运动员来说，体能训练则是其运动训练的重要组成部分，是结合专项需要并通过合理负荷的动作练习，改善运动员的身体形态，提高机体能力，发展运动素质，促进竞技水平提高的训练过程。有人认为，体能训练是运动员取得优异成绩的最佳途径。

第一节 体 能

体能是人体基本活动能力的综合表现，无论对大众健身还是竞技训练而言，都有举足轻重的意义。随着人们对健康生活或运动极限能力的不断追求，近十几年来，“体能训练”一词频繁地出现在人们的视野里。

一、体能的概念

体能是指人体的基本活动能力，是人体各器官系统的功能在运动中的综合反映。在竞技运动中，体能是指完成高水平竞技所需要的专项力量体系及其相关的运动素质的综合。

（一）体能概念厘定

概念是人类思维的基本形式之一，它反映了客观事物一般的和本质的特征。人类在认识过程中，把所感觉到的事物的共同特点抽象出来，加以概括，就成为了概念[1]。要建立体能训练的理论体系，首先就必须明确体能的相关概念。

1. 国外专家的理解

多数学者认为体能一词最初形成于第一次世界大战时期的美国，由于各国存在文化上的差异，在英文表述中与“体能”意思相近的词主要有：physical fitness，physical conditioning，strength training and conditioning，physical capacity，physical efficiency，physical power 等，其中，以“physical fitness”和“strength training and conditioning”最为常用。

美国健康体育休闲舞蹈学会把体能作为人体适应能力（简称适能）的一个重要组成部分，他们对适能的定义是[2]：适能是个人运作的能力，适能好的人具备下列能力：①配合遗传的适度器官健康以及应用现代医学知识的能力。

②足够的协调、体力和活力以应付突发事件及日常生活的能力。③团体意识和适应团体生活的能力。④充分的知识和了解以决定面临的问题及其可行的解决办法。⑤参加全面的日常活动应有的态度、价值观和技巧。⑥有利于民主社会的精神和道德特质。适能包括 5 个部分[5]：体适能(Physical fitness)、情绪适能(Emotional fitness)、社会适能(Social fitness)、精神适能(Spiritual fitness)和文化适能(Cultural fitness)。

美国运动医学会(ACSM)认为体能指的是体适能，其构成成分有：①心肺适能——心脏输送血液与氧气至全身的能力。②肌肉适能——肌肉的力量与耐力。③柔软度——无痛且自如移动关节的能力。④身体组成——脂肪占身体重量的百分比[3]。

美国体能协会(NSCA)认为体能就是“strength training and conditioning”，主要从力量训练和其他身体素质训练的角度出发，提出了训练原则、训练方法、训练评价等方面的内容。

2. 国内专家的阐释

我国自 20 世纪 80 年代加入国际奥委会以来，开始逐渐关注运动员的体能训练，也由此出现了“身体素质”、“体力”、“体质”等名词，直到 20 世纪末，这一领域的轮廓才最终明晰。

徐本力、柳佰力等教授认为“体能是运动员为提高运动技、战术水平和创造优异成绩所必需的各种身体运动能力的综合。包括运动员的身体形态、身体机能、身体健康和运动素质”[4]。董国珍教授认为“运动员体能是由其身体形态、身体机能及运动素质的发展状况所决定的。其中，运动素质是体能的外在表现，所以在运动训练中多以发展各种运动素质为身体训练的基本内容”[5]。王兴等认为“体能即体力与专项运动能力的统称”[6]。

《体育词典》(上海图书出版社,1984)认为体能是人体各器官系统的机能在体育活动中表现出来的能力；它是由力量、速度、灵敏、耐力和柔韧性等基本的身体素质和人体的走、跑、跳跃、投掷、攀登、爬越、悬垂和支撑等基本活动能力两部分构成[7]。

李之文教授将体能定义为：经身体训练获得的人体各器官系统的机能在肌肉活动中表现出来的能力，它包括身体形态的适应性变化和力量、速度、灵敏、耐力和柔韧等素质[7]。他整合了前人有关“体能”的各种论述，指出了体能与技能是相互紧密联系的平行概念。

3. 体能的定义

广义的体能是人体为适应运动的需要所储存的身体能力要素，是人体活动基本能力的表现，是人体各器官系统的功能在运动中的综合反映。根据人体各器官、系统的功能结构特点，体能主要包括身体形态、身体机能和运动素质三个方面，并受健康因素的影响。其中，身体形态是体能的物质基础，是指机体内、外部的形状，受遗传度的影响较大，而且是多种训练综合作用的结果；身体机能是指机体各器官系统的功能；运动素质是指机体在活动时所表现出来的各种基本运动能力[5]。广义的体能主要分为4大类：①力量素质；②速度素质；③耐力素质；④协调柔韧素质。身体机能和运动素质是体能的生理基础和外在表现。

狭义的体能是指完成高水平竞技所需要的专项力量体系及其相关的运动素质的综合，如在100米跑中，涉及专项力量分别是起动力量(起跑)、爆发力量(加速)、反应力量(最快速度)和快速力量耐力(速度耐力)，而其他相关的素质和能力(如柔韧、平衡、协调、节奏等)分别影响到运动员步长、支撑稳定、动作实效及速度分配。在此，运动员的竞技表现则依赖于协调能力，如肌肉力量、肌肉收缩速度、有氧能力、无氧能力等因素的有机整合，表现出高质量的技术动作和高水平的竞技能力。

(二) 体能内涵

1. 体能系统结构

体能作为一个系统，其结构是指构成体能的各个要素之间的一种固定和必然的联系，也就是指体能系统中各个部分的空间和时间相互作用的规律性，以及各种力相互作用和能量相互转化的规律性。体能的结构分为内部结构和外部结构。

(1) 体能的内部结构：是指体能系统内各要素之间的相对稳定的联系方式、组织秩序及其时空关系的内在表现形式。体能内部结构取决于体能系统中的要素和由这些要素联系形成的关系及其表现形式，是由身体形态、生理机能和运动素质三个子系统构成(图1-1)。

在体能内部结构中，身体形态是生理机能的物质基础，生理机能是素质的生理基础，而素质是体能的外在表现，是体能结构中最具代表性的和最具活跃性的指标，是人体形态结构与生理机能在神经系统的支配下的一种综合表现[9]。在体育运动中很少有某项运动只要求一种素质参与。人们很难区分并分别实施纯粹意义上的某一种素质的训练。在发展某一运动素质时，也会对其他运动素质产生影响。体能系统的整体性质不可能完全用系统要素来解释。要素一旦形成系统，部分一旦组合成整体，就具有了要素和部分所不具有的功能。其内部结构的优化整合将导致整体功能的增强。

(2) 体能的外部结构：是指体能系统外部(即运动员竞技能力结构中其他各要素)各个要素之间的相对稳定的联系方式、组织秩序及其时空关系的表现

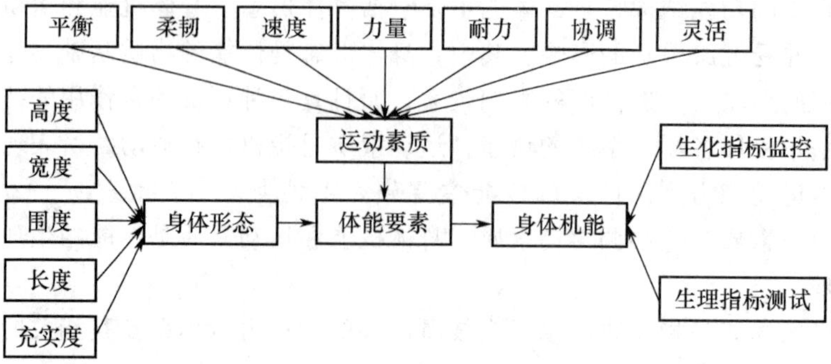

图 1-1　体能内部结构(要素)示意图

形式(图 1-2)[9]，具体包括技战术能力、心理能力和运动智能等。

2. 体能系统结构与外部影响因素的关系

系统科学理论认为，系统集合了若干相互依存、相互制约的要素，具有特定的功能，同时系统本身又是更大系统的组成部分。体能作为一个系统除具有自身完整的内外部结构，同时还要受其外部诸多因素的影响，如器材设备、竞赛体制、竞赛次数、营养恢复、负荷特点、训练理念及其他等因素的影响(图 1-2)。

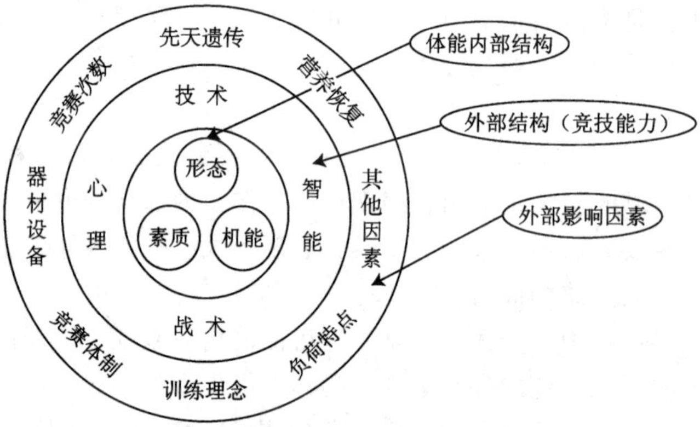

图 1-2　体能系统及其与外部因素间的关系[9]

二、体能与其他相关概念的关系

在体育科研和训练实践中，还存在许多与体能相关且易混淆的概念。厘清体能与这些相关概念之间的相互关系，对于认识体能的本质，科学指导运动员体能训练具有十分重要的意义。

(一) 体能与体质

体能、体质、体力、身体素质等概念是十分常见且易被混淆的。体质

(physical fitness and health) 是指人体的质量，是在先天遗传性和后天获得性的基础上表现出来的人体形态结构、生理功能和心理因素综合的、相对稳定的特征。体质包括身体发育水平、功能水平、身体素质及运动能力水平、心理发育水平、适应能力、对疾病和其他有碍健康的不良应激源的抵抗力等。因此，体能是体质的重要组成部分，体能的发展程度是衡量体质水平的一个重要标志。体质的外延除了身体形态、机能、素质以外，还包括心理、健康、适应能力等，体质的外延要大于体能的外延，体质是体能的属概念，二者为真包含关系。

（二）体能与体力

对于体力的认识，不同学者之间也存在较大差异。袁运平[8]认为，体力是指身体抗疲劳的能力，它是体能的组成部分之一，体力主要包括耐力(有氧耐力和无氧耐力)素质、力量素质和速度素质三大要素，是身体抗疲劳能力的主要成分。王兴等[6]认为，体力包括身体素质与潜力，身体素质又包括一般身体素质和主导性身体素质。潜力是指在一定环境、心理等外部或内部条件刺激下表现出来的身体竞技能力。基于此体能与体力的关系为：

（1）体能的外延要大于体力的外延，“体力”一词更倾向于一种身体运动能力，仅是一种身体运动的表现性称谓。

（2）体能更倾向于学术性表达，而体力则更倾向于口语化表达。

（三）体能与身体素质

身体素质在《现代行业语词典》(2000 年版)中被定义为人体活动的一种能力，是指人体在运动、劳动及生活中所表现出来的力量、速度、耐力、灵敏及柔韧等机能，它们之间相互制约又相互联系。从身体素质概念的外延看，身体素质是体能的重要组成部分，它是体能的种概念。

（四）体能与其他相关概念的关系

在《体育大辞典》(2000 年版)中，把人体的基本活动能力看做是体能的一个方面，包括走、跑、跳、投掷、攀登、爬越、悬垂和支撑等动作的活动能力，是人生存、生活、学习以及掌握运动技能的基础。运动能力则是体能的另一个重要方面，是身体素质、基本活动能力和运动技能相结合所表现出来的一种综合能力，受先天遗传和后天的生活环境、营养条件和训练程度(水平)等因素影响和制约。其中，训练程度是极为重要的因素。竞技能力是运动员能有效地参加训练和比赛的能力，是体能、技能、战术、智能和心理能力的综合，并由协调能力综合地表现出来，它决定着运动员对训练的承受力及在比赛中表现出来的运动成绩。基本活动能力和运动能力外延都要小于体能的外延，是体能概念的种概念。体能则是竞技能力的组成因素之一，对竞技能力的水平和发挥有很大的影响，竞技能力是体能的属概念。

综上所述，图 1－3 较为清楚地表示了各种称谓之间的相互关系。体质是体能、体适能、心理适应能力等的属概念，即体质包含着体能；而体能又包括身体形态、身体机能和运动素质。

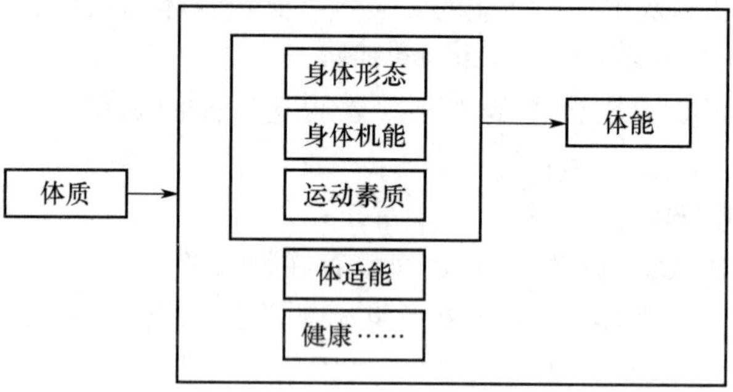

图 1－3　体能与相关概念的关系

第二节　体能训练特征

现代高水平运动员的体能训练都是个体化训练，训练的手段较以前也更为丰富实用，训练的科学性和针对性也越来越强，训练效益也越来越明显，训练特征也越来越突出。

一、项目认知的广度和深度加大

随着现代科技的飞速发展，人们对运动项目的认知更加广泛和深入，突破了以往单凭经验判断的局限性，实现了较为客观的度量和评价。但是，在训练实践中许多教练员和运动员在对运动项目的认知上发生过不同程度的偏差。备战奥运会的中国跆拳道队员曾过分强调摆动腿的击打能力，每天的腿部击打练习达几百次，然而这不但没有提高击打力度，而且一旦出击就无法迅速回收，形成被动姿势。通过对跆拳道运动员后横踢技术动作的肌电分析可知（图 1－4）：在击打过程中最先发力的是左侧支撑腿（以右腿击打为例），而且持续时间相对较长，这反映了在击打过程中异侧支撑的重要性。基于此，改变以往的训练模式，大大提高了训练的质量。

此外，随着对运动项目所需的供能系统、技术特点、项目规则等因素的认识不断深化，现代高水平运动员的体能训练正在逐渐向客观和量化的方向发展，仅凭经验选择训练模式已不能满足现代体能训练的需要。当然，对项目特征的认识还有很长的路要走，认知和把握运动员自身特点将是每一个教练员和

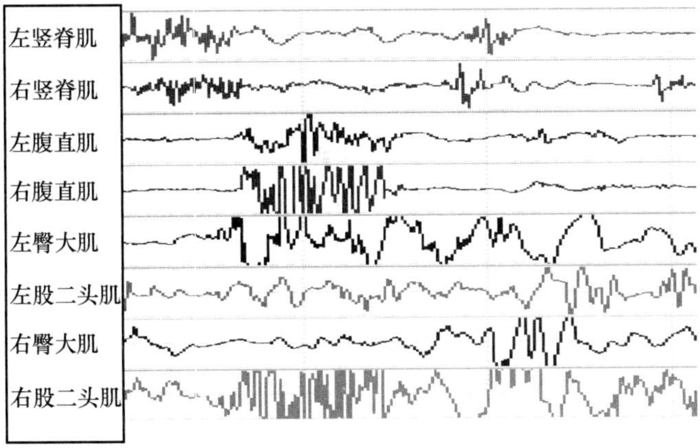

图 1－4　跆拳道运动员后横踢技术肌电分析

科研人员必须考虑和解决的命题。

二、突出个体化训练

个体化训练已成为优秀运动员的一种个性需求，体能训练也越来越关注运动员之间的个体差异，强调个体化训练，这也为技战术的运用创造了条件。例如，对两名皮划艇运动员进行专项的测功仪测试结果显示，孟某对全身肌肉的调动能力较强，用力特征属于均衡型，在划桨时可以调动多肌群及同一功能肌群中的多块肌肉参与工作，而且左右侧肌肉能够协调配合。而杨某的突出特点是单块肌肉用力特征显著，拉桨主要依赖三角肌后部，躯干回旋主要依赖腹外斜肌，其他肌肉虽然也参与协调配合，但做功比率远小于上述肌肉。基于以上的分析，将两名运动员合理安排前后位置，并安排个体化的训练方案，最终夺取了奥运会金牌，这与针对他们的个体特征进行个体化训练是密不可分的。

三、优选训练方法

训练方法属于体能训练的实践操作层面的内容，针对具体情况，选择合适的训练方法是取得训练效果的关键。现代体能训练中的训练方法不胜枚举，无论是力量、速度、耐力，还是灵敏、协调与柔韧，均有多种训练方法，关键是对训练方法的选择。

图 1－5 对比了不同负荷形式对最大力量、起始力量和肌肉横断面的影响，显示出采用不同的负荷形式存在明显的效果差异。因此，如何选择有效的训练方法是体能训练的关键，也是值得进一步深入研究的问题。

四、重视训练监控

现代科学仪器的使用，使得训练中的监控和评价成为可能。训练监控就是在运动训练过程中，运用一定的测量参数对运动员的训练效果和训练质量进行

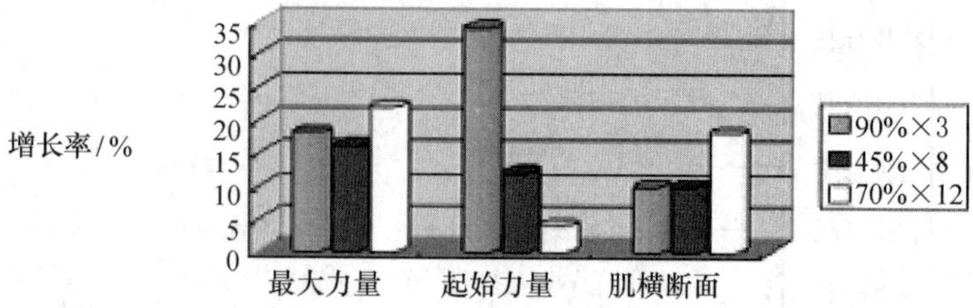

图 1－5　不同负荷形式的力量效果(铃木正之,1992)

分析与评价，以辅助教练员制订训练计划、实施训练控制的方法(图 1－6)。

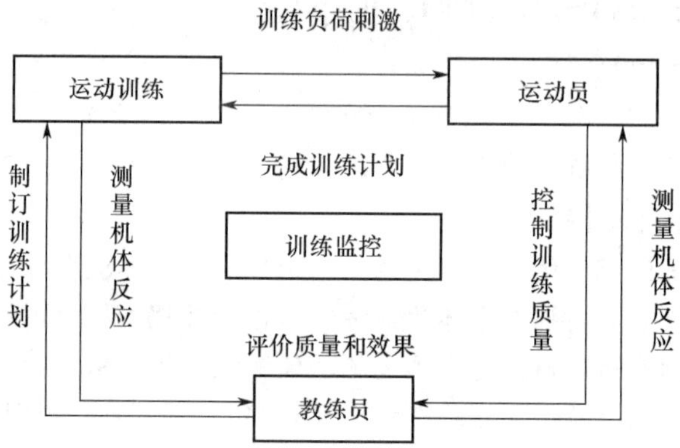

图 1－6　运动训练监控过程

训练监控的意义在于：

(1) 通过一定参数的测量可以发现训练中实际存在的问题。

(2) 能对训练效果进行客观的分析和评价。

(3) 为制订更加合理的训练计划提供依据。

(4) 为教练员控制训练质量提供方法。

训练监控已成为现代高水平运动员体能训练的重要参考依据，测量指标通常分为运动学指标、生物力学指标、生理学指标、生物化学指标和心理学指标等，这些指标的使用为科学化运动训练提供了依据，虽然多种指标还存在效度问题，但无疑对推动运动训练科学化水平的提高做出了贡献。

第三节　体 能 训 练

体能训练是运动员竞技能力训练的重要组成部分。在当代日趋白热化的激烈竞赛中，体能训练已成为夺取优胜的最佳途径。对于高水平技能类运动员来说，技能水平已相差无几，体能水平及其发挥则成为了制胜的关键，当然在体能类运动员的训练中，体能训练无疑是其竞技能力训练的核心。

一、体能训练释义

体能训练是运动员竞技能力训练的重要组成部分，是指为提高运动员身体运动能力，结合专项需要并通过合理负荷的动作练习，改善身体形态，提高身体机能，发展运动素质，对其身体结构和功能进行有目的的改造，从而促进竞技水平提高的训练过程。

体能训练一般包括力量训练、速度训练、耐力训练、灵敏性训练、协调性训练和柔韧性训练等训练活动。体能训练的任务包括提高运动员的基本运动能力，提高运动员的专项运动能力，提高运动员的健康水平，减少运动伤病的发生，促进运动员伤后的功能恢复等。

二、体能训练的构成要素

体能训练是运动训练的重要组成部分，是结合专项训练需要并通过合理负荷的动作练习，改善运动员的身体形态，提高机能，发展运动素质，促进竞技水平提高的训练过程。因此，体能训练主要是对运动员的身体形态、身体机能和运动素质的训练(表 1 –1)。

表 1 –1　体能训练的基本构成要素

第一级要素	第二级要素	第三级要素
身体形态	高度子系统	身高、坐高、足弓高等
	长度子系统	腿长、臂长、手长等
	围度子系统	胸围、臂围、臀围等
	宽度子系统	肩宽、髋宽等
	充实度子系统	体重、皮质厚度等
身体机能	运动机能	骨骼、关节、肌肉等
	神经机能	传入神经、传出神经、神经突触等
	呼吸机能	肺通气、气体交换、气体运输等
	消化机能	物质消化吸收、能量代谢
	循环机能	体循环、肺循环、微循环
	内分泌机能	内分泌腺、激素、激素调节
	感觉机能	位觉、本体感觉、视觉、听觉
	泌尿机能	肾小球滤过、肾小管和集合管的重吸收等
运动素质	力量子系统	最大力量、快速力量、力量耐力
	速度子系统	反应速度、动作速度、位移速度
	耐力子系统	有氧耐力、无氧耐力
	柔韧子系统	关节、肌肉韧带伸展性等
	灵敏子系统	反应时、神经协调功能等

在对体能构成要素的分析上，从身体形态、身体机能和运动素质三个方面展开了相关指标的选择，身体形态主要包括长度、高度、围度、宽度和充实度，但不同项目选取指标时会有所差异。

运动素质主要是从力量、速度、耐力、灵敏和协调等方面选取各自的指标，根据不同项目的特点，其选取的代表性指标存在差异。身体机能方面，不同子项目主要是从有氧和无氧能力(最大摄氧量和无氧功指标)，以及生化监控指标等方面选择，如睾酮、皮质醇、血红蛋白和血尿酸等。但不同项目在具体指标数量的选择上有多有少，存在一定的差异，应根据各要素在项目体能训练中的重要程度，制订体能训练体系的框架(图 1－7)。

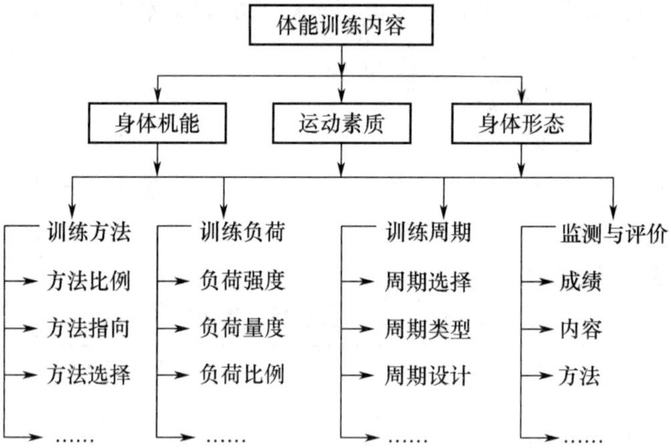

图 1－7　体能训练体系框架

三、体能训练的作用

随着竞技运动水平的不断提高和比赛激烈程度的日益增加，体能训练的作用越来越得到重视，甚至被提到前所未有的高度。体能训练与技战术训练、心理能力训练及智能训练等有着密切的联系。

(一) 有利于掌握先进的技术动作和提高运动成绩

运动员技术动作的完成和运动成绩的提高是以竞技能力的发展为前提的，而体能是竞技能力的重要组成部分，体能训练也就成为一项重要的训练内容。当前高水平运动员的竞争极其激烈，新的技术动作不断涌现，运动成绩获得大幅度提高，所有这些均离不开科学的体能训练。

基于对不同项目国家队队员的训练实践，当前的体能训练已经成为众多运动项目取得突破的关键点，而且其科学化训练的程度已有非常大的改观。在对女子跆拳道队员进行身体素质的跟踪性研究结果表明(图 1－8)，身体素质上的变化能够明显地反映出技术动作的完成质量和运动成绩的变化情况

（表 1－2）。

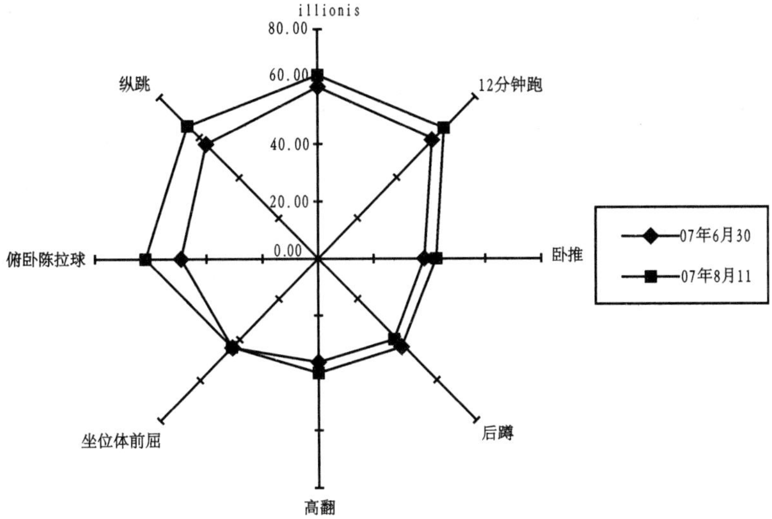

图 1－8　跆拳道冠军吴 × ×8 项
指标训练前后的比较

表 1－2　三名世界优秀运动员身体素质与运动成绩的关系

姓名	专项成绩	身体训练	创造并保持优异成绩年龄
刘易斯	100 米：9 秒 86	具有非凡的训练水平	21～38 岁
	200 米：19 秒 82		
	4×100 米接力：37 秒 50		
	跳远：8.91 米		
张伯伦	100 米：10 秒 9	技艺非凡，运动水平出众	22～38 岁
	400 米：47 秒		
	跳高：2.02 米		
	身高：2.16 米		
阿列克谢耶夫	100 米：11 秒	举重三项总成绩 640 公斤（推 235 公斤抓 175 公斤挺 230 公斤）	23～36 岁
	跳高：1.90 米	两项总成绩 445 公斤（抓 187.5 公斤挺 257.5 公斤）	

此外，体能训练的关键在于针对具体的运动项目选取有效的身体素质指标和测评手段进行的专项训练，如跆拳道队员的起动速度训练，虽然采取的是立定跳远这一测试指标，但立定跳远是在没有预摆情况下对运动员起动力量进行

的测试，这更加贴近跆拳道实战中踢腿和出拳的突发性技术动作的要求。总之，体能训练已成为运动技术和运动成绩取得突破的关键，是运动技术和运动成绩提高的最有利的保障。

（二）有利于承受大负荷训练和高强度比赛

据统计，一场高水平足球比赛中运动员在场上活动的总距离为 8 706 ~ 14 274 米，快速冲刺跑 200 次左右，同时还要完成大量爆发性动作（图 1 – 9）。在一场足球比赛中运动员的运动方式存在多种变化，对人体三大供能系统都有不同程度的要求，而且是以无氧代谢和有氧代谢混合供能为主。因此，现代高水平运动训练要求运动员既要承受大负荷训练，同时又要具备高强度比赛的能力。

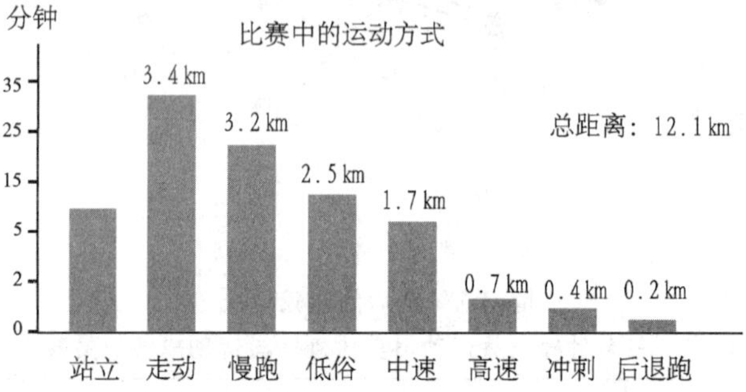

图 1 – 9　一名丹麦顶级联赛球员
在一场比赛中的运动分类

埃苏林认为，现代运动训练的关键是训练质量的提高。一项国际范围的、多种体育项目和专业教练员的调查报告指出：在耐力性运动和球类项目中，年训练计划运动负荷有下降的趋势，但总负荷和比赛次数均大大的高于以往（表 1 – 3）。

表 1 – 3　部分运动项目的年训练总量

项目	年训练量/h		年训练量/km	
	1985—1900	1993—2001	1985—1900	1993—2001
游泳	900 ~ 1 250	900 ~ 1 100	1 400 ~ 3 000	1 250 ~ 2 700
中长跑	800 ~ 1 200	800 ~ 1 100	3 300 ~ 5 000	3 000 ~ 4 700
划船	900 ~ 1 200	800 ~ 950	5 500 ~ 6 700	5 000 ~ 6 300
赛艇	900 ~ 1 200	800 ~ 950	4 500 ~ 6 200	4 000 ~ 5 500
艺术体操	1 100 ~ 1 400	1 100 ~ 1 250		
排球	800 ~ 1 300	800 ~ 1 200		
击剑	800 ~ 1 200	800 ~ 1 100		
摔跤	800 ~ 1 200	800 ~ 1 100		

（三）有利于预防伤病、延长运动寿命

在对30支备战雅典奥运会的中国国家队队员的调查结果表明：650名运动员中伤病人数为268人，伤病率为44%。从调查结果看，运动员身体不同部位均存在不同程度的运动损伤。现代体能训练的一个重要功能就是预防运动损伤，延长运动寿命。通过有针对性的体能训练，如核心力量训练，加强人体核心区肌群的力量，尤其是核心区深层稳定肌群的力量，不仅可以有效地预防腰部伤病的发生，更为重要的是可以大大提高运动员的技术水平和运动成绩，延长运动寿命。

第四节　养护性体能训练

养护性体能训练就是指在运动训练中针对身体易伤部位和薄弱环节（如腰、膝、踝及肩关节等）进行防伤防病的体能训练。养护性体能训练有效地抑制了训练和竞赛中伤病的发生，同时也加快了伤后的恢复。

一、养护性体能训练定义

随着运动竞技水平的极限化发展，运动训练和竞赛的负荷不断地向运动员的身体和心理极限逼近，另一方面，由于教练员对养护性训练理念的缺失，致使训练中的伤病发生率长期居高不下，虽然针对伤病恢复的康复性体能训练已经比较成熟和完善，但运动员伤病的高发率仍有增无减，不能真正解决训练和竞赛中高伤病的问题。

运动损伤的发生与各运动项目的专项特点密切相关。一方面，专项技术的特定要求和过度的专项训练是导致运动员发生慢性运动损伤的外因；另一方面，受伤部位的解剖结构薄弱（如腰、髋、膝、踝及肩关节等）是导致运动损伤发生的内因；再者，运动损伤的发生还与运动员的心理应激水平的降低有关。研究表明：①柔道项目的伤病发生率为70.67%，以急性转慢性损伤为主，占47.33%，损伤易发生部位依次为膝关节、腰部、肩关节、踝关节和肘关节等；②冰球项目男性伤病发生率为88.5%，女性为65.5%，易伤部位是腰部、膝关节、腕关节和踝关节等；③自由滑雪项目伤病发生率为58.82%，患病率居前7位的是腰背肌损伤、骶髂关节炎、脑震荡、膝关节胫侧副韧带损伤、腰椎间盘突出症、膝关节半月板损伤和伸膝装置慢性劳损等，并以躯干部伤病最多（51.28%），其次是下肢（35.9%）；④排球项目的伤病发生以膝关节最为常见，其次是腰部、肩部和踝关节；⑤足球运动的伤病发生占所有运动伤病发生的50%～60%，并以肌肉、肌腱和骨关节损伤为主，约占损伤的2/3，其中下肢损伤占76%，上肢占17%；⑥篮球运动损伤发病率为36.4%，常见损伤部

位是膝关节、其次是踝关节和腰部；⑦举重项目伤病发生率在我国为78.49%，其中男性为74.36%，女性为90%，易伤部位依次是膝关节、腰部、腕部、肩关节、肘关节和髋关节等；⑧田径运动员损伤多发生在腰部、踝关节、膝关节、肩关节和肘关节等[1]。

在如此高的伤病发生率面前，训练和医学专家研究、设计出了丰富系统的康复训练方法和手段加以应对，对运动员伤后的恢复起到了非常重要的作用，但多年来仍未解决伤病发生居高不下的问题。通过对这一现象的反思，发现康复性体能训练对损伤的治疗的确非常有效，但对伤病的预防却束手无策。因此，以针对不同项目运动员易伤部位和薄弱环节的伤病预防为主的“养护性训练”理念被引入到训练实践中，并在备战奥运会的实践中进行检验，结果发现训练和竞赛中伤病的发生率大大降低，“非战斗性减员”的现象得到了有效的控制。

养护性体能训练有效地抑制了训练、竞赛中伤病的发生，同时也加快了伤后的快速恢复。一方面，通过加强对运动关节（如腰、膝、踝和肩关节等）周围稳定肌群的力量练习，达到加固关节稳定性和平衡能力，从而有效地保证了运动中的合理身体姿势和发力顺序，使伤病发生得到了预防。养护性训练的方法，主要包括肩关节养护性力量练习、腰髋关节养护性力量练习、膝关节养护性力量练习和踝关节养护性力量练习等。

二、运动损伤的类型和发生机制

运动损伤一般是指参加运动或锻炼时发生的组织损伤[11]。但是本书所指的运动损伤主要指运动员在运动训练和竞赛中所发生的损伤，这类损伤特别是慢性损伤，大都不是由单一因素造成的，且各种致伤因素之间也不是彼此孤立的。造成伤病的原因是多种因素的综合，这是由于各运动项目技术结构特征以及运动员个体特点的不同。

根据不同的分类标准运动损伤可以分为不同的类型[12]：

第一类，根据受伤组织的不同可以分为软组织损伤和骨骼损伤，软组织损伤又包括软骨类损伤（软骨骨折、半月板损伤和髌骨软骨化症等）、肌肉损伤、肌腱损伤和韧带损伤等，而骨骼损伤一般指骨折。

第二类，根据损伤的程度可分为轻度损伤、中度损伤和重度损伤。

第三类，按照运动技术与训练的关系，可分为运动技术伤（即损伤的发生与技术特点和项目特点相关）和非运动技术伤（即由心理因素、环境因素、服装等非技术因素而导致的损伤）。本书主要探讨肌肉、肌腱、韧带、骨骼和软骨等损伤的机制问题。

（一）肌肉损伤和发生机制

人体中肌肉占体重的40%～50%，而运动员的比例相对略高。肌肉的结构(图 1 - 10)反映了它的主要功能，即产生力量。肌纤维是肌肉最基本的结构和功能单位，可以有不同的组合方式，包括单羽状肌、多羽状肌和梭形肌等。羽状肌的功能一般强于梭形肌，因为其几条肌纤维相互平行排列，一起用力，但由于肌纤维较短最大收缩速度比梭形肌要慢。肌肉的亚细胞成分主要是肌原纤维，由蛋白细丝组成(主要有肌球蛋白和肌动蛋白)。毛细血管包围着纤维，能够供给肌肉充足的氧气和营养物质。[11]

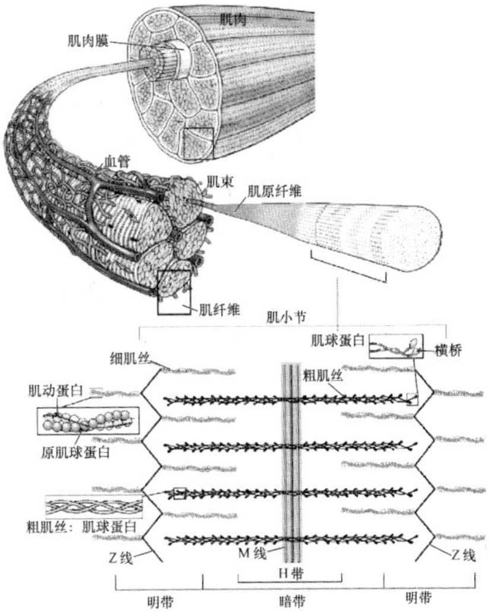

图 1 - 10　肌肉的结构[13]

肌肉力量产生的方式主要有等长收缩、向心收缩、离心收缩和增强式收缩(即超等长收缩)等，由于离心收缩和增强式收缩产生力量相对较大，尤其是增强式快速收缩会极大地增加拉伤的危险，并且具有此特征的运动项目的损伤发病率较高。

肌肉在所有软组织中对运动训练反应最大、最快。通过数周的力量训练，肌肉的体积和力量会明显增大，一方面是由于神经募集和冲动频率发放的增强，另一方面肌纤维经过训练发生了增粗的适应性变化。而肌腱、软骨和骨骼则需要经过数月的时间才能产生适应，因此在进行系统的力量训练尤其是增强式力量训练后，存在着因过度使用而导致损失的危险。此外，如果运动员使用合成类固醇来发展肌肉力量，则会增大肌肉、肌腱(如股四头肌和胸大肌)发生完全断裂的危险。

在运动训练或竞赛中，常发生肌肉拉伤、撕裂伤以及受直接创伤而造成的肌肉挫伤。此外，由于不习惯的或高难度的训练也可能造成肌肉损伤，尤其是离心训练和增强式训练较易引起肌肉 - 肌腱附着区发生拉伤。例如，短跑运动员就特别容易发生此类拉伤，包括腘绳肌、髋关节内收肌和小腿腓肠肌等。

运动中肌肉裂伤极少发生，裂伤会使肌纤维断裂，即使修复后也很难恢复肌肉的收缩特性，从而影响肌肉的正常功能。

(二) 肌腱损伤和发生机制

肌腱主要由结缔组织构成，附着于骨，将肌肉和骨骼连接起来，进而把肌肉产生的力量传递到骨骼，产生动作并维持关节的稳定。肌腱主要含有 I 型胶原(占肌腱的80%~90%)。从结构上看，肌腱与韧带非常相似，二者主要区别在于，肌腱胶原纤维是由大小不同的平行的多条腱束组成，而韧带的胶原纤维组成是多变的并取决于功能的需要。

腱束由松散的结缔组织(腱内膜)包围着，使肌束彼此间可以移动。腱内膜包含静脉、神经纤维和淋巴管。肌腱表面有腱外膜围绕着，外膜为白色的滑膜样结构，由松散的结缔组织组成，也含有血管、淋巴管和神经。有些肌腱是被松散的网状结缔组织(腱旁组织)所覆盖，将整个肌腱封闭起来[11]。在正常弹性区内，肌腱很容易被拉伸，但过度拉伸就会造成肌腱单个纤维甚至整个肌腱发生断裂。

肌腱的损伤通常有急性损伤和慢性损伤两种类型。急性损伤常发生在“爆发力”项目的运动员身上，如短跑运动员在起跑或冲刺跑时发生的跟腱断裂。肌腱的慢性损伤传统上常被认为是炎症，有人也称为肌腱炎、腱鞘炎及肌腱骨膜炎等。在正常情况下，肌腱能够保持在弹性限度内，然而过度负荷使肌腱的拉伸长度超出其正常变化范围，就可能造成胶原纤维的断裂，因此，当反复的微细创伤超过肌腱的自我修复能力时，便导致了肌腱炎症的发生。此外，微细创伤的累积也可能影响到胶原纤维的横桥和其他基质蛋白或肌腱微细血管的正常功能引发炎症。

(三) 韧带损伤和发生机制

韧带主要由胶原纤维组成，而胶原纤维的排列既可以平行排列，即与肌肉的纵向保持一致，也可以倾斜排列，甚至螺旋排列。韧带包括关节内韧带(十字韧带)、关节囊韧带(距腓前韧带)和关节外韧带(跟腓韧带)等，不同类型的韧带血液供应不同，因而伤后愈合恢复能力和速度也不同。

韧带既把骨与骨连接起来，也可以直接或间接地嵌入骨骼，如软骨和骨膜等。由此，韧带主要通过被动的方式来稳定关节，同时由于韧带上还分布有大量的周围神经末端，因而它还具有本体感觉功能，这对于有效控制关节(如膝关节)周围的肌肉非常重要。

韧带的强度和硬度主要由其长度和横截面积来决定。横截面积越大、长度越短，韧带越强、越硬，反之强度越小。韧带对训练的适应相对较慢，但如果长期不进行训练而固定不动，它很快就会减弱。韧带对训练负荷的适应主要是通过加大横截面积和改变其构成材料的特性来增强其单位面积的强度。研究表明[11]，通过系统的训练可以使韧带的强度增加10%~20%。经过数周的系统训练即可恢复韧带的张力，但韧带-骨骼交界区的张力则恢复较慢，即使经过数月的系统训练也仍然薄弱。

与肌腱不同的是通常在关节处于极端位置下，韧带突然受到过度的牵拉，而造成急性损伤或断裂(图1－11)。

(四) 半月板损伤和发生机制

半月板为半月形纤维软骨，位于胫股间隙，覆盖在胫骨平台的边缘区，外缘厚，与关节囊相接，内缘薄，游离于关节腔内。半月板上面凹陷与股骨髁相接，下面平坦，与胫骨髁相接。内侧半月板较大略薄，呈“C”形，外侧半月板较小略厚，成“O”形，且易出现盘状半月板变异。半月板的主要功能有稳定关节、提供关节匹配性、限制关节过度屈伸、传递载荷、吸收震荡、减小应力、润滑和营养关节等。[14]

半月板血液供应极差，损伤后大都不会自愈，只有少数边缘撕裂者可能愈合[15]。半月板的血液供应主要来源于腘动脉的3个分支，膝中动脉、膝下外动脉和膝下内动脉。根据半月板血液供应状态，自其横断面上分为3个区，白－白区(无血区)、白－红区(有血和无血供应的交界区)和红－红区(有血供应区)[12]。

半月板损伤在球类运动中较为常见(图1－12)，在关节进行突然猛烈的扭转动作时，股骨与胫骨的骨端可能将半月板软骨挤住压碎，受伤时患者常会感到“咯嗒”一声，伤膝立即像有东西卡住了一样不能动弹，而且非常疼痛，称为“交锁”。当被扶起时，又无意中听到“咯嗒”一声，膝关节立即恢复伸屈，疼痛也会随之减轻，称为“开锁”。半月板损伤部位不一，有前角、后角、体部，也有边缘和水平形式。[15]

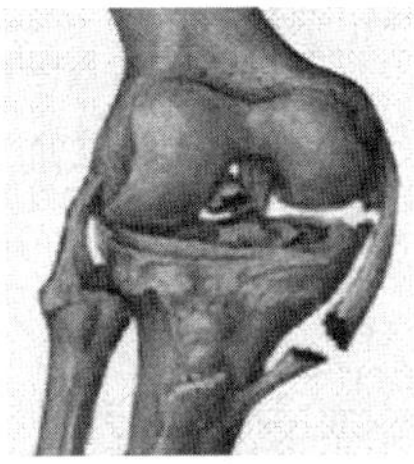

图1－11 膝踝关节韧带损伤

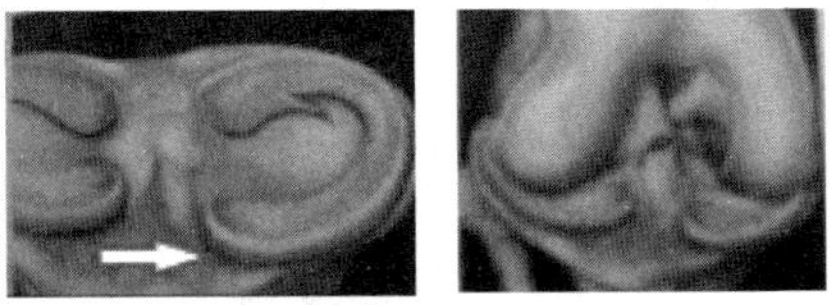

图1－12 半月板损伤

三、养护性体能训练方法

养护性体能训练是一种把训练中的“养”和“护”有机结合起来达到伤病预防目的的训练方法，主要包括肩关节养护性训练、腰髋关节养护性训练、膝关节养护性训练和踝关节养护性训练等。

(一) 肩关节养护性训练

肩关节养护性训练主要是对肩袖肌群力量的训练。练习方式可以在稳定或非稳定的界面上(如瑞士球、悬吊绳等)围绕肩袖肌群进行的各种徒手或自由练习器械的力量练习。

1. 坐立瑞士球单臂上举

（1）动作要求：躯干正直，坐立瑞士球，单臂持重物交替上举至耳侧，双脚开立略宽于肩。双臂上抬至水平线，然后缓慢下放至准备姿势，反复进行10～15次，可多组练习(图1－13)。

图1－13 坐立瑞士球单臂上举

（2）动作要点：注意力主要集中在肩带用力和动作速度与节奏的控制上，同时保持核心区域的稳定。

2. 坐立瑞士球直臂侧举

（1）动作要求：躯干正直，坐立瑞士球，小臂内旋双手持重物直臂下垂，双脚开立略宽于肩。双臂上抬至水平线，然后缓慢下放至准备姿势，反复进行10～15次，可多组练习(图1－14)。

图1－14 坐立瑞士球直臂侧举

（2）动作要点：注意力主要集中在肩带用力和动作速度与节奏的控制上，同时保持核心区域的稳定。

3. 坐立瑞士球屈臂上下旋

（1）动作要求：躯干正直，坐立瑞士球，双臂侧平举屈肘90°，双手持重物小臂下垂，双脚开立略宽于肩。固定大臂，小臂以肘关节为轴缓慢上旋180°，直至与地面垂直，然后缓慢下放至准备姿势，反复进行10～15次，可多组练习(图1－15)。

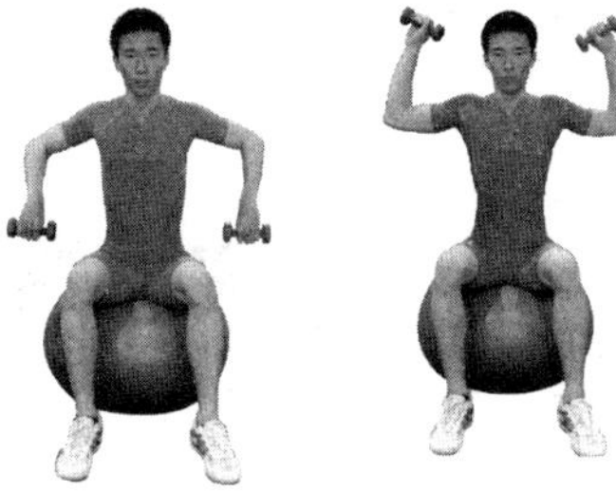

图 1－15 坐立瑞士球屈臂上下旋

（2）动作要点：注意力主要集中在肩带用力和动作速度与节奏的控制上，保持大臂与地面平行及核心区域的稳定。

4. 俯撑肩胛骨上、下旋

（1）动作要求：俯卧于垫上，上体与双腿上抬离地面悬于空中，双臂屈曲，肩胛骨、臀、腿三部夹紧。固定躯干，双臂沿耳上方前伸，直至双臂伸直与躯干形成一直线，然后缓慢下放至准备姿势，反复进行 10～15 次，可多组练习(图 1－16)。

图 1－16 肩胛骨上、下旋

（2）动作要点：注意力主要集中在肩胛骨用力和动作速度与节奏的控制上，保持身体姿势。

5. 俯撑肩胛骨后缩直臂前伸

（1）动作要求：俯卧于垫上，上体与双腿上抬离地悬于空中，双臂伸直下垂于两侧，臀脚夹紧。固定躯干，双臂伸直上抬，肩胛骨后缩，然后双臂沿耳前举，直至双臂伸直与躯干形成一直线，然后缓慢下放至准备姿势，反复进行 10～15 次，可多组练习(图 1－17)。

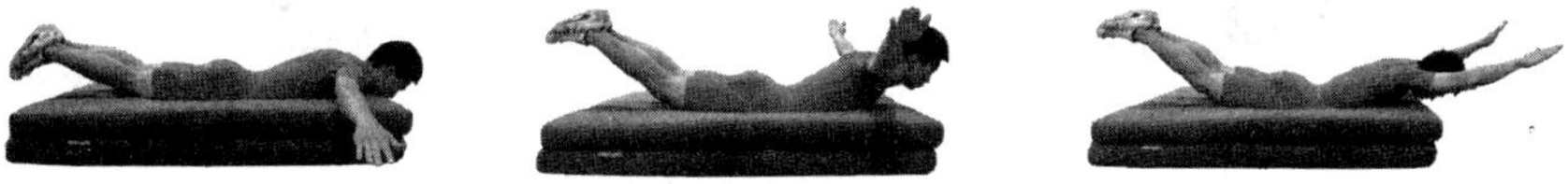

图 1－17 肩胛骨后缩直臂前伸

（2）动作要点：注意力主要集中在肩胛骨用力和动作速度与节奏的控制上，保持身体姿势。

6. 跪姿直臂推拉滚轮

（1）动作要求：跪姿躯干中立位，双臂抓滚轮置于面前地面。以肩关节为轴缓慢沿地面推拉滚轮再还原至准备姿势，反复进行 3～5 次，可多组练习（图 1－18）。

图 1－18　跪姿直臂推拉滚轮

（2）动作要点：注意力主要集中在肩带用力和动作速度控制上，保持大臂与地面平行和核心区域稳定。

（二）腰髋关节养护性训练

腰髋关节养护性训练是核心稳定性训练的重要组成部分，主要是围绕着腰髋关节肌群进行的静力性的、稳定性的力量训练，该类练习一般从稳定界面的练习开始，然后逐步过渡到非稳定界面，练习多以徒手的方式进行，在某些阶段也可以采用小负重的练习如侧桥、背桥、俯卧“三夹紧”等动作练习。

1. 侧桥练习

（1）动作要求：侧卧屈肘及单脚支撑，另一手叉腰，腿向上高抬，然后缓慢下放至准备姿势，反复进行，每组控制 10～30 秒，可多组练习（图 1－19）。

（2）动作要点：注意力主要集中在腰髋用力和动作稳定的控制上，同时保持核心区的稳定。

图 1－19　侧桥

2. 非稳态下的背桥练习

（1）动作要求：仰卧肩、腿支撑（单腿或双腿支撑），使肩、髋或膝踝保持中立位，保持静止，维持 15～30 秒（图 1－20）。

图 1－20　非稳态下的背桥练习

（2）动作要点：注意力主要集中在腰髋用力和动作稳定的控制上，同时保持核心区域的稳定。

3. 瑞士球俯卧“三夹紧”

（1）动作要求：俯卧瑞士球，使肩、髋或膝踝保持中立位，两臂屈肘后缩肩胛骨，使肩胛骨、臂、腿三部夹紧保持静止进行 15～30 秒，可多组练习

（图 1－21）。

（2）动作要点：注意力主要集中在腰髋用力和动作稳定的控制上，同时保持核心区的稳定。

图 1－21　俯卧三夹紧练习

（三）膝关节养护性训练

膝关节养护性练习主要是以针对膝关节周围肌肉群力量练习为主的方法，从而达到增强膝关节周围的力量，提高关节稳定能力。通常采用稳定和非稳定状态下的徒手练习或自由力量练习等。

1. 单腿屈膝四方位伸腿

（1）动作要求：单腿支撑，上体正直保持中立位，两臂自然维持平衡，支撑腿屈膝下蹲，同时另一条腿向前、侧、后及后侧四方向伸出，每个方向进行 3～5 次，双腿交替练习，可多组练习(图 1－22)。

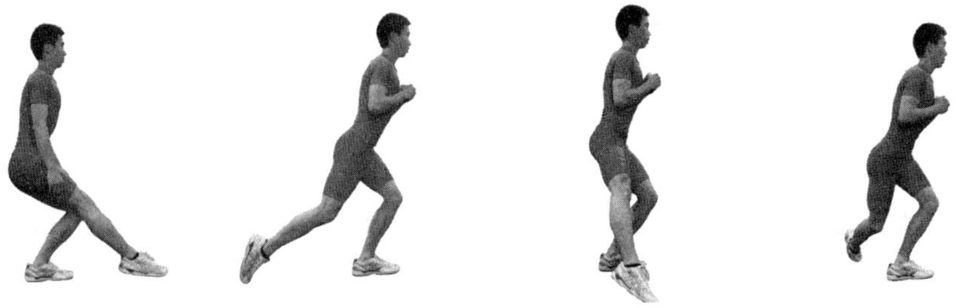

图 1－22　单腿屈膝四方位伸腿

（2）动作要点：注意力主要集中在膝关节用力和动作速度与节奏的控制上，同时保持核心区的稳定。

2. 侧弓步前后侧交叉蹲起

（1）动作要求：侧弓步上体直立。弓步蹬地两腿前后交叉下蹲，蹬跨腿蹬地还原，每个动作进行 3～5 次，双腿交替，可多组练习(图 1－23)。

图 1－23　侧弓步前后侧交叉蹲起

（2）动作要点：注意力主要集中在膝关节用力和动作速度与节奏的控制

上，同时保持核心区的稳定。

（四）踝关节养护性训练

1. 半球站立单腿侧摆

（1）动作要求：单腿站立于半球上，保持上体正直，双腿交替侧向摆动，每侧进行 3 ~5 次，可多组练习(图 1 –24)。

图 1 –24　半球站立单腿侧摆

（2）动作要点：注意力主要集中在膝关节用力和动作速度与节奏的控制上，同时保持核心区的稳定。

2. 半球站立燕式平衡

（1）动作要求：单腿屈膝半蹲于半球上，上体正直；两臂侧平举维持平衡，同时另一腿向后上方伸展，成燕式平衡，动作维持 10 ~15 秒(图1 –25)。

图 1 –25　半球站立燕式平衡

（2）动作要点：注意力主要集中在膝关节用力和动作速度与节奏的控制上，同时保持核心区的稳定。

3. 半球上下跳

（1）动作要求：上体正直立于地面，双腿屈膝下蹲，双臂自然后摆，双脚蹬地跳上半球，维持稳定，进行 10 ~15 次，可多组练习(图 1 –26)。

（2）动作要点：注意力主要集中在踝关节用力和动作控制上，同时保持核心区的稳定。

图 1-26　半球上下跳

第五节　体能测量与评价

体能测量是体能评价的基础，为体能评价提供基本信息。体能测量的客观性影响着体能评价的结果正确性。

体能测量与评价是指对运动员体能基本特征的信息获取和评价的过程，是体能训练计划制订的依据和起点，是推动体能训练科学化水平提高的前提和保障。

一、体能测量与评价的定义

体能测量是指对运动员体能基本特征信息的获取过程，是体能训练计划制订的依据和起点，是推动体能训练科学化水平提高的前提和保障。体能评价是指对运动员体能的基本特征的评定过程。体能测量与评价为体能训练计划的制订提供参考，是体能训练的逻辑起点。体能测量与评价是相对独立的行为，但又相互影响和制约。

为了获得客观、真实和可靠的数据，体能测试的项目选择一定要与专项有关，与运动员的技术水平相符，并且现有设备能够保证完成这些测试。例如，铅球运动员力量测试项目的选择应当包括上肢动作(卧推、推肩)以及与跳跃运动方式相接近的动作(高翻、下蹲、伸髋蹬腿)等。

体能评价是对体能测量结果的应用。测试结束以后，应将测试结果与正常值或参照值进行比较，以发现运动员的优势和不足，并根据评价结果设计旨在弥补运动员不足、保持运动员优势，或进一步发展身体各项能力，以满足专项运动需求的训练计划。

二、体能测量与评价的内容

体能测量与评价主要分为一般身体评价、功能性运动质量评价和运动素质评价三类。

（一）一般身体评价

一般身体评价是其他测试的基础。通过一般身体评价确认运动员是否有危及健康的问题，确认是否存在不能完成的测试情况，了解运动员的伤病史及总体健康状况。

一般身体评价包括常规体检和伤病评价。常规体检包括身高、体重、体成分、血压、安静心率、心电图分析和血液分析等。伤病评价包括伤病种类、何时发生、处置情况等。

（二）功能性运动质量评价

在训练实践中，很多教练员对运动员的测试主要集中在测试获得负荷的数量（如时间、距离、力量等）而非质量，所以获得的信息是不完全的。例如，两个人的200米成绩都很差，一般会认为是跑速很慢都需要进行速度训练。但是功能性运动质量测试会发现可能A有很好的柔韧性、躯体稳定性和平衡能力，而B的各项素质却很差，所以A、B需要解决的问题就应该是完全不同的。另外，由于高水平运动员具有较高优势补偿能力，虽然某些动作质量不高，但其自身能够进行优势补偿而使其总体水平较高，但是错误的动作会导致伤病且无法充分发挥遗传潜能。

体能教练必须关注运动员的功能性运动质量。功能活动测试的目的是以基本身体运动为基础，让运动员处于某种极限的位置以发现动作的范围、平衡、身体控制能力与稳定性等缺陷，尽早纠正错误动作，挖掘运动员的潜力并预防伤病的发生。

功能性运动质量评价包括深蹲、跨栏步、弓箭步、肩部灵活性、直腿屈、屈伸稳定性和旋转稳定性7项评价指标。

（三）运动素质评价

运动素质评价是体能教练的重要任务之一，具有极高的实践意义，主要表现在为体能训练确定了客观的出发点，如运动员体能的优缺点以及可能潜在的受伤危险等；运动素质评价是教练员制订体能训练计划的重要依据，如体能训练目标的制订、内容安排、方法、手段选择等；评价结果还可以作为评价体能训练效果的参考标准。运动素质评价的内容主要包括力量、速度、耐力、灵敏、协调和柔韧等。

三、体能测量与评价的信效度

体能测量与评价的信效度是指测量与评价的可靠性和有效性，只有获取真实可靠且有效的数据才能获得正确的评价。

（一）测量的效度

效度（validity）即有效性，它是指测量工具或手段能够准确测出所需测量事物的程度。效度是指测试结果在多大程度上反映所要测试的事物。测量效度的控制难度依据不同的指标而存在着差异。在身体特征测试中(身高、体重等指标),测量的有效性很容易控制。例如,弹簧秤上的读数与校正过的天平的读数密切相关,这就显示弹簧秤称体重的有效性。但在体能测试中,获得较高有效性相对比较困难,测试有效性只是相对的。例如,如何选取方法和手段来进行灵敏性测试,测试的结果是否真正反映运动员在比赛中的灵敏性等。效度主要包括内容效度和表层效度两个方面。

1. 内容效度

在体能测试中,测试内容应该包含专项运动所需要的运动能力。例如,田径运动员的能力包含跳的能力、跑的能力、上肢肌肉力量等;足球运动员的能力测试应该包括冲刺速度、灵敏性、协调性和下肢爆发力等。为了保证内容的有效性,测试的设计者应该列出所有需要测试的项目,并保证各种能力都包含在测试指标中。另外,专项运动能力在测试中所占的权重要与该项运动能力在整个运动中的重要性成比例。

2. 表层效度

表层效度是指运动员在多大程度上了解测试者真正的测试目的。运动员完全了解测试目的,测试具有较高的表层效度。在体能测试中,具有较高表层效度,运动员能够更好地配合测试。因为任何运动员都想在体能测试中表现出较高水平,知道测试内容有助于这一目标的实现。

(二) 测试的信度

信度(reliability)即可靠性,是指采用同一方法对同一事物进行测量时,测试结果稳定一致,即测量工具能否稳定地测量所测的事物或变量。一个运动员在体能不变的情况下,进行两次同样的测试,如果测试的信度好,那么结果应该一样。如果结果差异较大,说明该测试的信度低,测试出现了问题。在体能测试中,为了提高信度必须关注:测试前的准备活动、测试顺序、测试要求、测试环境等,力求通过测试真正体现运动员的体能水平,尽可能减少测量误差。测量误差的来源一般包括受试个体自身的误差、不同操作者之间的误差、同一操作者的误差、测试本身的误差等。

四、体能测量中应注意的问题

为保证体能测量结果的真实、准确、有效、可靠,应注意以下问题:

(一) 健康和安全

在体能测试中,运动员的健康和测试的安全问题不容忽视。测试前应了解运动员是否存在健康问题及测试是否存在安全隐患等。所有受试运动员在测试前需有医疗证明,测试者应熟悉受试者的医疗史。例如,腰部损伤未愈运动员,不应当进行最大力量和坐位体前屈测试。要注意检查测试器械及环境。例如,高翻测试时，教练员及其他人员尽量不要靠近测试场地，以免发生意外。要注意了解测试环境的温度及湿度。例如，耐力测试时湿度太大会影响测试结果。

（二）测试者的挑选和培训

大型体能测试必须对测试者进行相应的挑选和培训。不同的测试技能和要求，测试结果将会受到较大影响。在体能测试前，测试者必须通过挑选和培训，掌握统一的测试技能和测试要求及如何引导被试者的测试动机。另外，所有测试应有突发事件的应急预案。

（三）记录表格的准备

测试前测试者必须完成记录表格的制订工作，这将有利于测试的顺利开展。记录表格不规范，将对测试结果产生不良影响，进而影响到整个测试进程。记录表格应涵盖所有被试者的重要信息，包括姓名、年龄、身高、体重、性别、专项和留足够记录测试结果的空间。

（四）测试方案的制订

测试方案是体能测试的关键环节，其质量的高低直接影响测试结果。如果测试方案不合理，测试结果的信度和效度都会受到影响。测试方案包括测试内容的选择及测试的目的，测试需要的器材、设备，测试基本要求和具体操作。其中，测试基本要求及具体操作是整个方案的关键部分。

（五）测试组合和多次测试

在测试组合和多次测试中，测试者应当给运动员充足的恢复时间，否则，后面的测试结果将会受到影响。测试者可以通过运动员脉搏和经验确定其恢复时间。

（六）合理安排测试顺序

在多项体能测试指标的测试中，测试内容的先后顺序，将会对测试结果产生影响。因此，体能测试中测试者应当重视体能测试的测试顺序。一般而言，合理安排测试顺序的基本原则是前面的测试不要影响后面的测试(表 1－4)。

表 1－4　多项指标测试的一般程序表[1-16]

测试顺序	测试内容	具体指标
1	安静时的测试	心率、体重、血压、体成分
2	非疲劳性测试	柔韧性、纵跳
3	灵敏测试	T 测试
4	最大力量测试	3RM 高翻、1RM 卧推
5	速度测试	30 米、60 米冲刺跑
6	局部肌肉耐力测试	1 分钟仰卧起坐
7	无氧能力测试	400 米跑测试、300 米折返跑
8	有氧能力测试	3 000 米跑、12 分钟跑

（七）被试者的测试前准备

在体能测试中，测试者要尽可能地获得较高的表层效度。被试者对测试的准备包括测试目的及内容、测试的顺序、测试的基本技巧等。被试者如果理解测试的意图，测试的结果将更加客观。另外，为了充分做好测试准备，测试者可以进行预测试，使被试者更清楚测试的全过程及测试细节。

第六节　现代体能训练发展趋势

随着体育科技的快速发展和应用，现代体能训练呈现出日趋科学化、多元化、个体化和功能化的新趋势。

一、体能训练更趋科学化

当今的体能训练无论是训练理念还是训练计划的制订与实施都深深融入了科学训练的烙印，具体可以从以下几个方面理解。

（一）体能训练理念的科学化

20 世纪 60 年代以前，在体能训练上关注的是大肌肉群的大力量；到六七十年代，人们注重有氧运动；70 年代后，提出了与健康有关的体能思想；80 年代，人们开始认识到功能性训练的作用，突出体能训练的功能性作用。时至今日，体能训练更加强调全面、系统、整合的思想，如单就力量训练而言，关注力量的整体传递效果和神经控制作用，指出人体是一个完整的运动链。在这个运动链中，人们又逐渐认识到人体核心区域的重要性，诱发了新的体能训练思路，提出了诸多相应的训练方法，并在训练实践中得以验证，形成了更新的体能训练思想。

（二）训练计划更加突出科学性

训练计划已改变了以往传统经验式的制定模式，通过采用先进的科学技术和手段对运动员进行监测和诊断，以准确评定出身体机能和技能的实际状态，从而为有效地实施体能训练提供了参考依据，使体能训练处在可控之中，有效地提高了运动员的体能水平。

（三）体能训练更加关注多学科成果的综合应用

人们从供能系统认识了不同训练手段对供能系统的影响，并认识到不同手段对身体不同部位肌肉的训练效果。现代计算机技术的发展，为体能训练也提供了一种新的模式，如人体运动仿真实验，为科学监测和模拟提供了更为便捷的手段。总之，现代体能训练走向了一种高度综合和高度分化的阶段，多学科的综合运用也使得体能训练达到了前所未有的科学化程度。

二、训练手段多元化与模式化

现代运动训练已发生了翻天覆地的变化，其体能训练手段呈现多元化态势，如逐渐出现的震动训练、核心训练等，为现代体能训练提供了新的思路和方法。同时，训练的方式也发生了很大的变化，如通过增加人体支点的不稳定性，提高人体在不稳定条件下的神经控制能力，从而提高人体运动动作的稳定性和运动水平，使得现代体能训练走向了新的训练模式。表 1－5 是对当前诸多体能训练手段的汇总，可以看出，当前对体能训练不仅仅是手段的多元化，而且在灵敏、协调、柔韧等方面均呈现多元化态势。

表 1－5　体能训练方法举例

器材	主要工作原理
标志物	通过设定标志点，提高人体协调、灵敏等能力
绳梯	设置不同节奏和类型的动作，提高人体对节奏的神经控制能力
平衡盘	通过增加不稳定性，提高核心肌群控制能力和力量
气垫	同上
瑞士球	同上
悬吊运动	同上
滑板	同上

当然，体能训练的另一种趋势就是将不同的训练方法进行有效的组合，尤其是根据项目特点，确立相应的方法优化模式，是当前体能训练的一种趋势，也是体能训练迈向科学训练的一种体现。如将核心稳定性训练加力量训练加功能性协调训练组合成一种模式，该模式中的第一部分就是利用准备活动来改善核心稳定性，发展核心力量，接着在训练课的基本部分进行基础力量或专项力量训练，重点提高力量素质，随后进行功能性协调训练，既可以使力量训练的效果向专项技术的用力方式过渡与转换，又可以通过动力性的牵拉有效地排除身体产生的乳酸，恢复肌肉的弹性，大大提高了力量训练的效益。不断地探索和提出新的体能训练模式将是体能训练的主要课题。

三、更加凸显功能性需求

现代高水平运动员的体能训练，已突破了单一的传统力量训练模式，走向了功能性训练的发展道路。功能性主要指的是更加贴近技术动作模式，与传统训练模式的区别就在于强调多关节运动链的作用，并强调人体非稳定状态下的动作稳定性发展。功能性力量训练之所以能够在体能训练中得到广泛应用，主要是源于对人体运动能力的理解。

Gray(1997)提出了人体运动表现的最佳金字塔模型(图1－27)，人体运动的功能性能力处于金字塔的最底端，具有根基性作用，其水平的高低可通过动作的幅度、身体控制、平衡和一般稳定性来体现；功能性表现处于金字塔模型的核心区域，通过总功率、速度、耐力及灵活性体现，发挥着承上启下的衔接作用；而最上层是运动员的动作表现，主要指的是完成动作的质量，通过动作专项来体现。从整个模型来看，每一层为更高一层提供基础，体现出功能性训练在整个运动训练中的重要作用。

由于传统力量训练忽视了人体运动中功能性的作用，导致运动训练中更多地表现出运动员功能性能力不足(图1－28)。个体功能性运动能力的不足，会限制运动水平的进一步提高。在这种状态下，虽然运动员的总体动作水平可能达到一定的高度，但由于功能性能力的缺乏，最终限制运动水平的提高和动作的稳定性发挥。

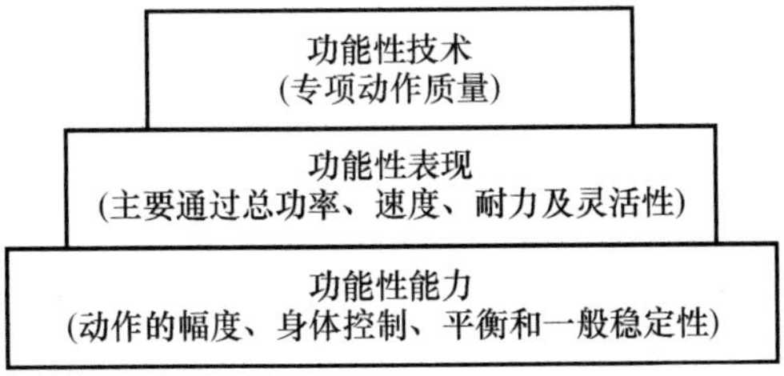

图1－27　最佳功能性训练模型(金字塔模型)

图1－28　功能性能力不足模型

四、高效能的恢复训练体系

现代运动训练的一个重要特征，就是高度重视运动员的恢复训练，采取多种手段加速恢复的实现。在当今越来越强调专项训练高强度训练的形势下，恢复训练的作用显得越来越重要。就体能训练恢复的手段来说，一般可分为两个方面：

第一，从训练安排的角度而言，表现为训练内容的合理搭配，如大力量训练完成后，安排有氧运动，这样有利于身体机能的恢复；

第二，进行牵拉运动，有利于高负荷运动后已被扭转的肌纤维重新归位与排序。牵拉的形式多种多样，如当前提出的PNF牵拉方式就是一种有效的身体恢复形式。在现代高水平运动员的训练中，已将对身体各主要关节和肌群的牵拉作为一项不可或缺的训练内容和恢复手段，并逐渐形成了多种多样的牵拉方式。

总而言之，体能训练成为现代竞技体育的重要组成部分，其地位已毋庸置疑，甚至是当前竞技运动制胜的一个决定性因素，其发展趋势表现出高度的整体性与分化性特征。所谓整体性，是更加关注对体能训练中各要素的统筹与优化，注重对神经、肌肉和本体感的功能性训练，注重多关节运动的协调性练习，避免以往单因素(如耐力)、单功能(如肌肉)、单关节体能训练的局限性。分化性是指与专项结合得更紧密，方向更明确，训练更细化，体能特征更具专项性。同时，现代体能训练方法越来越趋于科学化和多元化，如振动训练、悬吊训练和本体感受性功能训练。

参考文献

[1] 姚国荣，吴学静主编. 普遍逻辑. 合肥：安徽人民出版社，1989.

[2] 国立台湾师范大学学校体育研究与发展中心. 教师体适能指导手册. 台北：台湾教育部印行，1987：46 ~ 59.

[3] 苟波，李之俊等. “体能”概念辨析. 体育科研，2008(2)：47 ~ 52.

[4] 体育院校成人教育协作组. 运动训练学. 北京：人民体育出版社，1999.

[5] 田麦久主编. 运动训练学. 北京：人民体育出版社，2000.

[6] 杨世勇，等编著. 体能训练学. 成都：四川科学技术出版社，2002.

[7] 李之文. 体能概念探讨. 解放军体育学院学报、第 20 卷第 3 期. 2001 年 9 月(2).

[8] 袁运平. 我国高水平男子百米运动员体能训练理论体系的研究. 北京体育大学博士学位论文，2002：18.

[9] 陈月亮. 我国优秀短距离速滑运动员体能训练的理论与实践研究——以 500 米项目为例. 上海体育学院，2007.

[10] 罗冬梅，刘晔. 皮划艇项目动作技术结构特征与专项力量训练的研究与应用. 第八届全国体育科学大会，2007.

[11] 罗啊尔. 贝尔等主编，高崇玄译. 运动损伤临床指南. 北京：人民体育出版社，2007.

[12] 元建洪主编 . 运动创伤学. 人民军医出版社，2008.

[13] Thomas R. Baechle 著，朱学雷译. 体能训练概论. 上海：三联书店出版社，2008.

[14] 田径主编. 运动创伤学. 北京：北京体育大学出版社，2008.

[15] 江捍平等主编. 运动项目及相关损伤. 长沙：湖南科学技术出版社，2011.

[16] Thomas R. Baechle. Essentials of strength training and conditioning. 2000：284.

第二章　力量训练原理与方法

力量训练是体能训练的重要组成部分之一，在美国，体能训练十分重视力量训练，尤其是快速力量和爆发力训练，甚至把力量单独拿出来进行训练。因此，了解力量训练的基本原理和训练方法，对力量训练过程的设计和把控至关重要。

第一节　力 量 训 练

力量训练是体能训练的核心，在进行力量训练时要充分考虑力量表现的相关影响因素，根据各项目的专项特点和运动员的特征选择相应的训练方法和手段。

一、力量的定义

力量是指人体神经肌肉系统工作时克服或对抗阻力的能力。人体运动时受到身体重力、空气或水的阻力、重物负荷、竞技对手的对抗等各种外力，以及肌肉的黏滞性、对抗肌的牵引等内力的阻碍，这就需要肌肉克服这些力，完成相应的运动。

竞技体育运动要求运动员以最高、最快、最强的运动形式完成各种动作，因此，运动员的力量显得尤为重要。也正是这个原因，体能教练一直把力量训练尤其是快速力量及爆发力训练作为体能训练的核心。

二、力量分类

近几年体育科研领域关于力量训练的研究广泛开展，人们对力量训练的认识也逐渐深入和系统，对力量素质的分类也更为细化，提出了很多新的研究成果和理念，对当前力量训练的实践具有很强的指导意义。

（一）一般力量与专项力量

根据力量与运动专项的关系，力量分为一般力量和专项力量，这样分类有助于体能教练选择和安排训练内容。

一般力量是指身体各部位肌肉在完成非特定的专项动作时，对抗和克服阻力的能力。例如，卧推和深蹲时克服杠铃表现出来的最大力量，由于其动作形式和众多运动项目相差很大，该力量属于一般力量。一般力量是专项力量的基础，是专项力量发展的前提。一般力量训练通常很少考虑专项的需求，主要目的是提高肌肉耐力及肌肉力量平衡。儿童少年阶段的一般力量训练可以不考虑专项需求的因素。但是针对高水平运动员的一般力量训练，教练员必须考虑专项需求的因素和运动员自身的特点。

专项力量是指在时空和能量特征上，严格符合专项竞技动作要求的肌肉收缩能力，也就是说，在动作结构、力量性质、肌肉收缩方式、动员肌肉多少及能量供应方式等方面，都严格符合专项动作特点的肌肉收缩能力。专项力量的高低直接影响着运动员的成绩，因而众多体能教练非常重视运动员的专项力量训练。专项力量的发展必须建立在一定一般力量水平的基础上，如果一般力量水平较低，将影响运动员专项力量的提高，甚至出现运动损伤。例如，提高跳高运动员的弹跳力，跳深练习是重要的专项力量训练手段，但是该练习要求运动员必须具有一定的力量，否则容易造成运动员下肢损伤。

一般力量和专项力量相互影响，相互制约。专项力量的提高应当以一般力量为基础。运动员一般力量水平低，将会限制专项力量的提高。但是，一般力量不能代替专项力量，如果忽视专项力量，机体的适应可能会朝着不利的方向发展，以至无法获得理想的运动成绩。另外，一般力量和专项力量往往是相对而言的。针对不同的项目，一般力量和专项力量会随之发生变化，如深蹲时的力量相对于篮球运动是一般力量，而相对于举重运动则属于专项力量。

（二）相对力量和绝对力量

根据力量和体重的关系力量分为相对力量和绝对力量，这样分类有助于体能教练区别个体最大力量及个体肌肉质量的好坏以及控制运动员体重的变化。

绝对力量是指在不考虑体重的条件下，所表现出来的最大力量。在此意义上，绝对力量和最大力量的含义相同，可以通过对抗外界负荷的力值表示。例如，美国大力士布伦特·迈克塞尔具有非常高的绝对力量，他体重 150 千克，而杠铃深蹲 547 千克，杠铃卧推 272 千克，硬拉 364 千克。在高水平的对抗运动项目中，运动员的绝对力量是非常重要的。例如，散打运动员、足球的前锋运动员、英式橄榄运动员、铅球运动员等。发展绝对力量的同时，体能教练必须关注另外一个重要的指标——脂肪。脂肪的增加对于运动员的运动能力是致命的。因为脂肪的增加导致体重增加，而在力量没有提高的同时，它将使运动员移动减慢，疲劳提前出现，甚至导致运动损伤。

相对力量是指运动员单位体重所具有的最大力量，在一定程度上反映肌肉质量的好坏。相对力量 = 最大力量/体重。例如，大力士托马斯·詹姆斯·霍纳能以 67.5 千克的体重深蹲 365 千克的杠铃，相对力量达到 5.439。值得注意的是，相对力量值的单位是牛顿/千克（米·秒$^{-2}$），因此，严格来讲相对力量不是力量而是加速度。

由上可知，运动员相对力量可以看做运动员的加速能力。在克服自身体重的位移性运动项目中和分级别的运动项目中，相对力量具有十分重要的意义。相对力量直接影响运动员场上移动时的加速和减速能力，相对力量越大，在运动场上的移动越轻松。因而，优秀的跳跃和体操运动员都具有较高的相对力量。值得注意的是，体能教练在针对从事相对力量要求较高项目(跳高、排球等项目)运动员的训练时，应该严格尽量控制运动员的体重，关注运动员体成分变化和肌肉横截面过度增大的问题。

（三）稳定性力量和爆发性力量

根据肌肉在运动中的功能，力量分为稳定性力量和爆发性力量，这样分类有助于教练员充分认识稳定性肌肉的重要性，使肌肉发展更加协调。

稳定性力量是指在运动中保持肢体关节稳定的肌肉力量。运动中的关节稳定性需要精密的控制和肌肉的协同工作。人体某些肌肉有特殊的稳定功能，称做深层稳定肌，它们位于关节附近，在神经系统的精密控制下主要负责关节局部的稳定性。稳定肌群锻炼越充分，身体的力量发挥就越好，动作更快，最重要的是可以减少这些肌肉的张力性微细损伤。在全身运动中，稳定肌群起到产生力量、传递力量和控制力量的作用，因此受到教练员和运动员的重视。

爆发性力量是指在一个爆发性动作或一组强有力的突然移动过程中发力的能力，主要是指肌肉快速收缩产生力量。表层运动肌一般远离关节、肌肉粗大、产生的力矩也较大，主要负责运动关节和应对外源性应力。运动员的最大力量、快速力量、爆发力等都属于爆发性力量，在快速克服阻力运动中起着决定性作用。因而，爆发性力量训练一直是运动员力量训练的重点。

稳定性力量是爆发性力量的基础，但仅仅提高运动员的稳定性力量是不够的，因为快而有力的收缩是爆发性力量的主要功能。同理，仅仅发展爆发性力量也是不合理的，因为稳定性力量在动作过程中能够充分募集相关肌群，协调收缩，提高用力效率。

（四）最大力量、快速力量和力量耐力

根据完成不同体育活动时力量的表现特点，力量分为最大力量、快速力量和力量耐力，这样分类有助于教练员认识一个运动项目对力量的需求特点的差异。

1. 最大力量

最大力量是指肌肉通过最大随意收缩克服阻力时所表现出来的最高力值。随意收缩是指不刻意要求动作速度。例如，卧推、深蹲杠铃的最大力量。肌肉最大力量在不同项目中的作用是不同的，主要取决于肌肉所对抗阻力的大小。对抗阻力越大，最大力量的作用就越明显，如举重。相反，克服外界负荷较低时最大力量的作用就明显降低，图 2 – 1 显示了这种关系。表 2 – 1 则给出了最大力量和外加负荷的相关系数。

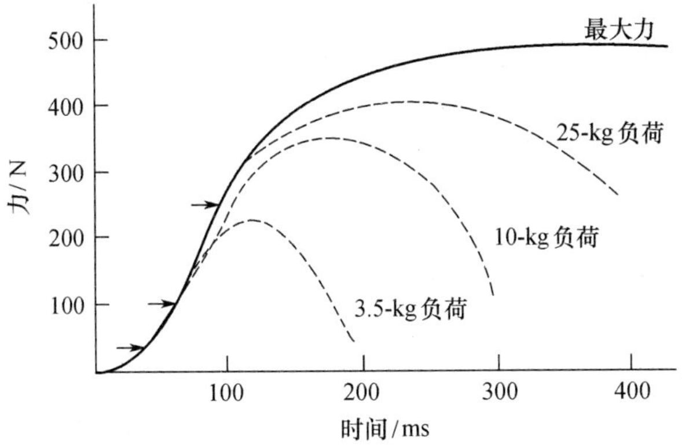

图 2 – 1　最大力量与外加负荷强度关系图

引自【芬】帕沃 · V. 科米 . 体育运动中的力量与快速力量 . 2004. 370

表 2 – 1　最大力量和外加负荷的相关系数表

负荷/kg	相关系数
25	$r=0.85$
10	$r=0.66$
3.5	$r=0.50$

引自【芬】帕沃 · V. 科米 . 体育运动中的力量与快速力量 . 2004：370

2. 快速力量

快速力量是指神经肌肉系统在一定时间段内产生最大力量的能力，它是力量与速度有机结合的一种能力。快速力量的实质是神经肌肉系统产生高速度的能量，其大小取决于运动单位的动员和激活率以及各肌纤维的收缩特征。快速力量对短跑、短距离游泳、短距离自行车、短距离滑冰、击剑、跳跃、摔跤和拳击等项目的运动成绩有着决定性作用。

根据快速用力的特征可以将快速力量分为起动力量、制动力量、反应力量和爆发力(图 2 – 2)。

(1) 起动力量是指运动员在静止状态(预备或起始姿态)下快速发力的能力，即指在最短时间内(0.05 秒以内)最快地发挥出的肌肉力量，是神经肌肉系统从工作开始尽可能快地提升力量发展率的能力。起动力量在体育运动中非常重要，发展起动力量将有助于运动员的起动速度和加速能力，可以最佳化地完成动作，如拳击、击剑、空手道等运动项目。

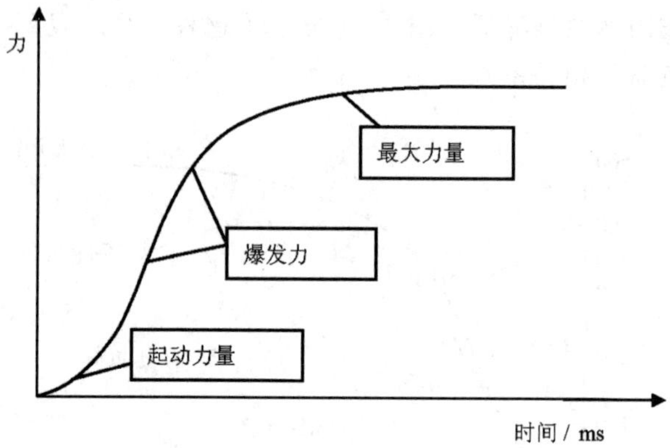

图 2－2　不同力量类型的时间特征

（2）制动力量是指在迅速改变运动方向的过程中，肌肉克服阻力，产生最大负荷加速度的能力，即以较高的加速度朝相反方向运动的能力。制动力量取决于肌肉的退让与超等长工作的能力。

（3）反应力量是指肌肉在拉长后快速收缩的能力。反应力量产生的质量取决于神经肌肉支配模式的结构和肌腱系统的机能状态，即它们的收缩能力和弹性能力。

（4）爆发力是指张力已经开始增加的肌肉以最快的速度克服阻力的能力，是神经肌肉系统将起动力量进一步发展至最大化的能力。换句话说爆发力是指完成一定动作时功率输出的能力，如举重、铅球等运动项目，对运动员力量的快而有力的输出提出更高的要求。

3. 力量耐力

力量耐力是指运动员在静力性工作中长时间保持相应强度的肌紧张或在动力性工作中多次完成相应强度的肌收缩的能力。前者称为静力性力量耐力，后者称为动力性力量耐力。动力性力量耐力又包括最大力量耐力（重复表现最大力量的能力）、快速力量耐力（重复快速表现大力量的能力）以及长时间力量耐力（多次重复表现一定力量的能力）。在不同运动中，机体对抗的阻力存在着差异，因此肌肉力量耐力具有专项性。例如，短跑运动中肌肉要维持并保持较高收缩能力，其反映了机体的高强度力量耐力；而长跑运动中，肌肉要维持较低强度较长时间工作的能力，其反映了机体低强度下的力量耐力。

另外，运动员的力量耐力兼有力量与耐力的双重特点，既要求肌肉具有较大的力量，又要求肌肉能够长时间地坚持工作。力量耐力的决定因素也表现出双重的特点。当持续运动的时间较短时，如 200 米、400 米跑，运动员对短时间最大力量有较高的要求；而随着持续时间的加长，如 5 000 米、10 000 米跑，运动员对长时间力量耐力的要求则有明显提高。

4. 三种力量类型的关系

最大力量和快速力量并非是两种互不相干的事物，它们拥有一些共同的神经肌肉学基础，但是又不完全一致。例如，运动单位的动员和激活频率共同影响着最大力量和快速力量，从这一点上看，两者联系密切。最大力量是快速力量基础，在克服较大阻力的运动中，最大力量水平的高低制约着快速力量的水平。高负荷强度下的练习，运动单位的动员和激活频率得到提高属于神经适应。因此，快速力量训练和最大力量训练都要求较高的训练强度。然而在超等长运动中所表现的快速力量与最大力量之间的关联很低。超等长运动中的快速力量取决于神经支配模式的结构和肌腱系统的训练状态，即牵张反射和肌腱的弹力。

最大力量制约着力量耐力的高低，换句话说，最大力量的提高有助于力量耐力的提高。然而，力量耐力的提高，不能带来最大力量的提高，甚至会造成最大力量的下降。最大力量和力量耐力之间的影响具有不可逆性。

三、影响肌肉力量的神经肌肉学因素

肌肉力量对各运动项目都是至关重要的，力量的大小与肌肉体积、肌肉初长度、收缩速度、肌纤维类型及神经系统的支配和控制等多种因素有关，同时还受年龄、性别等因素的影响。

（一）运动单位的募集

肌肉收缩时产生张力的大小与兴奋的肌纤维数目有关。肌肉收缩时兴奋的肌纤维数目越多，产生的张力就越大。运动单位动员也称为运动单位募集。运动单位的动员数量受到外界负荷影响，外界负荷越大神经发放的冲动就越强，动员的肌纤维就越多。不同的个体肌纤维的动员能力不同，训练水平低的运动员一般只能动员 60% 左右的肌纤维，而训练水平高的运动员可以动员 90% 的肌纤维。

力量训练必须了解运动单位动员的原则。根据神经元的体积原则，神经元的体积越小，在一般性运动中越容易募集，并且最常使用。神经元体积大的运动单位在募集过程中列在最后，只有肌肉在完成较大用力时才被动员，因而最少被动用。但是，运动单位动员顺序并不是一成不变的。某块肌肉的某些运动单位，对某一练习有较低的募集阈，而对另一练习则有较高的募集阈，因而力量训练要遵循运动的专项性，并适应注意力量训练方法的多样性。

（二）肌肉协调

肌肉协调是力量增长机制中的神经适应机制，是依靠神经募集肌纤维和神经冲动发放频率提高实现的。不同肌群甚至同一肌群的不同运动单位之间应具有一定的神经肌肉协调性。肌肉协调分为肌肉内和肌肉间的协调。肌肉内协调是指运动单位之间激活的具体形式，主要表现在运动单位的同步性和协同性。例如，局部肌肉增大现象，说明了一种专门练习可以引起某一局部肌肉增大而其他肌肉没有变化，如健美运动。另外，运动单位的激活在低强度作用下是不同步的，在较高的强度下肌纤维能表现出较高的同步性。力量训练能够提高运动单位的同步性，并能提高在较低强度下的同步性。值得注意的是同步性在弹性活动中起到重要作用，它是快速力量训练方法设计的重要依据。然而，在等长收缩练习时，运动单位的同步性对最大力量的影响程度最小。

肌肉间协调是指在特定的任务下肌肉之间相互作用和激活形式，主要表现为单关节中主动肌和对抗肌的作用，还有多关节运动中主动、被动、协同及固定肌群之间的协调作用。另外，肌肉的参与经常有某种顺序，肌肉的用力顺序是反映肌肉协调的重要方面。例如，做挺举动作时，在开始和举起杠铃的初期，斜方肌必须放松，而在上挺的时候才收缩用力。然而，有些高水平运动员在开始阶段收缩斜方肌，从而影响到动作质量。在运动实践中，运动往往涉及多关节、多肌群，因此，力量训练时肌肉间的协调，应当受到教练员和运动员的高度重视。

（三）弹性能和牵张反射

肌肉是弹性体，当肌肉被拉长时，弹性能被储存起来，肌肉收缩时又被释放出来，以加大收缩力量。但是值得注意的是，如果肌肉被拉长后，不能快速收缩，储存的弹性能将转化为热能而被消耗，进而影响力的大小。

牵张反射是指当肌肉被快速拉长时引起肌梭感受器兴奋，发放神经冲动到中枢神经系统，然后神经中枢系统发放指令要求肌肉快速收缩，恢复肌肉正常长度。

超等长练习是指肌肉在离心运动之后快速进行向心运动的练习。超等长练习不仅仅是向心运动和离心运动的组合，还是一种相对独立的运动类型。超等长练习正是利用肌肉的弹性能和肌梭感受器的牵张反射来增加肌肉力量的。超等长练习是通过改善神经系统的适应性，有效提高支撑力、弹跳力和鞭打力量。

（四）肌纤维类型

根据肌纤维收缩特征的差异，肌纤维分为快肌纤维和慢肌纤维两大类。两类肌纤维具有不同的生理学特性（表 2－2）。运动员快、慢肌纤维比例的高低，影响着他所从事的专项运动。运动快肌纤维比例高的运动员能够产生较高的功率，具有较高的速度潜力，适宜于从事短跑等快速性运动。慢肌纤维比例较高的运动员则具有较好的耐疲劳能力，适合于从事越野、马拉松和其他有氧需求较高的运动。

表 2－2　不同肌纤维类型的主要特性

特性	Ⅰ型慢肌	Ⅱa 型快肌	Ⅱb 型快肌
收缩速度	慢	快	快
力量的产生	低	适中	高
爆发力的输出	低	高	高
耐力	高	适中/低	低
有氧催化酶	高	适中/低	低
无氧催化酶	低	高	高
疲劳度	低	适中/低	高
微血管密度	高	适中	低
肌纤维直径	小	适中	大
线粒体密度	高	适中	低
ATP 酶活性	低	高	高
肌红蛋白	高	低	低
色泽	红	白（红白之间）	白

引自 Thomas R. Baechle. Essentials of strength training and conditioning. 2000：17

肌纤维之间的转换问题仍存在着争议。但是力量训练，尤其是爆发力训练可以增加Ⅱ型肌纤维横截面积的比例。同样，也有研究显示，几个月的耐力训练可以使Ⅱb 型快肌转化为Ⅱa 型快肌纤维，其中少量的Ⅱa 型快肌纤维可以转化为Ⅰ型慢肌纤维。

（五）肌肉横截面积

肌肉的生理横截面是肌肉力量增长机制中的肌肉适应机制，是依靠能源物质的消耗与补偿实现的。肌肉横截面积越大肌肉力量就越大，相反亦然。肌肉力量的大小和肌纤维所含的 ATP 酶头部数量相关，由于每条肌纤维所含的 ATP 酶头部数量相同，所以，较大横截面肌肉以容纳较多平行排列的肌节，能让更多的 ATP 酶头与肌动蛋白结合，具有较大力量潜力。肌肉力量的大小与肌纤维横截面上肌原纤维的总数成正比，或与横截面积成正比。

在竞技体育运动中，有些项目按不同体重级别的划分充分说明了肌肉横截面对肌肉力量的影响。运动员体重有着较大差异，身体形态、机能的差异也较明显，因而，在一些运动项目中，拥有不同最大肌肉力量的运动员是难以直接对抗的，如拳击、柔道、摔跤和举重。此外，对最大力量需求较高的运动项目，往往采取首先通过肌肉横截面的增加来提高最大力量。

（六）生物力学及人体测量学因素

肌肉、骨骼结构、身高、四肢长短可以影响整个肌肉杠杆系统的机械效益。人体的解剖结构存在相当大的差异，如肌腱在骨上附着点的远近。如果一个人的肌腱在离关节中心较远的位置与骨接合，则可以克服较重的负荷，因为肌肉的力臂较长，而产生较大的力矩。

另外，运动员体重－身高的比例影响着肌肉力量的大小。拥有较高的体重－身高比，对于举重运动员是有利的，因为能提供较大的力量。该指标可以在一定程度上反映肌肉生理横截面的大小。如两个运动员肌肉重量相同，而具有不同的身高和四肢长度，那么，较矮的运动员具有较高的肌肉横截面，进而能够产生较大的力量。

四、力量训练的基本手段

力量训练的具体手段非常丰富，随着科技的发展，这一点显得尤为突出。常用的力量训练手段可以归纳为以下几种类型：

（一）抗阻训练

抗阻训练主要是肌肉对抗外界负荷，通过一定的强度和重复次数的练习刺激机体发展力量，可作用于机体任何一个部位的肌肉群。抗阻练习的方式多种多样，负荷的重量及练习的重复次数和组数可随时调整，是身体素质练习中常用的一种手段。抗阻练习包括杠铃、壶铃、哑铃和力量训练组合器械等。此外，利用特制的力量练习器使练习者在特定的姿势（坐、卧、站）进行练习，能产生独特的训练效果。例如，利用轮胎进行抬起或掀翻动作，推举液体容器、卧推带有铁链的杠铃等。

（二）对抗性训练

对抗性训练要求对抗双方力量相当，依靠对方不同肌肉群的互相对抗，以短暂的静力性等长收缩来发展力量，如双人顶，双人推、拉等。对抗性训练几乎不需要任何器械及设备，也容易激发练习者的兴趣。

（三）克服弹性物体阻力训练

克服弹性物体阻力训练主要是依靠弹性物体变形产生弹力，肌肉克服弹力而发展力量，如弹簧拉力器、橡皮带、弹力带和阻力带等。

（四）利用外部环境阻力训练

人体在不同环境下运动，将对肌肉用力产生不同影响。例如，沙地、深雪地、草地、水中与田径场相比具有各自的特点，在沙滩上进行跑、跳对于运动员伸肌肌群能产生较大的作用。

（五）克服自身体重的训练

克服自身体重的训练主要是由人体四肢的远端支撑完成的练习，迫使机体的局部部位来承受体重，促使该局部部位的力量得到发展。例如，引体向上、倒立推进、俯卧撑及纵跳等。

（六）电刺激力量训练

电刺激力量训练是用电刺激发展力量的练习，将电极置于肌肉的起止端，通过电流刺激肌肉产生收缩运动的力量练习手段。电刺激练习可根据训练目的，随意选择或确定练习部位；强化专项肌群或薄弱肌群，肌肉收缩的强度或时间可以人为地控制；可最大限度地动员运动单位参与收缩，可在短期内迅速提高肌肉力量；刺激后，肌肉体积没有明显增大，脂肪减少，力量得到提高。电刺激练习力量增长较快，一旦停止练习，消退也快。

（七）振动训练器练习

振动训练器是一项新兴的力量训练器材，它能够给予运动员垂直的动力，提供不稳定的环境，刺激肌梭感受器，增进血液循环，使肌肉力量及平衡稳定能力得到有效提高。

五、力量训练注意的问题

在力量训练中，除根据不同项目和不同训练阶段的特殊需求，选择最适宜的训练方法和训练手段之外，还应注意如下问题：

（一）力量训练技术的规范性

力量训练中包含大量技术规范，如杠铃、哑铃以及力量训练器械练习所包含的握法、最佳的身体姿势、关节活动范围、运动速度、呼吸方法、佩戴举重带及保护技术等。力量训练技术规范程度制约着训练质量和受伤的可能性，应当重视。

除此之外，力量训练技术规范还包括杠铃练习技术、哑铃练习技术、组合器械技术及超等长练习技术等。每一练习技术都有自身的特殊要求，如背蹲杠铃技术，要求膝关节不要过度前屈，这有利于保护膝关节和韧带。规范的技术动作还可以使机体承受更大的负荷强度，更好地刺激股四头肌和臀大肌力量的提高。

（二）力量训练内容的顺序性

1. 身体部位的顺序性

力量训练可以从上半身开始也可以从下半身开始，这取决于运动员个人的需要。腰腹部练习应该安排在最后进行，如果腹部练习安排在前面进行，将会导致腰腹过早疲劳，削弱腰腹的支撑稳定功能，并容易导致腰部损伤。

2. 大小肌肉群的顺序性

首先要进行大肌肉群的练习，然后再进行小肌肉群练习。大肌肉群练习动用一组或多组大块肌肉(如胸、肩、背、髋、大腿),涉及两个或更多的关节,对专项运动起着重要作用,因而应优先发展,如高翻、抓举、挺举和背蹲杠铃等练习,应首先安排。小肌肉群练习通常动用较少的肌肉,涉及的关节单一,如屈肘练习、肱三头肌下压等练习,对提高专项水平的重要性较低,因此安排在后面进行。如果小肌肉群训练安排在大肌肉群训练的前面,疲劳的小肌肉群将对大肌肉群的肌纤维募集产生消极影响。另外,在小肌肉群疲劳的情况下,参与大肌肉群的运动容易导致损伤。

3. 主动肌与被动肌的次序

人体的直立行走和运动,使人体屈肌肌群的负担增加,加强屈肌肌群的动作有利于保持身体姿态。因此,在力量训练顺序上应该先练习屈肌肌群再练习伸肌肌群,如胸部、背部→腘绳肌和股四头肌→肱二头肌和肱三头肌,这样的练习顺序对身体动作和姿势不会产生负面影响。

(三) 力量训练的整体性

1. 力量训练要多样

力量训练多样化有助于提高肌肉力量的整体性。一种训练仅对一组肌肉在该动作下产生刺激,因此,肌肉的适应很难体现整体性。研究认为,每组肌肉在进行三种以上的练习时才能更有效地增加肌肉体积。这说明不同的练习有利于提高肌肉的整体性。美国 NBA 力量训练计划中,为提高肌肉力量的整体性,在周一、周三、周五 3 次力量训练中,针对同一部位的肌肉安排不同的练习。例如,周一和周五安排平凳卧推和背蹲杠铃练习,周三则安排斜凳卧推和坐姿蹬腿练习。这样的安排,促进了同一部位肌肉的整体发展,提高动力肌群的整体性。

2. 爆发力肌群和稳定肌群的关系

大肌肉群是人体主要发力源,是影响最大力量的主要因素。机体深层小肌肉群具有稳定功能,为大肌肉群发力提供稳定的支撑,进而提高肌肉用力的效率。远端的小肌肉群既可以协同大肌肉群发力,还可以对技术动作进行精细调节,以保证技术的完整性和有效性。

3. 单关节力量训练和多关节力量训练的关系

在竞技运动中,运动方式多属于多关节运动。虽然单关节力量训练较容易控制,局部肌肉力量能够得到显著提高。但是过多的单关节练习对整体作用并不显著,甚至影响力量发展的整体性。在力量训练中,重视多关节力量训练,能够保障专项运动的发展,促进不同肌肉间的协同。同时,多关节力量训练也要注意练习的动作形式和用力顺序尽量与专项技术相吻合,实现力量的整体发展。

（四）力量训练的专项性

力量训练的专项性是指力量训练时发展直接用来完成动作的肌肉群，并尽可能地模拟专项实际的动作结构、动作节奏及动作速度。

1. 运动项目力量需求的特殊性

不同运动项目对力量的需求存在着差异，认清运动项目需求的力量类型是实现力量训练专项性的重要前提。例如，最大力量在举重运动中作用显著，而对于耐力性运动的作用相对较低。在明确专项所需的力量类型后，力量训练才能体现专项的特点。一些快速力量项目要求在非常短的时间内产生较大的力，功率的输出能力是这些项目获取成功的关键。例如，跳台滑雪运动员下肢伸展的最大力量不比未经训练者高，但却能更快地达到最高力值。

2. 运动方式的特殊性

运动方式影响着机体神经肌肉等内部机制的适应性变化，虽然运动中动用的肌群相同，但是由于运动形式的差异，导致肌肉产生专门适应性。对某一运动方式适应的运动机制可能与技术学习过程和肌肉协调性的作用有关。有实验证明，力量提高的幅度取决于测试采用运动方式与实际训练采用方式相吻合的程度。专项运动方式是特定的，与专项动作形式差异较大的练习，专项力量的提高是有限的。力量训练的运动方式与专项动作的吻合程度是衡量力量训练专项化的重要标志。

3. 肌肉力量发挥的方向性

肌肉力量存在着方向性，如跳高的起跳角度，篮球、排球的起跳角度。肌肉的固定方式是肌肉的方向性的重要体现。肌肉固定方式分为远固定、近固定和无固定。肌肉力量的提高和三种固定形式存在着重要的关系。近固定提高主动肌的同时，还有利于近侧点固定肌群的协同作用，而对于远侧点的作用不明显。尤其是在游泳、皮划艇等具有远固定特征的运动项目中，应加强远固定方式的力量训练。

4. 专项负荷强度的规定性

运动单位的动员存在着选择性适应，不同的训练强度动员的肌纤维是不同的。力量训练要与专项需要的负荷强度一致，才能较好地完成肌肉力量的专项性改造。例如，慢肌纤维需要的动员阈值低，长跑运动员力量耐力训练的强度不应太高。而快肌纤维的动员强度要超过90%最大力量，所以短跑运动员的快速力量训练强度应较高。

（五）重视恢复

力量训练后，要特别注意使肌肉放松。肌肉在力量训练后会产生肌肉酸胀感，肌肉酸胀是肌纤维增粗现象的反映，也是力量增长的必然。但应采取积极措施消除肌肉的酸胀感，以利于减少能量消耗，并更好地保持肌肉弹性。在运动训练实践中，应多采用不同部位的交替训练，以利于肌肉的恢复。另外，在训练周期中，负荷安排应大中小结合，循序渐进地提高负荷量。尤其是多关节大肌肉群的力量练习，训练强度要大小结合，否则很容易造成过度训练。

（六）遵循人的生长发育特征

1. 儿童少年力量发展敏感期

8 岁以后，男、女子力量开始显露差别，男子绝对力量自然增长的敏感期为 11 ~ 13 岁，而后，绝对力量增长速度缓慢，到 25 岁左右最大。女子 10 ~ 13 岁，绝对力量增长速度很快，三年中总的绝对力量可提高 46%，13 ~ 15 岁绝对力量增长速度下降，15 ~ 16 岁回升，16 岁以后再度下降，到 20 岁左右基本上可以达到能够达到的最大力量。在儿童少年时期，速度力量的发展比绝对力量发展得快一些，早一些。7 ~ 13 岁是速度力量发展的敏感期，13 岁以后男子增长得比女子快。力量耐力的自然发展趋势较为稳定，男子 7 ~ 17 岁之间基本处于直线上升趋势；女子 13 岁以后增长速度缓慢，14 ~ 15 岁甚至出现下降。

2. 儿童少年的生理特征

儿童少年骨骼系统中软组织多，骨组织内的水分和有机物较多，无机盐少，骨骼弹性好，不易折断，但坚固性差，易弯曲，因此儿童少年不可进行大强度训练。在这个期间应多做发展力量耐力的训练，通过小负荷，特别是克服自身体重的练习，如做俯卧撑、仰卧起坐、反复下蹲等练习，使全身肌肉力量得到发展，增加肌肉中毛细血管和肌红蛋白的数量，改进输氧功能。

3. 儿童少年力量练习的选择

儿童少年在力量练习的选择时，应以动力练习为主，少用或不用静力性练习，特别要尽量避免出现憋气动作，以免因胸内压的突然变化而影响心脏的正常发育。

4. 儿童少年力量训练的基础性

儿童少年力量训练要以身体全面发展的力量训练为主，不要过早强调与专项运动技术相结合。尤其是对抗类及体能类项目，过早的专项化，会导致运动员难以达到运动的最高水平。

第二节　抗阻力量训练

抗阻训练主要是利用外加负荷刺激来提高运动员力量素质的训练手段，训练中应注意练习动作的技术规格和身体姿势，并加强安全保护。

一、抗阻力量训练基本技术

抗阻训练是指机体对抗外界负荷，提高肌肉力量的训练。抗阻力量训练手段一般包括杠铃、哑铃等器械不固定、动作轨迹不完全固定的自由重量练习以及动作轨迹固定的组合力量器械练习。两种基本练习手段对于机体的刺激存在着一定的差异，自由重量练习具有不稳定的特点，在提高力量的同时，加强对近固定端的稳定肌群的作用，因而能产生更好的力量训练效果。组合力量器械练习运动是相对固定的，因而对于稳定肌群的作用极小。另外，组合器械大多是单关节运动，因此对于肌肉在运动中的作用相对较小。

虽然自由重量练习和组合器械练习有着不同的效果，但是在训练中，具有一定的、共同的练习技术。自由重量练习以及力量训练器械练习都包含握杠、握哑铃、握把手的技术，最佳的身体姿势、关节活动范围和运动速度、呼吸方法、举重带的使用及保护与帮助。

（一）抓握技术

抗阻力量训练中有两种最常用的抓握方式，即正握（掌心向下，指关节向上）和反握（掌心向上，指关节向下）。还有两种使用较少的握法，一种是正反握法：一手正握，另一手反握；另一种是钩子握法：与正握类似，只是拇指压在食指和中指之下。钩子握法是进行爆发力练习时的常用握法，可以握得更紧。另外，中拇指包着杠杆的握法统称闭合式握法，如卧推杠铃动作。拇指没有包住杠杆的握法称做开放式握法，如杠铃高翻动作最后握杠铃的手法。

（二）稳定的身体姿势

稳定的身体姿势有助于运动员在练习过程中保持良好的动作姿态，使肌肉和关节得到正确的刺激。教练员必须重视抗阻力量训练时运动员的身体姿势及稳定程度。

练习凳上坐着或仰卧进行的练习，运动员的身体姿势要有五个部位与练习凳及地面接触，以保证最大稳定性和脊柱支撑。五个部位接触分别是：后脑、肩背、腰臀、右脚、左脚。

站立体位抗阻训练时，两脚分开，略宽于髋，全脚掌着地。

在力量练习器上练习前，要调整座位和垫子等，使身体运动轴与机器转轴同心。

（三）关节运动的范围和速度

练习时，运动的范围覆盖整个关节的活动范围，练习的价值就高，同时关节的柔韧性可以保持和提高。最理想的练习方法应该包含所有运动所涉及的关节的最大活动范围，但有的练习是不可能的，有时是不允许的（例如，在深蹲时弯腰等）。

慢速、有控制地重复练习，有助于增加运动的范围，使之达到关节的活动范围。但当练习爆发力和进行快速力量练习时，强调在保持控制的条件下尽量加速，使器械的移动达到最大速度。

（四）练习中的呼吸技巧

重复练习中最艰难的部分通常发生在离心收缩向向心收缩转换后的一段时间，这个时段被称为“粘点”。大部分抗阻的呼吸技巧是在整个粘点过程中呼气，在相对较轻松的时段吸气。例如，在利用杠铃向心屈肘的重复练习中，粘点发生在屈肘的中途时段，此时运动员应该呼气。在将杠铃放下至起始位置时应吸气。

在有些情况下，运动员要憋气。运动员在进行负重练习时（下蹲、蹬腿、推肩、高翻等脊柱负重）常常要憋气。憋气是呼气时关闭声门，同时腹肌和肋间肌收缩，形成一个“上气、下水”的刚性躯干。

憋气的优点是增加整个躯干的刚性来支撑脊柱，减小上举时对椎间盘的挤压力，同时有助于达到许多练习中要求的“平背”以及对躯干上部的技术要求，以防躯干的坍塌。

憋气的副作用是腹内压上升有可能引起眩晕、高血压以及眼前发黑等现象，因而憋气时间不宜过长，最多1秒。即使是有良好训练基础的运动员，也不能强行憋气太长时间，憋气时血压可很快达到安静时的3倍。

（五）举重带的使用

使用举重带有助于防止损伤。举重带的使用因运动员的类型和训练负荷大小而变。当练习负荷施加在腰部时，而且负荷接近最大力量时，要佩戴举重带。合理的技术、有效的保护，再加上正确使用举重带，有助于减少运动损伤的发生。但过分频繁地使用举重带会降低对腰腹肌的锻炼效果，因而在没有腰部负荷的练习中（如屈肘练习、坐位下拉练习）或腰部负荷不大的练习中（如背蹲、提铃练习）不要使用举重带。

（六）保护与帮助

保护者的主要职责是保障运动员在抗阻练习中的安全。保护者必须意识到自身的重要责任，保护不力有可能造成运动员的严重损伤，甚至造成保护者本人的严重损伤。此外，保护者还可以激发运动员的训练积极性，帮助运动员完成强制性重复练习（也称同伴帮助下的练习）。强制性重复练习有助于提高运动员的力量，但安全保护绝不可忽视。

1. 练习的类型和所需的设备

杠铃在头顶上方（如站立上举）、杠铃在肩背上（如背蹲）、杠铃架在肩前或锁骨上（如前蹲）、杠铃在脸上方（如卧推、仰卧伸肘练习）等部位进行的自由重量练习比起杠铃或哑铃在体侧、体前（如肩侧平举、站立屈臂）等部位进行的自由重量练习，有更大的难度和危险性，因而一定要有至少一名保护者在场实施保护与帮助。

哑铃练习的保护难度大于杠铃练习的保护难度。在爆发力练习中，不需要保护者。

2. 保护者的数量

所需保护者的数量是根据运动员试举的重量、运动员和保护者的经验和能力以及保护者的力量来确定的。试举的重量越大，受伤的危险性越大，受伤的严重程度也越高。如果试举的负荷超过了保护者所能保护的能力，一定要增加保护者的人数。另外，如果一个保护者的能力足以保护运动员，就不要使用更多的保护者。保护者的数量越多，在实施保护时出错的概率也越大。

3. 运动员和保护者之间的沟通

运动员和保护者的有效沟通是必须的。保护者必须主动掌握如何抓握杠铃、如何实施保护、运动员将进行多少次练习、何时将杠铃复位等信息，否则保护者就不能实施及时有效的保护，可能出现动作过早、过迟、打乱运动员的练习节奏，甚至导致运动员受伤。

二、抗阻力量训练计划

抗阻力量训练设计是对运动员抗阻力量训练的总体规划，包括训练目标的建立、训练方式的选择、负荷强度的确定、总负荷量的确定和间歇时间的安排等。

（一）训练目标的建立

训练目标建立在对起始状态的科学诊断基础之上。抗阻力量训练目标的建立与不同运动项目的特殊需求和运动员的现实状态密不可分。

1. 运动项目评价

运动项目的评价就是确定项目的独特性，一般包括三个方面：第一，通过分析了解身体和肢体的运动模式以及参与的肌肉群，称为运动分析；第二，通过分析认清该项目中力量、爆发力、肌肉体积以及肌肉耐力的重要程度，称为生理学分析；第三，通过分析理解该项目常见的肌肉、关节损伤部位以及形成因素，称为运动损伤分析。

2. 运动员评估

对运动员的评价是一个相对复杂的工作，包括评价运动员的训练状态（含损伤情况）、进行一系列力量测试、评价测试结果、确定基本训练目标等环节。训练状态是运动员当前的状况。训练状态评价包括对运动员的训练背景评估及运动医学专家对运动员新伤或老伤是否影响训练所做的评估。训练背景评价应当包含当前训练的类型，从事系统训练的年限，先前训练的强度水平及力量训练技术的掌握情况。体能测量及评价等相关内容参见有关章节。

3. 抗阻力量训练目标的确定

抗阻力量训练的目标是在掌握运动项目的动力学和生理学分析结果、运动员的训练状态和运动员的测试结果及运动员在赛季中的训练侧重点等因素的基础上确定的。一般来说，抗阻训练目标是增加最大力量和爆发力，促进肌肉增大和肌肉耐力。尽管有时需要在最大力量、爆发力、促进肌肉增大和肌肉耐力几个方面都得到加强，如同时提高力量和肌肉耐力，但在赛季中应该努力使训练目标集中在某一个主要方面。

（二）训练方式的选择

选择抗阻训练方式是教练员必须具备的基本执教技能。体能教练员必须了解各种抗阻训练的练习方法，了解专项动作的动作分析结果，了解运动员的练习技巧、熟练程度和练习经验，并熟悉现有抗阻训练设备和训练时间，才能有效地做出明智可行的选择。

抗阻力量训练方式非常多，具体练习见表 2－3。

表 2－3　抗阻训练方式分类表

身体部位	训练方式				
	1	2	3	4	5
腹部	屈、直膝仰卧起坐	脚高位仰卧起坐	两头起		
背部	俯身提拉(g、y)	提铃上拉(g、y)	坐姿下拉(q)	坐姿后拉(q)	
手臂屈	屈肘(g、y)	旋转屈肘(y)	屈腕(g、y)		
手臂伸	仰卧伸肘(g、y)	肱三头肌下压(q)	伸腕(g、y)		
肩部	肩上推举(g、y、q)	直臂屈伸(y)	屈肘上提(g、y)		
胸部	平、斜凳卧推(g、y)	平、斜凳侧举(y)	推胸(q)		
大腿	背蹲(g)	前蹲(g)	坐姿蹬腿(q)	弓箭步(g)	蹬台阶(g)
	罗马尼亚硬拉(g、q)	硬拉(g、q)	伸膝(q)	屈膝(q)	
小腿	负重提踵(g、q)	坐位提踵(q)			
爆发力	高翻(g、y)	提铃高翻(g、y)	挺举(g、y)	抓举(g、y)	

注：g 代表杠铃，y 代表哑铃，q 代表组合器械

抗阻训练运动形式与实际的专项活动越相似，训练效果就越容易向运动专项技术产生正向迁移。体能教练员对抗阻训练与专项运动方式关联性的认知，有助于运动员专项技术的提高（表 2－4）。

表 2-4　与专项技术相关联的抗阻训练

运动方式	相关联的抗阻训练
篮球的运球和传球	肱三头肌下压、正握屈肘、小握距卧推
踢球	单边臀内收和外展、伸膝、举腿
自由泳	坐姿下拉、侧平举、负重弓箭步
跳跃	高翻、挺举、背蹲
挥拍	哑铃“飞鸟”、俯身侧平举、腕屈伸
划船	俯身提铃、坐姿后拉、伸髋蹬腿
冲刺跑	负重弓箭步、负重蹬台阶、负重提踵
投掷	仰卧直臂屈伸、仰卧头上伸肘、肩内旋和旋外

Thomas R. Baechle. Essentials of strength training and conditioning. 2000：400

（三）负荷强度的确定

负荷强度指一次练习所克服的重量，是抗阻训练中最重要的训练参数。训练负荷强度的变化对机体刺激效果也随之产生变化，因此必须慎重对待。

1. 负荷强度和重复次数之间的关系（表 2-5）

负荷强度与重复次数成负相关，负荷强度越大，重复次数越少。当训练目标确立后，负荷强度和重复次数也就基本确定了。例如，当训练目标是增加肌肉最大力量时，就要选择大负荷，低重复的安排。

负荷强度的表达方式通常是一次重复的最大力量的百分比，或者是能重复指定次数的最大重量（nRM）。RM（repetition maximum）的含义是最大重复次数，是指在某一重量下，尽全力达到的最大重复次数。例如，一个队员能以 60 千克的负荷强度背蹲 10 次，那么他的最大重复次数就是 10RM。

表 2-5　负荷强度与最大重复次数的对应关系

最大力量/%	最大重复次数	最大力量/%	最大重复次数
100	1	80	8
95	2	77	9
93	3	75	10
90	4	70	11
87	5	67	12
85	6	65	15
83	7		

引自 Thomas R. Baechle. Essentials of strength training and conditioning. 2000：407

2. 根据目标安排负荷强度和重复次数（表 2－6）

负荷强度大能够有效地提高力量和爆发力，中等负荷强度有助于肌肉体积的增大，小负荷强度有利于肌肉耐力的提高。重复次数少的 nRM 能有效提高力量和爆发力，而重复次数多的 nRM 可较好地提高耐力。例如，一个运动员的训练目标是提高肌肉最大力量，卧推测试得到的最大力量是 100 千克。要提高最大力量，运动员抗阻训练的负荷强度至少要到 85% 的最大力量，重复次数要在 6 次/组以内。如果体能教练员布置的训练重复次数为 4 次/组，那么相应的负荷强度就应该为 90% 最大力量（90 千克）。

注意，体能教练员可以通过观察运动员完成指定负荷和重复次数的难易情况来调整负荷。

表 2－6　不同训练目标对负荷强度和重复次数的要求

训练目标	负荷强度/（% 1RM）	目标重复次数
最大力量	≥85	≤6
爆发力		
一次用力的项目	80～90	1～2
多次用力的项目	75～85	3～5
肌肉体积增大	67～85	6～12
肌肉耐力	≤67	≥12

引自 Thomas R. Baechle. Essentials of strength training and conditioning. 2000：414

3. 训练负荷强度的渐进

随着运动员对训练刺激的适应，训练计划应当调整负荷，以使训练水平不断提高。监控运动员的训练、记录运动员对训练的反应，有助于体能教练员掌握负荷增加的时机和幅度。

“2－2 原则”是增加负荷的一种保守方法。运动员在某一种练习强度下，连续两次训练课的最后一组，能够比目标重复次数多做 2 次，负荷强度应该增加。例如，安排运动员做卧推练习，强度是 10RM，共做三组。几次训练后，运动员能够在连续两次训练课的第三组卧推练习中推起 12 次，该运动员的卧推负荷强度在下一次训练课时应该增加。应注意，在负荷增加后，重复次数不变。

此外，还有一种增加强度的方法是“负荷到 8，训练到 12”。开始练习的强度为 8RM，随着力量的增加到运动员在该负荷强度下重复 12 次时，增加训练负荷强度，使新增加的负荷强度又成为 8RM。

（四）总负荷量的确定

总负荷是指一次训练课举起的总量；组是指在运动员间歇之前所进行的一

组连续重复动作。计算训练总负荷的方法是将组数乘以重复次数再乘以每次重复练习的负荷。例如，2 组 10 次重复、负荷强度为 50 公斤的训练总负荷为 2 组 ×10 次重复 ×50 公斤 =1 000 公斤。如果各组练习的负荷不一样，应先计算每组的训练负荷，再将各组训练负荷相加得出最终的总负荷。

总负荷的安排应该根据运动员的训练状态及抗阻训练的基本目标来确定。运动员的训练状态直接影响所能够承担的总负荷。对于刚开始训练的运动员来说，可以安排 1 ~2 组，随着训练水平的提高，组数可以再增加。在运动员对现行计划适应后，可以逐步增加组数，直至达到训练目标要求的组数为止。另外，抗阻力量训练的基本目标不同总负荷也存在差异。针对大肌肉群的力量训练，最佳重复次数应该是 6 次或 6 次以下，研究认为 2 ~5 组或 3 ~6 组的练习能够最大限度地增加最大力量。而对于单关节、小肌肉练习的研究认为，1 ~3 组的练习是适宜的。表 2 –7 给出了不同训练目标对应的负荷。

表 2 –7　不同训练目标对应的负荷

训练目标	目标重复次数	组数
力量	≤6	2 ~6
爆发力		
一次用力项目	1 ~2	3 ~5
多次用力项目	3 ~5	3 ~5
肌肉体积增大	6 ~12	3 ~6
肌肉耐力	≥12	2 ~3

引自 Thomas R. Baechle. Essentials of strength training and conditioning. 2000：419

（五）间歇时间

间歇时间是指组间练习之间的间歇时间。间歇时间与训练目标高度相关，与训练的负荷强度、运动员的训练状态相关。负荷强度越大，间歇时间就越长。如果运动员的状态不佳，间歇时间比规定的要长一些。

虽然训练目标与间歇时间存在着密切关系，如肌肉最大力量的训练需要较长的间歇时间，但并不是每一种练习的间歇时间都一样。教练员一定要根据练习的负荷强度以及动用的肌肉来安排间歇时间。例如，以提高最大力量为目的单关节练习，需要的负荷可能是 12RM（如肩侧举练习），间歇时间可以安排 1 分钟；而以提高最大力量为目的多关节大肌肉群练习，需要的负荷是 4RM（卧推），间歇时间可以安排 4 分钟。表 2 –8 给出了训练目标与相应的间歇时间。注意，教练员应根据实际练习的负荷强度来确定间歇时间，不应简单套用该表的数字。

表 2-8 根据训练目标确定间歇时间

训练目标	间歇时间
力量	2~5 分钟
爆发力	
一次用力项目	2~5 分钟
多次用力项目	2~5 分钟
肌肉体积增大	30 秒~1.5 分钟
肌肉耐力	≤30 秒

Thomas R. Baechle. Essentials of strength training and conditioning. 2000：421

制订一个合理有效的抗阻负荷训练计划，必须要进行以上 5 个要素的分析，否则抗阻训练计划的有效性就会降低，甚至导致抗阻力量训练无效或失败。

第三节 超等长力量训练

超等长力量训练又称为拉长-缩短训练或称为增强式力量训练。在进行超等长力量训练时尤其强调拉长-缩短之间的转化速度，而不是拉长的长度，拉长-缩短之间转化的时间越短，产生的力量越大，训练效果越佳。

一、超等长力量训练及其生理学机制

在体能训练中，为了有效地运用超等长力量训练，就必须详细了解超等长力量训练的神经生理机制、训练要求和训练中应注意的相关问题。

（一）超等长力量训练释义

超等长力量训练是指肌肉被快速拉长(离心)后积极收缩(向心)，利用肌腱弹性、肌肉收缩性和牵张反射来发展力量的训练形式。训练目的是通过脊髓反射改善神经系统的适应性，增强肌肉力量，提高支撑力量、弹跳反应力量、鞭打力量等。练习中，当肌肉快速地被拉长时，刺激了肌梭感受器，产生牵张反射，被拉长的肌肉积极收缩，以保持肌肉长度的恒定。各种起跳前的制动或缓冲，投掷前的预拉长，就是利用这种牵张反射，使肌肉的收缩力量加强。

（二）超等长力量训练的生理学机制

超等长运动包含在短时间内增加肌肉募集的反射刺激以及串联弹性组分的能量储存。它包含三个时相(表 2-9)。

第一时相是离心时相，是主动肌的前负荷阶段，在这个时相中，串联弹性组分(SEC)储存能量，肌肉的肌梭受到刺激。当肌肉的肌梭受到刺激后，通过

Ia 型神经纤维将冲动传至脊髓前根。

第二时相位于离心时相和向心时相之间，叫做过渡时相，是由肌肉的离心时相结束至向心时相开始的一段时间。离心时相和向心时相之间有一个延迟，这是 Ia 型传入神经纤维与 α 运动神经元在脊髓前根发生突触传递的时段。然后运动神经元将冲动传递给主动肌，该时相是肌肉能否获得更强收缩力的关键，时间必须很短，如时间拖得太长，储存的弹性能将以热能的形式释放出来，肌肉牵张反射的能量也不能在肌肉工作的向心时相发挥出来。

第三时相是向心时相。在这个时相中，在离心时相储存的弹性能释放出来增加肌肉力。由于弹性能参与，肌肉的向心收缩产生的力超过了没有弹性能参与时的力。另外，α 运动神经元刺激主动肌，引起反射性向心收缩，进一步使力量得到增加。

表 2－9　超等长周期的生理学机制

时相	表现	生理学机制
Ⅰ离心时相	主动肌拉长	弹性能储存在串联弹性组分(SEC)中；肌梭受到刺激
Ⅱ过渡时相	两时相间的暂停	Ia 型传入神经纤维与 α 运动神经元发生突触联系； α 运动神经纤维将冲动传达至主动肌
Ⅲ向心时相	主动肌纤维收缩	串联弹性组分(SEC)释放弹性能； α 运动神经刺激主动肌

引自 Thomas R. Baechle. Essentials of strength training and conditioning. 2000：430

二、超等长力量训练设计

超等力量训练的设计是进行超等长力量训练的前提和依据。合理有效的训练设计有利于更好地控制训练的负荷与节奏，提高训练质量和效益。

（一）训练方式

下肢的超等长训练有原地双脚跳、半蹲跳、团身跳、单腿团身跳、原地弓箭步跳、原地弓箭步交替跳、立定跳、纵跳、多级跳、跳箱和跳深等类型。上身的训练有，实心球抛接和俯卧撑击掌等。躯干的训练有，实心球仰卧起坐、快速背屈伸训练等。

（二）负荷强度

超等长力量训练的强度是指施加于相关肌肉、结缔组织、关节的刺激程度。超等长力量训练的强度范围很大，如跳绳的强度较低，而跳深训练的强度则很高。跳深的高度是有限制的，1.2 米的高度能够使肌肉获得超负荷的刺激。但对大多数运动员来说，高度太高，不易掌握正确的技术，增加了受伤的危险性，超等长过渡期的延长，不利于利用牵张反射。跳深高度不应超过 1.1 米。影响下肢超等长训练强度的因素见表 2－10。

表 2－10　影响下肢超等长训练强度的因素

因素	效应
接触点的多少	在单腿跳训练中，接触点少，地面的反作用力的刺激大于双脚跳
速度	速度越快，训练的强度越大
高度	身体重心越高，落地的冲力就越大
体重	运动员体重越大，强度越大；增加外加负荷（如沙袋、沙背心）可提高训练强度

（三）超等长训练的频率

训练频率是指每周进行超等长力量训练课的次数。超等长力量训练安排主要依据运动项目、所处的周期阶段及运动员的状态，通常为 1～3 次。超等长力量训练的课间恢复一定要充分，避免过度训练。另外，针对同一部位的超等长力量训练不要连续安排。有研究认为，超等长力量训练课间必需的恢复时间是 48～72 小时，因此每周可以安排 2～4 次。另外，如在 NBA 赛季中的篮球运动员最好不要超过 1 次超等长力量训练，准备期可以安排 2～3 次。

（四）训练负荷量

超等长力量训练的负荷量一般表示为一次课中练习的重复次数和组数。超等长力量训练负荷要根据不同运动员、不同训练水平来调整。在下肢练习中，通常以每次课中脚触地的次数（单脚触地或双脚触地都算一次触地），也可表示为距离（如跨步跳）衡量。上身训练负荷以每次课抛接的次数及触地的次数衡量。表 2－11 给出了训练量的建议。

表 2－11　超等长力量训练负荷的建议

运动员的训练经验	开始训练时的负荷（触地次数）
初学（初级）	80～100
中级（有一定经验）	100～120
高级（很有经验）	120～140

（五）间歇时间

在提高无氧功率的超等长力量训练中，需要运动员以最大努力去完成训练，因而在训练的次与次之间、组与组之间、课与课之间，都要得到充分的恢复。在跳深训练中，次与次之间的恢复时间应为 5～10 秒，组与组之间的恢复时间应为 2～3 分钟。组与组之间的间歇时间由训练休息比值来决定（一般 1:5～1:10），这种比值因项目不同、训练方式不同而有较大差别。

三、超等长力量训练注意的问题

超等长训练时，违背正确的训练程序，或体能训练基础不扎实，或对运动负荷和强度不适宜，或运动鞋不合适，或场地不好，或技术不好等，都容易造成损伤。

（一）超等长训练的技术

在训练任何新的超等长动作时，教练员必须先示范、讲解，以充分发挥训练的有效性。对下肢超等长训练正确的落地姿势非常重要，特别是在跳深训练中。为了保证身体重心具有稳固的支撑，落地时肩应在膝的正上方。如果落地时重心偏离支撑，极有可能造成运动损伤。

（二）力量基础

在进行超等长前，运动员应当具有一定的力量训练水平。运动员进行高强度超等长训练的最低力量标准为：运动员进行下肢的超等长训练时，下蹲力量应达到自身体重的1.5倍以上；进行上肢超等长训练时，运动员的卧推力量必须达到自身体重的1倍(大体重运动员,体重达到100千克)或1.5倍(小体重运动员,体重小于100千克)，或者能连续做5个拍手俯卧撑。如果运动员达不到上述标准，不宜开始超等长力量训练，要先发展其一般力量。

（三）速度基础

因为超等长训练需要快速完成，运动员应当具备一定的快速运动能力。运动员在做下肢超等长训练时，应该具有以60%体重为负荷，在5秒之内完成5次以上蹲起的能力。做上肢超等长练习时，应该能具有以60%体重为负荷，在5秒之内完成5次以上卧推的能力。

（四）年龄特点

目前尚无超等长训练对肌肉、骨骼和关节的正常生长、发育影响的研究。应注意的是青春期前的儿童骨骼板尚未闭合，不适合跳深训练或其他高强度超等长训练，高强度的运动或运动损伤可以使骨骼板在未完全发育前闭合，导致肢体长度的差异。

（五）身体特点

运动员体重超过100千克后，进行超等长训练时损伤的概率增大。体重大，增加了超等长训练对髋关节、膝关节的挤压，容易使关节受伤。因而，体重超过100千克的运动员，应避免大量、大强度的超等长训练。另外，体重超过100千克的运动员，在跳深训练中的高度尽量不要超过46厘米。另外，在开始超等长力量训练前，一定要检查关节的结构和是否存在旧伤。关节旧伤或关节异常都会增加损伤的危险性。有肌肉扭伤史，有病理性关节松弛症，有脊椎异常(包括椎间盘挤压或椎间盘功能异常)等症状的运动员，训练时要特别注意。

(六) 器械和设备

1. 地面

超等长训练的地面必须有缓冲性能，如草地、悬空式地板、胶垫等，都可以有效地避免运动员损伤。水泥地面、地砖地面、硬木地面等，由于缺乏缓冲性不宜进行下肢超等长训练。太厚的垫子(厚度大于 15 厘米)会使超等长的过渡期延长，影响牵张反射。应注意在康复训练时小型弹网或厚垫子常常用于超等长练习的初期阶段和平衡训练，但对于正常运动员，不宜太多使用。

2. 练习场所

超等长训练所需要的空间因训练方式不同而有差异。多级跳训练和跑跳训练需要 30 米以上的直道。对立定跳、跳箱和跳深训练，面积不用太大，但空间要较高(3 ~ 4 米)。

3. 设备

跳箱和跳深训练的箱子一定要稳固、结实、表面防滑，高度在 15 ~ 107 厘米之间，落地面积至少要 46 厘米 ×61 厘米。箱子表面要防滑，可以加装防滑垫，也可在油漆中加沙子，涂刷箱子表面，也可铺橡胶地板。

4. 合适的鞋袜

鞋袜要对足弓和踝关节有支持和横向稳定性的作用。鞋底要宽，要防滑。在横向运动中，鞋底窄，支撑差的鞋(如跑鞋)可能导致踝关节损伤。

第四节　力量训练基本方法

力量训练的基本方法是运动员进行力量训练时，为完成训练任务，达到提高某一特定力量素质水平而选择的途径和办法。力量训练的基本方法主要有，固定强度力量训练法、金字塔力量训练法、复合训练法、循环力量训练法、静力性力量训练法、等动力量训练法及电刺激力量训练法等。

一、固定强度力量训练法

固定强度力量训练法是指在一定负荷强度上重复练习，并完成一定组数的训练方法。根据负荷强度的不同分为四类。

(一) 极限强度力量训练法

1. 常规极限强度力量训练法

训练目的是通过 100% 最大强度训练提高最大力量的方法。保加利亚教练员伊万 · 阿巴杰在 20 世纪 80 年代创造并运用了这种训练法，使保加利亚一跃成为世界举重强国。

- 负荷强度：100%；
- 负荷数量：每组重复次数在1~2次；
- 间歇时间：3~5分钟。强度极高间歇时间相对较长。

运用该训练法时应注意摸索负荷强度增加的数量和适应的时间；该训练法仅适用于高水平运动员，少儿运动员不宜采用该训练法；采用该训练法时要十分注意对运动员腰部的保护，防止发生外伤事故。

2. 最大向心－离心用力训练法

训练目的是将发展快速力量的最大向心动作优势与最大离心用力的最大峰负荷特点结合在一起，有利于提高机体的输出功率。该训练法尤其对主动肌、被动肌协同运动的项目，即需要向心运动又强调离心运动的项目，其作用尤为明显，如跑、跳等。在完成技术动作时，几乎自由下落的杠铃应当在最短的时间内减速，然后加速推起。该训练法通常用于卧推和上翻练习中，并在“斯密斯架”上进行，在完成一定重复组数之前，不能停顿。

- 负荷强度：70%~90%。
- 重复次数：6~8次；
- 训练组数：3~5组；
- 间歇时间：5分钟。

（二）高强度力量训练法

训练目的是通过较大负荷强度，提高运动员肌肉内及肌肉间的协调性，增加最大力量，同时有效抑制肌纤维体积的增加。

- 负荷强度：85%以上；
- 负荷数量：每组重复次数1~6次，安排3~6组；
- 间歇时间：2~5分钟。训练强度大，体能消耗比较多，休息时间较长。

（三）中等强度训练法

训练目的是通过提高一定负荷刺激使肌纤维体积增大。

- 负荷强度：67%~85%之间；
- 负荷数量：每组一般作8~12次，安排3~6组；
- 间歇时间：30秒~1.5分钟。

（四）低强度训练方法

1. 常规低强度训练法

训练目的是通过相对较低的负荷强度刺激肌纤维提高力量耐力。

- 负荷强度：低于67%；

• 负荷数量：每组重复大于 12 次，安排 1 ~3 组；
• 间歇时间：低于 30 秒。

2. 极限次数训练法

极限次数训练法是以某一个强度达到极限练习次数的训练方法。该方法可以有效地增加肌肉横断面积和力量耐力。

极限次数训练法的训练强度不大，一般控制在 65% ~85% 最大强度之间，发展肌肉横截面积，低于 65% 则发展运动员的肌肉耐力。要求每组的重复次数达到极限次数，直到不能再做为止。

3. 低强度快速用力训练法

低强度快速用力训练法强调抗阻练习时的动作速度，兼顾力量和速度因素，让运动员体会最大用力感和最大速度感。

• 负荷强度：通常采用 30% ~50% 的强度，但爆发力变化相对大；
• 负荷数量：每组重复 5 ~10 次，3 ~6 组；
• 间歇时间：不易过长；
• 动作要求：快速、协调。

低强度快速用力训练法有一定缺陷：首先，向中枢神经系统输入的刺激，不足以诱发高而强的神经冲动发放频率完成运动单位的激活(表 2 -12)。另有研究表明，以 30% 的负荷强度、利用抗阻力量训练设施来进行多关节的快速力量训练是相当困难的。因为训练者接近最远运动范围时还要控制杠铃的减速过程，而使肌肉得不到充足的负荷刺激。另外，练习者如果采用闭合链练习，动作形式和专项运动存在差异而影响训练效果。该方法可以演变成开放链训练模仿专项动作以提高快速力量。

表 2 -12　不同强度抗阻训练方法的对比

评定指标	高强度组	低强度组
最大力量	18	17
爆发力	34	11
运动单位动员	8	3
激活速度	12	4
肌肉大小	10	10

有实验结果证明，在发展爆发力时大负荷的优越性。原因是快运动单位产生有力收缩的能力，主要取决于运动中枢向运动单位发放神经冲动的频率和强度。其中，发放神经冲动的频率起关键作用，因为它主要支配力量产生的速度。小负荷训练可以产生快速收缩，能够发展爆发力，但是，向中枢神经系统

输入的刺激不足以诱发高而强的神经冲动发放频率，完成运动单位的激活。这正是低负荷训练发展爆发力有限的原因。

二、金字塔力量训练法

金字塔力量训练法是指从一定负荷强度开始，逐渐递增或递减负荷强度，直到最大或最低强度的训练方法。根据负荷强度的变化，该方法的变化方式非常多，如递增到最大的形式、递减到最小的形式，还有从次最大强度开始递增或递减的形式。体能训练中教练员可根据训练目标选择合理的训练形式，一般常用的是负荷强度由低到最高的形式。此外，根据起始强度和最后强度的关系，金字塔力量训练法可分为常规金字塔力量训练法和窄金字塔力量训练法两类。

（一）常规金字塔力量训练法

常规金字塔力量训练法在开始的强度设定一般不低于65%，然后逐步提高强度，减少重复次数，直至100%最大强度。该方法通过发展肌肉的协调和提高肌肉横截面积来提高最大力量。

- 负荷强度：70%、80%、90%、100%；
- 重复次数：9、7、3、1；
- 训练组数：4、3、2、1；
- 间歇时间：3～5分钟。

应注意，练习组数是该方法的一个重要变量。低强度训练的组数多，更有利于横截面积增加，改善肌肉适应机制；高强度训练的组数多则有利于发展肌肉协调，改善神经适应机制。

例如，设计有利于肌肉协调的训练方法，开始负荷为最大负荷的70%，做1组，每组9次；递增负荷至80%，做2组，每组7次；递增负荷为90%时，做3组，每组3次；最终负荷至100%，做4组，每组1次。

（二）窄金字塔力量训练法

窄金字塔力量训练法从一个较高的强度开始，逐渐递增强度，最后达到100%，起始强度和最终强度之间只有10%的差距，因此被形象地称为窄金字塔力量训练法。该方法强调了力量训练的高强度，有利于提高肌纤维的协调能力。

- 负荷强度：90%、95%、97%、100%；
- 重复次数：3、1、1、1+1；
- 训练组数：1、2、3、4+5；
- 间歇时间：3～5分钟。

窄金字塔力量训练法和最大向心—离心用力法同属于高强度训练方法。该类方法对中枢神经系统兴奋性要求很高，强调训练的质量而不是数量，因此组数也不宜安排过多。优点是中枢神经系统向运动单位发放神经冲动的频率和强度，发展肌纤维的募集能力，提高力量产生的速率；缺点是练习动作与专项动作差异较大。

三、复合训练法

复合训练法是以发展最大力量的抗阻训练和发展爆发性用力超等长训练相结合，旨在发展快速力量的方法。该方法包含抗阻训练和超等长训练两种，并且遵循先进行最大力量训练，后进行超等长训练的顺序。

例如，提高弹跳力的复合训练法，首先采用杠铃背蹲训练；负荷强度为90%最大力量，重复次数为4次，组数为3组；然后采用立定跳远练习，强度为最大远度，重复次数6次，组数为3。

另外，复合训练法也可以加入快速完成的抗阻训练，例如，前苏联著名投掷专家波里斯·扎托立克对一位大学生链球运动员赛前快速力量训练的安排如下：

- 深蹲：75% ×3次 +80% ×3次 +85% ×3次 +90% ×3次；
- 连续快蹲：10秒×2组，强度为40%；10秒×2组，强度为20%；
- 连续蹲跳：10秒×2组；
- 卧推：80% ×3次 +85% ×3次 +90% ×3次 +95% ×3次；
- 连续快推：10秒×2组，强度为40%；10秒×2组，强度为20%；
- 胸前连续快速传接实心球：10秒×2组。

该方法结合了最大力量训练、中低强度快速训练和爆发性用力训练结合，闭合式和开放式训练相结合，有效地提高了运动员的快速力量。

四、循环力量训练法

循环力量训练法是按着不同的训练目标，将发展不同肌肉的练习按一定顺序安排，运动员依次完成各个练习，并循环安排的力量训练方法。该方法能够有效发展力量耐力，适宜初学者。

练习内容根据训练目标，一般介于6~12个练习之间。循环的次数可根据专项比赛持续时间的长短，一组训练负荷的大小，可分别选做3~10组。例如，手握轻杠铃片(哑铃)做双臂前后绕环、摆臂+肋木举腿+连续跳绳+手扶肋木腰弓起+连续快速摆髋+快速轻杠铃卧推+连续快速半蹲起+向前跨步跳。这样做可使上下肢、前后肌群、大小肌群的用力搭配在一起，一次课做3~5组，组与组之间可以慢跑作为间歇。

五、静力性训练法

静力性训练法提高运动员的最大力量有较好的作用。

• 负荷强度：用静力性训练法发展最大力量，负荷强度可略大一些。训练的持续时间与负荷强度有关。负荷强度为60% ~70%时，持续时间为6 ~10秒；负荷强度为80% ~90%时，持续时间为4 ~6秒；负荷强度为95%以上时，持续时间为2 ~3秒。

• 训练组数不宜太多；

• 间歇时间应相对长一些，以利于运动员的恢复。

运用静力性训练法应注意持续时间要适当，不可过短或过长；如果使用不当，会导致肌肉协调功能下降，并对技术训练造成不利的影响。注意将静力性与动力性训练结合起来使用；注意训练后的放松练习；在训练前提醒运动员做深呼吸，用力不可过猛，否则会出现一些生理性反应。

六、等动力量训练法

等动力量训练法是指在动作速度基本不变的情况下，肌肉始终发挥出较大力量的训练方法。该方法的优点是肌肉长度和张力都有变化，使运动员肌肉在各个关节角度上的力量都能得到提高，但需要配备相应的练习器。除了在专门的等动力量练习器上进行，其他要点与固定强度力量训练法相似。该方法还可以从低负荷强度逐渐递增，或从最大强度逐渐递减。

七、电刺激力量训练法

电刺激力量训练法是以脉冲电流代替大脑发出的中枢神经冲动，使肌肉收缩，以提高肌肉力量的训练方法。其训练目的在于不增加肌肉体积的情况下，提高肌肉力量，亦可用于可加强薄弱环节肌群的力量。

电刺激力量训练法一般分为两类。第一类是间接刺激法，训练时利用脉冲电流仪，通过电极传输到肌肉，频率在1 000赫兹左右，使肌肉产生收缩。第二类是直接刺激法，两电极固定于肌肉末端，频率为250赫兹左右，使肌肉收缩最为理想。刺激时间为10秒，间歇为50秒，反复作10次为一训练单元，每周安排2 ~3次。

第五节　肌肉力量的评定

肌肉力量的评定即是在对运动员力量训练状态诊断的基础上，对力量训练效果进行合理有效的评价，从而为力量训练过程的调控、阶段性训练效果的检查及下一阶段训练计划的制订提供依据和参考。

一、最大力量的评定

最大力量的评定包括静态评定和动态评定。肌肉的动态评定和静态评定都有不足之处。用完成最大负重量的动力性训练评定运动员最大力量的不足之处在于，随着肌肉工作时关节弯曲角度的变化，肌肉工作的力量也处于不停的变化之中，所以，评定的结果并不十分准确。而采用静力状态的手段评定运动员的最大力量，对周期性运动项目意义不大，肌肉在静力状态下测出的最大力量即使很高，也不意味着运动员比赛时肌肉在动力状态下也具有相当高的水平，况且这仅能评定在某一静止姿势的力量，并不能代表整个动作过程的力量。比较精确的最大力量测试方法是等速测试，该测试属于实验室测试，主要通过肌肉在较慢角速度下的最大力量测试方法。场地测试的准确度相对于等速测试要差一些，但是测试的动作与专项动作的相似性比实验室测试要高，因此具有更强的专项性。

最大力量测试的主要意义在于：第一，确定力量训练强度；第二，最大力量测试值与体重的比值(相对力量)能够更好地反映加速能力；第三，反映左右肢体重要肌肉及主动肌和对抗肌的平衡问题。最大力量测试动作包括：卧推、半蹲、深蹲、握力、背肌力、屈臂悬垂、引体向上、双杠臂屈伸和俯卧撑等。

（一）最大力量测试

最大力量的测试一般分为静力性测试、动力性测试和等速测试。下面以动力性背蹲测试为例作一简要介绍。

1. 名称

背蹲测试。

2. 目的

测试下肢蹲起的最大重量。

3. 操作过程

(1) 指导运动员以小负荷(轻松做起 5 ~ 10 次的负荷)进行热身；

(2) 热身后间歇 1 分钟；

(3) 增加负荷，使运动员能完成 3 ~ 5 次重复，增加方式如下(热身性试举)：下肢测试 14 ~ 18 千克或 10% ~ 20%；

(4) 休息 2 分钟；

(5) 增加负荷，使运动员能完成 2 ~ 3 次重复，增加负荷方式同(3)；

(6) 2 ~ 4 分钟休息；

(7) 按照(3)增加负荷；

(8) 令运动员进行 1RM 试举；

(9) 如果运动员成功，休息 2 ~ 4 分钟，再由(7)开始重复；如果运动员试举失败，休息 2 ~ 4 分钟，按如下方式减小负荷；下肢测试：7 ~ 9 千克或 5% ~ 10%；然后回到(8)。

（10）继续增加或减小负荷，直到运动员可以以完美的技术完成一次重复的最大重量测试，最好在5次测试之内找到1RM。

测试结果分析：蹲起最大力量和体重的基本比率为男子2∶1，女子1.5∶1。例如，运动员的体重为80千克，男子应该蹲起160千克，女子蹲起120千克。高水平运动员男子能够蹲起个人体重的2.5～3倍体重，女子能够蹲起2～2.5倍体重是比较理想的。如果低于最低标准，则需要增加下肢最大力量。

（二）肌力平衡测试

肌力平衡测试是指通过对身体不同部位肌肉（或肌群）之间的力量测试，来判断其是否存在肌力失衡问题，从而为实施有针对性的力量训练提供依据。下面以大腿前群肌肉与后群肌肉力量对比测试为例做一简要介绍。

1. 名称

大腿前群肌肉与后群肌肉力量对比测试。

2. 目的

通过对大腿前后肌群力量的测试，发现运动员是否存在着肌肉失衡的问题。

3. 测试方法

实验室等速力量测试最佳，或是场地组合力量训练器械测试。

4. 结果分析

以公斤为单位，分别计算屈膝肌群力量与伸膝肌群力量的比值。例如，某运动员的右腿屈力是30公斤，伸力是50公斤，屈伸比为30/50=60%；左腿屈力为20公斤，伸力为40公斤，屈伸比为20/40=50%。屈伸平衡的标准是70以上。显而易见，该运动员的屈肌力量薄弱，应单独加强训练。

另外，左、右腿之间相比，右腿明显高于左腿，左、右腿的平衡标准是差异不超过10%。因此，建议该运动员还要加强左腿的力量训练。

二、快速力量的评定

快速力量的大小，通常采用动力曲线描记图分析评定，如下肢蹬地力量或上肢击打力量的动力曲线描记图（图2－3）。

快速力量测试的动作主要是最大抓举、高翻和挺举等。

在周期性运动项目中，也可以通过各种形式的速度综合测定来评定快速力量。例如，周期性运动项目的出发和加速段的时间（游泳：从发令到10米的时间；田径短跑：从发令到30米的时间；自行车：从发令到50米的时间）。

非周期运动项目中，可以通过跳跃（纵跳、立定跳远、立定3级跳等）评价下肢的快速力量；通过胸前推实心球，左右抛实心球等评价上肢及躯干的快速力量。

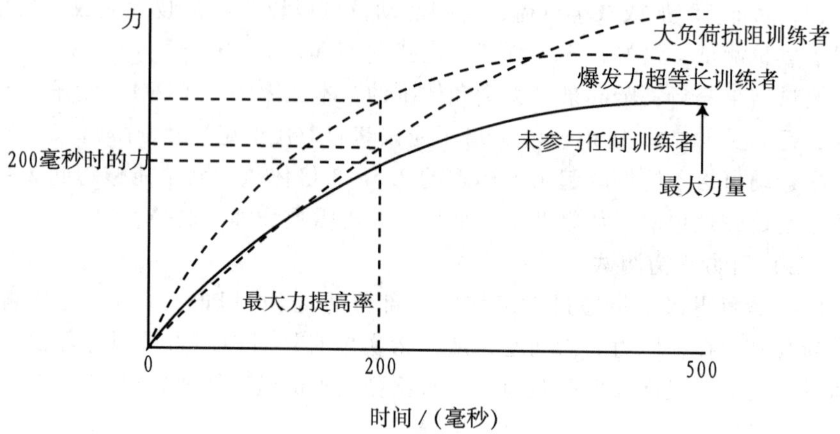

图 2－3　动力曲线描记图

三、力量耐力的评定

对力量耐力的评定多采用多次重复完成模仿比赛动作的方法，根据运动员重复的次数进行评定。这种方法要求测试动作的运动形式和神经肌肉工作方式的特点都与比赛动作接近，如自行车运动员在功率自行车上做附加阻力的蹬踏；划船运动员在专门的力量练习器上划桨；田径运动员在活动跑台上走、跑等。也有人提出用力量耐力指数来评定运动员的力量耐力，力量耐力指数等于练习器械的阻力(千克)乘以动作的次数，即力量耐力指数＝练习阻力×重复次数。

针对局部肌肉的力量耐力进行评价时，应该选择该部位肌肉的最大重复次数或一定时间内完成的次数，如1分钟仰卧起坐、最大次数仰卧起坐等。

参考文献

[1] 帕沃·V. 科米. 体育运动中的力量与快速力量[M]. 人民体育出版社，2004.

[2] Marco Cardinale, Rob Newton and Kazunori Nosaka. strength training and conditioning[M]. A John Wiley & Sons, Ltd., Publication, 2011.

[3] Thomas R. Baechle. Essentials of strength training and conditioning [M]. 2000.

[4] 田麦久等主编. 运动训练学[M]. 人民体育出版社，2000.

[5] 王瑞元主编. 运动生理学[M]. 人民体育出版社，2002.

第三章　速度、灵敏素质训练原理与方法

在当今的短距离周期运动项目中，如短跑、跨栏、自行车、游泳和速滑等，运动员速度能力的高低是评价运动成绩优劣的唯一标准。在非周期的运动项目中，如投掷、跳跃、跳水、体操、自由式滑雪等，运动员的动作速度也成为赢得比赛的核心因素，而在球类和搏击类运动项目中，速度素质又通过灵敏协调的运动方式成为左右比赛成绩的关键，即便是在长距离的或长时间的耐力性项目中，速度也无外乎是在较长距离或长时间内的比拼，所以，“快”已成为当代绝大多数运动项目的发展趋势。

第一节　速度、灵敏素质训练的基本原理

速度、灵敏素质是决定运动成绩的两个重要因素。在竞技表现中，它们并不是以单一的、标准化的形成出现的，往往都是综合表现的，如速度除具有反应速度、动作速度和移动速度等基本的表现形式之外，还具有“速度－协调”、“速度－能量”和“速度－心理”等综合表现形式。

一、速度、灵敏及其表现形式

速度是运动员快速运动的能力，主要包括反应速度、动作速度和移动速度。而灵敏的标志是运动员快速、有效、灵活、变向的身体移动，同时保持身体平衡的能力。速度素质是灵敏素质的基础。

（一）速度及其表现形式

1. 速度的定义

速度是指人体快速运动的能力，是决定运动成绩的重要因素之一。美国体能教练和专家们认为，速度素质是指通过加速度获得最大速度的运动能力，是在特定的运动或技术动作中应用爆发力的结果。速度素质与爆发力密不可分。竞技运动中，速度主要体现在快速完成动作、对各种信号刺激的快速反应以及快速位移的能力。

2. 速度的结构

王瑞元在《运动生理学》中指出，速度在竞技运动中包括反应速度、动作速度和移动速度三种形式。反应速度是人体对各种刺激反应的快慢，动作速度

是指完成单个动作时间的长短，位移速度是指周期性运动中人体在单位时间内通过的距离(图 3－1)。

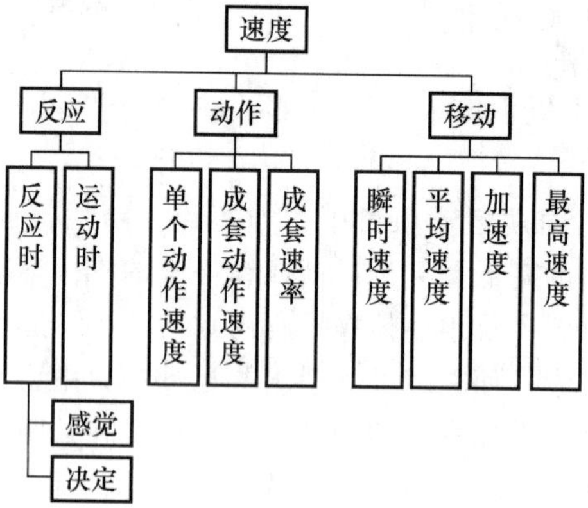

图 3－1　速度系统结构图(谢慧松,2003)

3. 速度的表现形式

在竞技表现中，速度通常并不是以一种标准化、单一的形式出现的，往往是以综合表现型形态出现的。因此，速度除具有基本的表现形式外，还具有“速度－协调”、“速度－能量”和“速度－心理”等综合表现形式。

(1) 速度的基本表现形式

速度的基本表现形式包括简单或复杂动作的反应速度、动作速度、动作频率及移动速度等(表 3－1)。

反应速度是运动员对各种信号刺激在最短时间内作出反应的能力，主要受遗传因素的影响。动作速度是指人体或人体某一部分快速完成某一个动作的能力，是技术动作不可缺少的要素，表现为人体完成某一技术动作时的挥摆速度、击打速度、蹬伸速度及踢踹速度等，此外还包含在连续完成单个动作时在单位时间里重复次数的多少(即动作频率)[1]。动作频率是指在单位时间内完成动作的次数，与动作节奏密切相关。移动速度是指人体在特定方向上快速位移的能力，包括人体的加速度、最大速度和保持最大速度的能力。

表 3－1　速度形式和可能的影响因素

影响因素	速度形式					
	反应速度	活动速度	频率速度	速度力量	速度力量耐力	最大速度耐力
天资	×	××	×××	××	×	×
运动技术	×××	×××	×××	×××	×××	×××

续表

影响因素	速度形式					
	反应速度	活动速度	频率速度	速度力量	速度力量耐力	最大速度耐力
专心	×××	×××	×××	×××	×××	×××
预知	×××	×××		××	××	
神经激活	××	×××	×××	×××	××	××
最大力量				×××	××	××
快肌纤维	×××	×××	×××	×××	×××	×××
其他纤维			×	××	×××	×××
刚度		××	×××	×××	×××	×××
无氧乳酸能量储备					×××	×××
无氧能量储备					××	××

注：引自 Grosser，1991

（2）速度的综合表现形式

①“速度－能量”表现。如果在速度成绩中起决定性的因素是每单位时间的能量代谢的话，那么，肌肉中的腺苷三磷酸（ATP）的浓度就是其重要参数。理论上，ATP 浓度不会下降到它原始值的 40% 以下，肌肉大约三次最大收缩（工作 1～2 秒）之后就会枯竭（Hollmann 和 Hettinger，1980）。ATP 的产生来自于磷酸肌酸（CP）分解后的再合成，而磷酸肌酸在肌细胞中的储量比 ATP 要高出 3～4 倍，可使肌肉最大工作时间达到 6～8 秒（无氧无乳酸代谢）。即使世界最优秀的百米跑运动员其能量储备也无法满足全程最高跑速的需求，后续的能量则主要是通过糖原的无氧糖酵解获得，这可以使肌肉最大强度工作时间延伸到 20～30 秒。因此，“速度－能量”训练的重点在于加快 ATP 再合成的速率。

②“速度－协调”表现。动作速度和移动速度是在神经系统的协调支配下，由主动肌和协同肌的适度动员与对抗肌的抑制共同实现的。速度水平的提高不仅取决于快速力量和爆发力的大小，更取决动作技术的协调放松和功率的输出能力。速度训练在很大程度上被看做是神经系统的协调性和灵活性的训练。

③“速度－心理”表现。反应速度和动作速度取决于人体的认知过程与最大意志力相结合的能力。反应速度与注意力集中、思维敏捷、意志顽强等心

理品质有直接关系。其中一个重要的因素是运动员的分析能力，即通过运动、视觉、听觉、感觉和触觉等感受器官和分析器官，从多种信息中选择正确信息，经过快速的分析和处理，将有意义的信息保留下来，并经过综合后得出最佳答案，然后，中枢神经系统根据特定的时间和条件，发放指令支配肌肉做功，肌肉按照要求，通过收缩与放松间的良好协调来完成动作。因此，速度能力又是一种心理和生理有机结合的综合能力。

速度训练主要是围绕着提高和改善神经肌肉系统功能而展开的，训练注重改造神经系统的支配和协调能力、提高肌球蛋白 ATP 酶的活性及能量输出的功率、注重心理认知能力的培养。

（二）灵敏及表现形式

1. 灵敏素质的定义

灵敏素质是指在突然变换条件情况下，运动员改变身体运动的空间位置和运动方向的能力[2]。灵敏素质是运动员协调能力的体现，以加速度、最大速度和多方向技术为基础[3]，以运动员在做快速、有效、爆发性的身体移动时保持身体平衡的能力为标志。灵敏素质被认为是“机体的智商”，是速度、柔韧、力量等素质的综合反映。灵敏素质包含动态平衡能力、协调能力和爆发力。平衡能力能够保持身体在静止或运动时重心稳定；协调能力是保证身体运动与感受器协调配合的能力；爆发力是保障肌肉或肌肉群快速克服阻力的能力。灵敏素质在竞技体育运动中具体表现为加速、急停、变向和再加速的能力，在对抗性运动尤其是球类中占有十分重要地位。

综上所述，灵敏素质是指运动员在没有准备状态下的急起、急停、变向、再加速的运动能力。爆发力是起动速度和减速变向的素质基础。灵敏更强调减速能力(制动力量)及随之而来的减速 - 加速耦合过程。在许多运动项目中，灵敏素质比简单地获得和保持速度更加重要。灵敏素质水平高的运动员可以在不同的速度情况下改变运动方向、把控速度节奏，同时又具备在高速运动中再发力的能力。

2. 灵敏素质的分类

灵敏素质可分为一般性灵敏素质和专门性灵敏素质两类(图 3 - 2)。一般性灵敏素质是指在完成各种复杂动作时所表现出来的应变能力。专门性灵敏素质是指根据各专项运动所需要的，与专项技术有密切关系的，以及适应变化着的外界环境的特有的能力[2]。

从竞技过程中灵敏素质的表现与应用来看，灵敏素质可分为闭式灵敏和开式灵敏(图 3 - 3)。闭式灵敏又称为程序化灵敏，是指在预先设计好的计划、可预知及稳定的环境下，进行的灵敏性训练。在闭式灵敏训练中，运动员可以

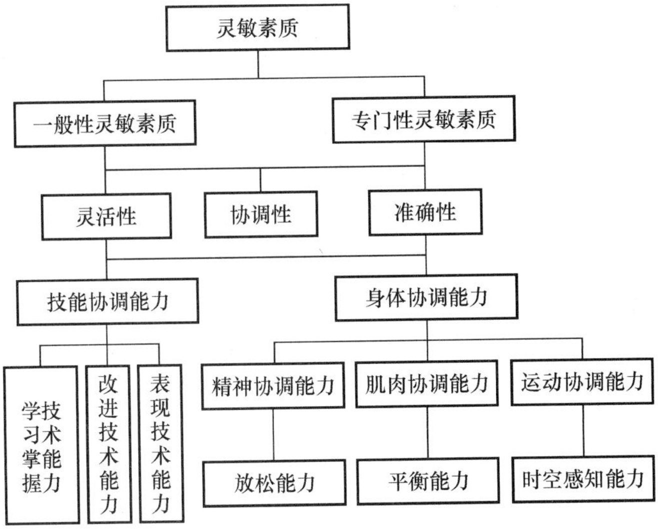

图 3-2　灵敏素质结构示意图

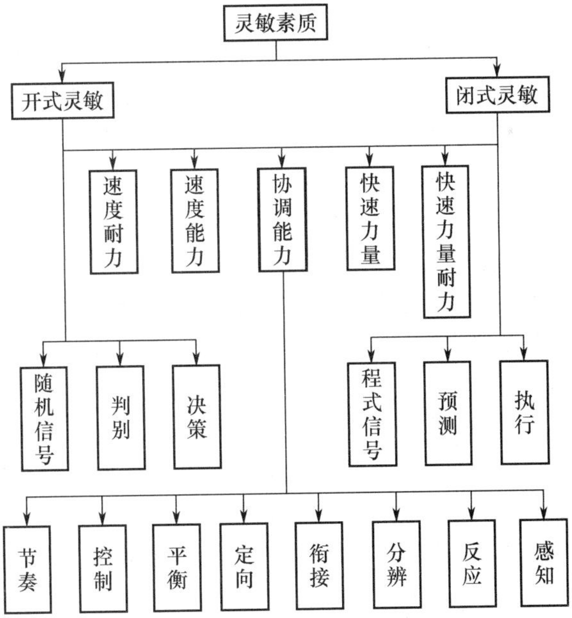

图 3-3　灵敏素质结构示意图

决定何时、何地和如何开始动作练习，如 T 型折返跑或 6 边形跳等。开式灵敏也称为随机灵敏是指在没有预先设计好的程序或在随机变化的环境下，进行的灵敏性训练。在开式灵敏训练中，运动员不知道未来的动作是什么，而是根据突如其来的信号，采取相应的动作，如喊号追逐跑、抛接不规则弹性球等。

3. 灵敏素质训练的意义

（1）改善神经系统的支配、协调能力：灵敏素质训练是满足专项运动“神经－肌肉”需求的最有效的训练形式，训练的强度、持续时间、间歇时间及动作技术，可以根据专项需求进行个性化的设计。因此，灵敏素质训练更能反映出专项竞技的真实需求，能使运动员获得专门性的“神经－肌肉”适应，同时还可使其他体能要素更加符合专项需求。

（2）提高运动感知能力：灵敏素质训练可以通过运动感知能力的提高，提高身体控制能力，即对精细动作的感知和协调控制能力，以产生更加协调、灵活的运动和更为高效运动能量输出。

（3）提高运动整体效益：在对抗类项目中，良好的灵敏素质可以确保运动员形成最佳的进攻和防守技巧，减少多余动作，进而提高运动整体效益。

（4）避免不必要的损伤：灵敏素质好的运动员有利于体内肌纤维被合理地激活，有效地控制髋关节、膝关节、踝关节、背部、肩关节和颈部的细微运动，当遇到突变时，神经肌肉能够协调运动，从而减免不必要的损伤。

二、速度、灵敏素质训练的主要影响因素

速度、灵敏素质除受神经－肌肉、能量代谢和先天遗传等因素影响外，还受其他运动素质、心理状态、生理生化、年龄、性别及形体等因素的影响。

（一）速度素质的主要影响因素

1. 反应速度的影响因素

反应速度主要取决于感受器官、效应器的特征和“神经－肌肉”系统的机能状态。反应速度主要受遗传因素的影响，训练能提高的幅度不大。此外，反应速度还受准备动作和动作熟练程度、感受器和效应器的动员数量、神经肌肉系统间的协调关系以及年龄等其他因素的影响。

2. 动作速度的影响因素

动作速度的大小主要受神经系统的机能状态及其支配与控制能力、肌肉力量的大小和各肌群间的协调性以及技术动作的合理性与熟练程度等因素的影响。此外，柔韧性的好坏会影响动作的幅度和肌肉收缩功能，进而影响动作质量和肌肉的收缩效率，从而制约动作速度的发展。

3. 移动速度的影响因素

移动速度主要受步长和步频两个主要因素的影响。步频主要受先天遗传因素的影响，后天训练改善的幅度较小，因此步长的训练便自然成为训练的重点。但过大的步长也必然会影响到动作频率的发展，因此训练中应根据需要协

调规划好步长和步频的适宜比例。

4. 其他影响速度素质的因素

（1）技术动作的影响：运动技术制约着速度的发展。短跑技术不仅有诸多要求，而且还是非常“敏感”的。速度适中时容易展现出良好的技术，一旦到达极限速度，身体运动往往超出了有意识的控制，运动员不能在运动中保持正确的身体姿势，建立有效的动力链，影响了力的集合与传递，结果是技术动作功效下降。动作不稳定是阻碍动力传递功效和能量浪费或非经济性的根源。

良好的短跑技术体现在，稳定的身体姿势，水平的重心位移；适宜的抬腿高度，积极有效的伸髋“扒地”；膝关节运动幅度小，髋、踝关节运动幅度较大；合理的环节轨迹等。

（2）神经－肌肉系统的功能：最大速度训练的持续时间为2～3秒，这是神经－肌肉系统极限强度工作的时间限制，因此，速度训练必须反映这一事实。

短冲跑就是一种利用神经－肌肉系统发展最大速度的练习方法。它不对新陈代谢产生太大压力。因此，这种方法都要求次间、组间要达到“完全恢复”。在此基础上，可以采用“Ins and Outs”训练方法，继续利用神经－肌肉系统发展速度。开始时，“In 阶段”10米，“Out 阶段”20米；6周后，都为15米；4～6周后，“In 阶段”20米，“Out 阶段”10米。

（3）能量代谢的影响：从能量输出的角度看，不同的运动项目需要不同的代谢过程作为其能量供应的基本保证。但所有运动项目不存在单一形式的供能途径。不同的供能途径以不同的比例、不同的时序发挥着自己的作用。对于100米跑而言，ATP－CP和酵解能系统混合供能的比例占其总能量供应的98%。尽管是极量运动的快速能源，但肌肉中ATP－CP供能的时间只有6～8秒，在运动开始后3～5秒，肌肉便通过糖酵解方式参与供能。

（4）动作频率的影响：有研究发现，大脑的基底神经节中，存在着一个被称为纹状体的部位。纹状体细胞的长臂覆盖着1万～3万个棘突。它是确定人体对“时间”感受的“最原始环境”。在没有外部刺激的情况下，大脑皮质细胞各自处于10～40次/秒的振荡状态中。当纹状体的棘突神经元每产生一次冲动，约300毫秒后，所有的大脑皮质细胞就会产生一次共同的兴奋振荡，随后就恢复了它们杂乱无章的振荡状态。因为它们是同时开始的，该周期便形成了一种从一个瞬间到另一个瞬间独特的、可重复的神经激活模式。因此，对频率的高要求，就是需要纹状体的棘突神经元产生高的冲动频率，在高强度下重复一种独特的神经激活模式。在这种非正常状态下的共同性协振组合中，大脑对能量的消耗会处于倍增的状态。

人的大脑在新陈代谢中是一个耗氧量巨大的器官。脑组织几乎没有能源的储备，需要血液循环不断地供应氧气和葡萄糖。激烈运动中，大脑的神经细胞需要对大量信息进行紧张的分析、处理，在局部工作的脑区域内，1 克大脑神经细胞的耗氧量约相当于 200 克肌肉的耗氧量。由于脑血管的容积增加程度受到颅骨的限制，即使是运动状态，脑组织的血流量也只能扩增 50%，而体积很小的心肌的血流量可增加 4 ~5 倍，骨骼肌则可增加 15 ~20 倍。另外，如果脑血管的容积增加，脑脊液的容量将减少，否则颅内压将增加。颅内压的增加将压迫脑组织，并减少脑血流，导致脑供氧不足。因此，各种引起和增加脑疲劳的行为，只能使中枢神经系统承受更大的负荷，从而对机体的协调活动产生不利影响。对耗氧量需求的增加意味着血液的大量涌入。从大脑热力学疲劳的角度来讲，运动员所能达到的步频实际上受纹状体的温度所控制，温度过高，动作频率必然会下降。通过运动训练可以提高步频，实质是提高心脏对大脑供血的冷却循环能力。另外，步频的提高会产生相应的瞬间热涌，这就意味着不但大脑的耗氧量增加，同时也使得大脑纹状体温度的升高，从而加剧了中枢疲劳。所以，对于竞速类项目而言，需要通过变化动作频率，实现速度变化，达到加速节奏、速度分配整体优化组合等。以上这些问题，都要根据频率、单个动作用力效果的神经、生理、生化特点，合理加以整合运用，从而实现整体效益最佳化。

（二）灵敏素质的影响因素

灵敏素质受已有运动技能的数量和质量、运动分析器机能的好坏、中枢神经系统的可塑性和灵活性、各种运动素质的好坏、心理状态、年龄、性别、生化因素、体型及机体疲劳状态等因素的影响。灵敏素质水平的高低一般由平衡能力、速度、力量水平和协调能力等因素所决定。平衡能力能够保持身体在静止或运动时的重心稳定；速度是保障身体向各方向快速移动的能力；力量是保障肌肉或肌肉群克服阻力的能力；协调是保证身体运动与感受器协调配合的能力[2]。

第二节　速度、灵敏素质训练方案设计

速度、灵敏训练方案设计是对运动员速度、灵敏素质多年、年度或阶段训练计划的设想和安排。在训练方案设计中，应高度重视速度、灵敏的训练指导思想，重视训练与专项特点及比赛要求的紧密结合，重视神经支配和多种感知觉能力的培养，同时还应高度重视心理对速度和灵敏素质的影响。

一、速度训练方案设计

速度训练方案设计中应高度重视速度的训练指导思想，使训练和专项特点与比赛实际要求相结合，同时合理安排训练负荷及训练的顺序和时间。

(一) 确立高度重视速度的训练指导思想

根据弹道力学的抛射原理，人体运动的高度(H)和远度(S)都与腾起(或器械出手)初速度(Vo)的平方成正比，说明速度是决定成绩的主要因素之一。短跑强调不充分后蹬的快速摆动，长跑多采用高步频技术，跳跃从以“可控速度助跑”变成了以最快速度助跑，投掷则要求最后出手动作尽量快，都强调了“快”字。

20 世纪 60 年代，我国乒乓球运动员“近台快攻”打法独霸世界乒坛。中国排球各种各样的快攻战术有力地推动了排球运动的发展。体操中空翻周数与转体度数越来越多，要求动作速度也越来越快。可以说，大部分运动项目都应该结合专项特点及技术变化，高度重视速度训练。例如，跳高教练胡鸿飞曾根据背越式跳高技术的发展及朱建华的个人特点，确定了“以速度为中心，力求技术与力量平衡”的训练指导思想，努力加快助跑起跳时肌肉工作的速度，以便发挥更大的力量，使朱建华最后 6 步助跑的最高速度达到 8.73 米/秒，并凭借这一优势三破世界纪录。

(二) 速度训练必须与专项特点及比赛要求紧密结合

动作结构不相同的练习，所获得的速度不会向专项中转移。有的运动员在典型的速度训练(快速摆臂与原地踏脚等)中达到很高的速度指标，但在赛跑，划船、游泳、速滑和球类运动中却不能表现出很高的速度水平，这是因为在快速动作、具体技术和植物(自主)神经系统的活动之间没有必然的联系。快速动作能力仅仅是提高运动员速度水平的前提条件，还需要通过专门的训练把快速动作能力同具体项目所特有的运动性和自主神经系统的功能表现形式结合起来，根据项目特点和技术动作的要求加强感受器官与运动器官一致性的训练。例如，短跑的起跑反应练习，应把听觉与双腿用力结合起来；球类运动的反应练习，应把目测与四肢运动结合起来；击剑与拳击运动，应把眼看对手动作与自己的手臂动作结合起来。

通过长期反复的专门训练，既可以提高反应与动作速度，又可掌握正确的技术，而技术正确又能更好地发挥速度能力。协调机制相似的练习，所获得的速度就会向专项中转移。如在短跑中所获得的速度，可转移到跳跃的助跑起跳和投掷的蹬腿动作上；在篮球的快速运球与传球推进练习中所获得的速度，可转移到突破上篮与快攻中去；在排球的快速移动、起跳、扣球练习中获得的速度，可转移到打“短平快”的战术上等。因此，采用与专项特点及比赛要求的动作结构相同、协调机制相似的专门练习与完整练习，对发展快速能力最为有益，但都应当以接近于当时所能达到的最高动作速度或移动速度反复进行，在简化的条件下要做得更快些，在加大难度的条件下也要尽可能做得快些，以获得必要的速度储备。

（三）合理安排速度训练的顺序和时间

各种身体素质及各种运动能力之间，具有相互联系、相互促进和制约的关系，在发展某一素质和能力的同时，都会或多或少、直接或间接地引起其他素质的变化。因此，发展速度素质与快速能力时应从系统论的观点出发，处理好同其他素质及能力的关系，合理安排练习的顺序和时间，使各种素质和能力全面而均衡地发展，求得互相促进与良性转移，避免互相制约等不良影响。

现代训练中，各项目教练员经常使用发展力量的手段来促进快速能力的提高，但力量素质要求神经过程的强度大，肌肉收缩用力也大，尤其是静力性力量练习，由于动作缓慢，会降低神经过程的灵活性，而速度素质要求神经过程的灵活性高，兴奋与抑制迅速转换，肌肉收缩轻快协调，两者间存在相互制约的一面。因此，速度训练应放在力量训练之前进行，为发展快速能力所进行的力量训练应主要采用动力性练习，如轻杠铃(小于或等于体重)的快挺、快抓、半蹲以及负重与不负重的快速跳跃练习等。练习时宁可次数(距离)少一些，但速度一定要快，一旦速度下降就要停止或转换练习。在力量练习过程中，还应穿插进行轻快的跑跳练习，或做一些协调性与柔韧性练习，以遏止相互制约，这对发展速度是十分必要的。

研究还证明，身体素质存在着年龄特征。儿童在 10～12 岁时神经系统具有较高的灵活性，身体在结构和机能上具有较大的可塑性，是发展快速能力的“敏感期”，此时应特别注意通过发展高频率及协调性来提高速度能力。

速度训练在一个大周期中主要安排在准备期的后期和比赛期的前期；在一周中最好安排在小强度训练或调整训练后的第一天进行；在一天或一次训练课中，最好安排在运动员身心最佳、精力充沛的时刻进行。人体疲劳时，在神经过程灵活性下降时进行速度训练效果不好。

（四）合理安排速度训练的负荷结构

提高快速能力与训练负荷的每个组成部分即运动强度、持续时间与间歇及重复次数密切相关。

1. 运动强度

运动强度是运动负荷的主导因素，也是提高运动员快速能力的主要刺激因素。采用大的和接近最大强度完成速度练习时，运动员要高度集中，最大限度地动员起来，使动作的频率快、幅度大，达到最高的速度水平。还可定期采用专门的人工装置（牵引机、流体动力游泳池、自行车计功器等），使短跑、游泳和自行车运动员以超过自己最高速度6%～10%的速度进行练习，以使运动员以最大强度完成动作并力争适应新的，更高的速度。

速度训练又不能只局限于采用最大强度和接近最大强度的训练，交替使用85%～90%的强度进行训练，也有助于提高快速能力。过多或单一安排极限与接近极限强度的训练，会限制完成动作的数量；反之，长期而单调地采用偏低速度训练，会限制运动员快速能力的发挥，或形成“速度障碍”，导致旧的动力定型更加巩固，绝对速度的水平停滞不前。

2. 持续时间与间歇

速度训练的持续时间是很短的，单个动作一般短于1秒，连续重复几次也不超过5～10秒，提高绝对速度的练习通常不超过30秒，如田径中跑30米、60米，游泳15米和25米，速度滑冰150～200米等。在完成持续20秒以内的短时间训练时，人体的无氧代谢主要靠ATP与CP直接分解及时供能，因而不会出现工作能力过分降低的现象。

确定速度练习的间歇时间，应以使运动员的工作能力得到相对完全恢复为准则，即在下一个练习开始时，中枢神经系统再度兴奋，机体内物理化学的变化在很大程度上已经得到中和。如果休息时间过短，运动员机体中的分解物质较快地积累起来，会降低继续完成高强度工作的心理准备水平，使得完成下一个练习时缺乏必要的工作能力。

根据速度练习的目的、工作的持续时间，强度和间歇有所不同。非周期性训练可安排5～6组×5～10秒，3～4组×10～20秒，2～3组×25～30秒，各次训练之间休息30～120秒，组间休息2～5分钟。周期性训练的间歇时间相对较长，持续时间为1～15秒，各次训练间休息3～5分钟，组间休息10～20分钟，在休息时可采用一些恢复与增进身体紧张度的按摩、放松与伸展训练及心理调节，并让参与工作的主要肌群完成一些小强度的练习，其目的是为完成后续训练创造适宜的条件，最大限度地动员速度潜力，这样有助于使运动员达到新的、更高的绝对速度水平。

3. 重复次数

为了提高和保持工作能力，应根据运动员的训练水平、个人特点（含临场反应）、所采用的速度练习的性质和持续时间以及训练课的特点来确定重复次数。

二、灵敏素质训练方案设计

根据运动员表现出的灵敏素质与专项的关系，灵敏素质可分为一般灵敏素质和专项灵敏素质。根据运动方式的组合不同，灵敏素质可以分为闭合式和开放式。在预先设计好的动作中表现出来的灵敏素质叫做闭合式灵敏素质，如Z形跑，五点跳等；在随机运动中表现出来的灵敏素质叫做开放式灵敏素质。

灵敏性运动中包含着反应速度、起动加速、平衡能力、协调性和爆发力等素质，这为灵敏素质的训练带来了复杂性。目前关于灵敏素质训练的相关研究较少，信息资源相对不足，对于这个问题的解决只能是借鉴短跑技术并与实践经验相结合，由此提出有关灵敏素质训练的要点。

第一，短跑技术中视觉的重要性为灵敏素质训练提供了参考。通常，运动员的头部应该居中，除了要求运动员注意同伴、对手或其他视觉目标以外，无论运动员向哪个方向运动，眼睛都要直视前方。另外，在突然改变方向时，动作的过渡与衔接(如由后退跑变为转身向侧跑)等都要先转头，确定注视的方向后身体再转向。运动员刚开始这样训练时，常常是先转肩、髋，再转头、眼，结果导致动作衔接上的脱节与延误，损失时间、降低效率。

第二，在短跑中，特别是在加速阶段，手臂动作的作用十分重要。在灵敏素质训练中，手臂动作同样重要。当变向或转身时，运动员必须使手臂在新的运动路线上尽快加速。正如短跑的起跑一样，有力的手臂动作对于提高步幅和步频意义重大。手臂动作不正确或不充分也会导致速度或效率的降低。

第三，在一定速度的运动中，减速制动是改变身体方向的前提。因而减速制动能力在灵敏素质中可能是最重要的。正如在跳深练习中，只有先有效、安全地落地，才能在此基础上再次跳起。与其他运动技能的训练一样，减速制动能力的训练也要循序渐进。在运动员进行转身和变向训练前，首先要改善影响制动能力和变向能力的体能和技能因素，只有练好减速才可能提高转身速度和变向技术的水平。

许多运动项目和技术动作都有快速发力的特性，有些动作虽然在开始时是静力运动，但后来成为爆发式运动。在这样的动作中，准备动作往往是一个反向运动，主动肌先受到牵拉负荷被快速、有力地拉长，紧接着是急速的缩短，这种离心－向心运动的耦联现象叫做拉长－缩短周期运动(SSC)。这种动作在体育运动中非常常见，因而在基本的大负荷力量训练之外应该包括拉长－缩短练习，这种拉长－缩短周期的动作利用了肌肉的牵张反射，也利用了肌肉－肌腱复合体内在固有的弹性。运动中，在离心拉长阶段所承载的力和功率往往大于向心缩短阶段所产生的力和功率。例如，短跑运动员落地时地面的反作用力可超过体重的四倍(250千克左右)。这些反作用力的增加意味着肌肉在离心拉长阶段需要产生更大的力来抵御和制动这个过程，使之转为向心收缩。在这个过程中，弹性能量也起着重要作用。如果在训练中没有对拉长-缩短周期的运动形式进行很好的训练，就会有技术上的不足、能力上的缺失或是运动损伤的出现。因此，在速度和灵敏素质训练中，一方面让力量-速度曲线向上、向右移，使功率平台更高、更宽，另一方面要增加肌肉在离心收缩中的力量和反应速度。因此，在灵敏素质训练方案的设计中应充分重视如下问题：

（1）速度、协调、耐力等运动能力的同步提高；

（2）重视时间和空间感知能力的训练；

（3）合理安排运动负荷，避免强度过大；

（4）中枢神经过度紧张的训练，时间不易太长，以免造成过度疲劳；

（5）要针对各专项对灵敏素质的特殊要求合理安排灵敏素质训练；

（6）注意全面提高与灵敏素质有关的各种专门的能力，为整体灵敏素质的提高打好基础；

（7）根据不同训练阶段的特点安排灵敏素质训练；

（8）注意与心理训练，思想教育结合起来，在复杂动作的灵敏素质训练中，教练员应采用各种手段，消除运动员的紧张心理状态，以保证训练取得良好的效果；

（9）灵敏素质训练一般应安排在训练课的前半部分，运动员要保证体力充沛、精神饱满，当然如果是发展灵敏耐力训练也可以安排在训练课的结束部分。

第三节　速度、灵敏素质基本训练方法

速度、灵敏素质的训练方法主要有助力、阻力和加速能力的速度训练以及闭式和开式灵敏素质的训练方法。

一、助力速度训练

助力速度训练是指利用器材或场地，进行超最大速度的练习，有利于突破已有的速度上限。如短跑的下坡跑，自行车、摩托车牵引跑等练习。在助力速度跑中，步频加快，收缩肌肉的肌电加强，蹬地反作用力加大，肌肉紧张度加大，肌肉内储存的弹性能增加，而且肌肉收缩的效率以及跑的技术都得到改善。

（一）下坡跑助力速度训练

1. 训练场地要求

理想的下坡跑训练是首先在平坦的地面上进行20米冲刺（加速获得接近最大的速度），接着进行15米倾斜角度为3°~7°的下坡冲刺（产生比正常条件

下更大的步长、步频和速度），最后再进行15米的平地冲刺（使运动员在没有助力的情况下，保持较高的速度）。斜坡的角度不可过大，如果倾斜角度大于7°将产生负面影响，如落地的危险、步长过长、脚跟着地及与地面的接触点超过身体重心等，这些都会产生制动作用，但是当制动作用和技术的变形在倾斜角度低于3°~4°时也应该充分注意。

2. 训练的技术要求

下坡训练强调技术动作的合理性，以防止因下坡跑而造成技术动作的变形。

3. 训练的负荷

在刚开始训练时，可以用较低速度进行适应，当适应后再进行全力冲跑。训练重复次数和跑动距离应随着训练的进行逐步加大（表3-2）。

表3-2　下坡跑助力速度训练计划

周	重复/次	加速距离	助力距离	进级	休息时间/分
1	2~3	10~15米 1.5~2秒	20~25米 1~1.5秒	每次增加一次 重复次数	2
2	4~6	15~20米 2~2.5秒	20~25米 1.5~2秒	每次增加一次 重复次数	2.5
3	7~9	20~25米 2.5~3秒	20~25米 1.5~2秒	每次增加一次 重复次数	3
4	9~10	20~25米 2.5~3秒	20~25米 1.5~2.5秒	每次增加一次 重复次数	3.5
5	9~10	20~25米 2.5~3秒	20~25米 1.5~2.5秒	每次增加一次 重复次数	3.5

（二）牵引跑助力速度训练

助力牵引跑是帮助运动员获得较快速度的训练方法。研究表明，助力牵引跑比下坡跑能产生较快的步频和较大的步长。

助力牵引训练时，把20~25英尺的弹力带的一端系到运动员的腰部，另一端可系到同伴身上或固定物（如树、门柱）上。运动员后退将弹力带拉长，产生弹力，在熟练调整和能够掌握平衡后再进行高速练习。当产生适应后，就必须全力完成牵引跑练习，并逐步增加牵引距离和重复次数（表3-3）。

助力牵引时应注意跑动技术的合理性，防止动作技术变形。练习尽量在松软安全的草地进行。牵引跑必须全力跑，否则达不到理想的超最大速度训练的效果。

表 3-3　牵引跑助力速度训练

周	重复次数/次	距离/米	休息时间/分	进级
1	3~5	10~15	2	3/4 速度适应
2	3~5	10~15	2	最大速度
3	5~7	15~20	3	最大速度
4	7~9	20~25	3	最大速度
5	7~9	20~25	3	最大速度
6~9	7~9	25~30	3~5	最大速度

二、阻力速度训练

阻力速度训练是通过加大跑动的阻力以提高下肢力量训练方法，包括上坡跑、拖重物跑(轮胎、降落伞)、沙地跑和水中跑等。

为了使加速跑阶段和高速跑阶段的水平速度达到最大限度，阻力训练的重点必须放在加大伸髋肌群的力量上面。阻力训练的另一个目标是减小脚每次着地时身体重心下降的幅度。短跑中脚着地阶段，身体重心不应下降过多。下肢各关节伸肌的力量越大，支撑阶段中身体重心下降的幅度越小。下肢关节的弯曲度越小，引起的伸肌伸张反射越强烈，从而使每一步后蹬阶段的力量越大。

(一) 上坡跑训练

上坡跑阻力训练一般在 3°~7°坡度上进行，训练强度较高，跑动时应保持正确的身体姿势和技术动作；跑动距离一般为 10~50 米；练习速度不低于最大跑速的 90%。

运动员在上坡跑时应努力加大步长，以加大伸髋肌的负荷，这样，当运动员在平地跑时，伸髋肌的能力得到增强。另外，强调运动员在进行上坡跑时快速蹬地动作以克服上坡阻力，这将有助于缩短蹬地时间。用大于 7% 的斜坡进行上坡跑训练，对于发展伸髋肌的力量是有益的，但在发展短跑项目的专项技术方面则效果差一些。

(二) 拖重物跑训练

拖雪橇、轮胎、降落伞或其他重物进行快速跑是发展速度的常用方法，其训练原理是增加了跑动动作的阻力。训练时要求运动员加大肌肉收缩力量，特别是髋、膝、踝三个关节的伸肌群。

轮胎或雪橇的优点是容易通过变换尺寸加大阻力或直接在轮胎内加入重物来增加阻力；拖重物绳子的长度很关键，绳子长度一般不低于 10 米。因为，较短的绳子会影响被拖物体的平稳性，当运动员加速时被拖物体容易产生跳动。

降落伞的优点是容易被脱掉，使运动员在没有额外阻力的情况下完成每次跑的最后阶段，让运动员体会到加速的感觉。使用小降落伞的好处是便于携带、运输，并且可以很快地变换伞的大小。使用降落伞的一个主要弊端是在跑的过程中，降落伞不是稳定地在运动员的正后方，而是左右晃动(在有风的情况下晃动更大)，这使运动员很难保持非常快的速度，因为，运动员在跑的过程中还要努力保持平衡。然而不稳定的特征对集体球类项目的运动员有一定的帮助，通常球类运动员在快跑的同时，还要注意躲闪对方的球员。

(三) 沙滩跑和水中跑速度训练

运动员在沙滩和水中跑动受到的阻力是理想的，但在加大步长(伸髋肌的利用)方面的训练作用有限。在这两种环境中跑时，受到的阻力会使屈髋肌而不是伸髋肌负担加大。

在进行水中跑速度训练时，水不宜太深，一般不高于运动员的腰部，屈髋时水的阻力加大了屈髋肌群的力量。水中跑耐力训练一般水比较深，与陆上跑相比肌肉运动方式及运动范围相似，只是下肢伸肌动员较少，上肢肌肉动员较多，有助于保持最大摄氧量水平。

沙滩跑是一种注重全身动作的练习方法，在沙滩上运动员利用下肢伸展力量的能力下降，必须通过缩短步长和加快屈髋速度来使步频加快，从而提高跑速。另外，下肢、脚及髋关节的肌肉和关节都要求在不平稳的沙地上调整适应，这种适应提高和加强了身体稳定性对意想不到变化的控制能力。值得注意的是，在速度训练计划中，不要安排过多的沙滩跑练习。

(四) 负重背心跑速度训练

负重背心跑是让运动员穿上一定重量的背心，通过重量的增加提高腿部伸肌力量。穿重背心训练增加了的体重使脚每次着地时产生的垂直力加大，并增加肌肉完成超等长运动时承受的负荷强度，从而提高脚着地时肌肉的紧张度。这种训练将增进肌肉承受更大离心负荷的能力，在肌肉内储存更多的弹性能量，加大肌肉收缩产生的爆发力，促使步长的增加。

负重背心一般有三种：基础力量背心重量范围是0.5~10千克，主要是发展运动员力量耐力；速度耐力背心重量范围是0.5~8千克，主要是发展速度耐力；速度背心重量范围是0.5~4千克，发展灵敏、速度和爆发力。

负重背心跑训练时要注意循序渐进地增加负重量。同时，背心的重量也应根据运动员的个体特征来定，一般建议在1~5千克范围内。负重跑首先不能破坏跑动技术，其次，跑动速度下降不能超过最大速度的10%，否则应当降低重量。

（五）子弹腰带速度训练

子弹腰带速度训练可以帮助运动员发展快速变速能力，提高加速过程中的步频。具体方法是：由同伴协助，用子弹腰带阻止练习者前进，练习者开始加速，直到前进的力量达到可以崩开子弹腰带上扣牢的尼龙扣，然后前进；练习中可以通过撕裂，拉断等方式解除束缚，加速前进。

三、加速能力训练

在大部分的运动项目中，加速度(速度的增加速率)是最需要提升的部分。加速度好的运动员能快速从一种状态或相近状态提升至其最大速度。

研究表明，运动员加速度达到最高的速率是在最初的 8～10 步内，75% 左右的速度是在最初的 9 米内产生。为了保证顺利过渡到最大速度，运动员跑步的过程应该逐渐增加步幅，直到到达最大值。

爆发性起跑训练时要求通过臀部、膝盖和脚踝共同作用产生力量，因为快速的起跑技术要求臀部和膝盖组织有很大的弹性力量。良好的臀部力量有助于运动员在膝盖抬高时分开双腿，与地面接触时，弹性力量降低了膝盖和臀部的力量分散，同时减少与地面接触的时间。

起动能力训练能帮助运动员提供最大的加速能力。起动训练包括各种姿势下的起跑练习、负重短距离加速练习和短跑辅助技术练习。

四、闭式灵敏素质训练

在闭式(程序化)灵敏训练中，运动员已经体验到施加于自己身上的技巧和压力，并意识到运动的形式和顺序，无需顾及后面的练习。这将有利于运动员全力完成后面的练习，获得更快的速度。通过重复训练，运动员能够掌握良好的变向运动技巧并提高变向速度。

闭式灵敏练习可在高速度下进行，但在最初训练过程中，必须控制好练习速度。例如，围绕“之”字形或“T”字形锥型物跑、穿梭跑等，这些练习都是按照已知的标准形式来改变运动的方向，不存在自发性动作。一旦掌握了这些练习，并能正常完成，运动成绩就会得到改善，力量、爆发力、柔韧性和身体控制能力会得到提高。

（一）闭式灵敏素质训练一

1. 练习方法

利用 4 个标志物摆放成一个边长约为 4 米的正方形，再将一个标志物摆放在正方形两条对角线的交点。如图 3－4 所示，将标志物编号，练习者由 1 号出发，正向跑到 0 号(中间标志物)；背向绕过 0 号并背向跑到 2 号；正向绕过 2 号并通过 0 号右侧跑向 3 号；背向绕过 3 号并背向跑到 0 号；正向绕过 0 号并正向跑到 4 号；背向绕过 4 号跑回 1 号。

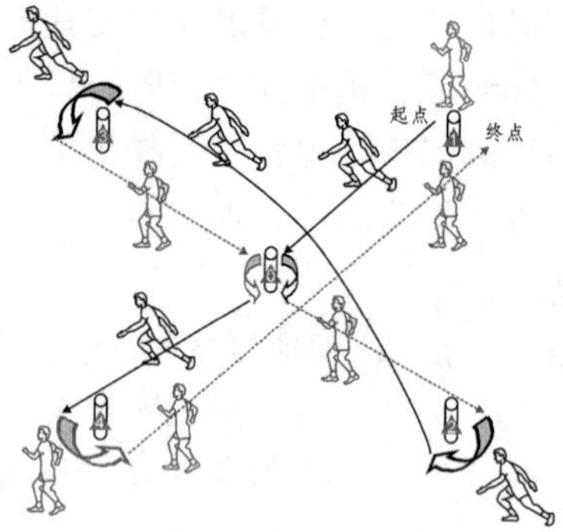

图 3－4　闭式灵敏训练一

2. 练习要求

动作快速、敏捷，急停迅速，围绕标志物时尽量以最小半径完成，严格按照路线行进。跑动时重心不宜过高，急停时以小碎步进行，后退跑时可转头观察方向。

（二）闭式灵敏素质训练二

1. 练习方法

如图 3－5 所示，练习者由 1 出发，正向跑到 0，绕过 0 并左侧向滑步到 2；绕过 2 并右侧向滑步到 3；绕过 3 并滑步到 0；绕过 0 并正向跑到 4；绕过 4 并后退跑回 1。

2. 练习要求

动作快速、敏捷；急停迅速；围绕标志物时尽量以最小半径完成；滑步时尽量平视前方，手臂张开，不要向下看；严格按照路线行进。

跑动时重心不宜过高，急停时以小碎步进行，后退跑时可转头观察方向。

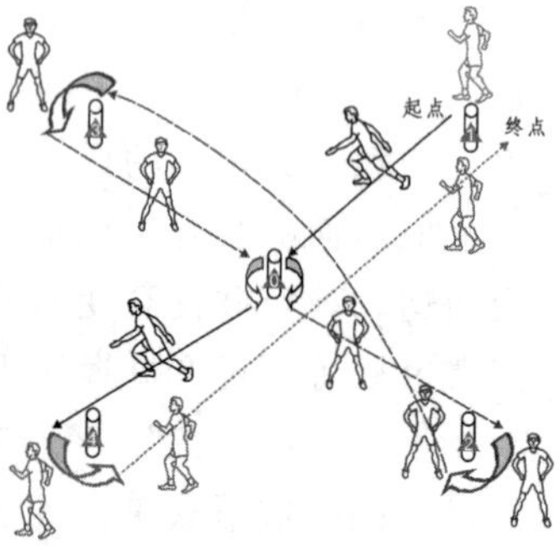

图 3－5　闭式灵敏训练二

（三）闭式灵敏素质训练三

1. 练习方法

利用 4 个标志物摆放成一个边长约为 4 米的正方形，进行编号（图 3－6）。由 1 开始，交叉步向右至 2；绕过 2 并向前跑至 3；绕过 3 并交叉步向左至 4；绕过 4 并后退跑回 1。

2. 练习要求

动作快速、敏捷；急停迅速；围绕标志物时尽量以最小半径完成；交叉步迅速、到位。跑动时重心不宜过高，交叉步时双臂自然摆动。

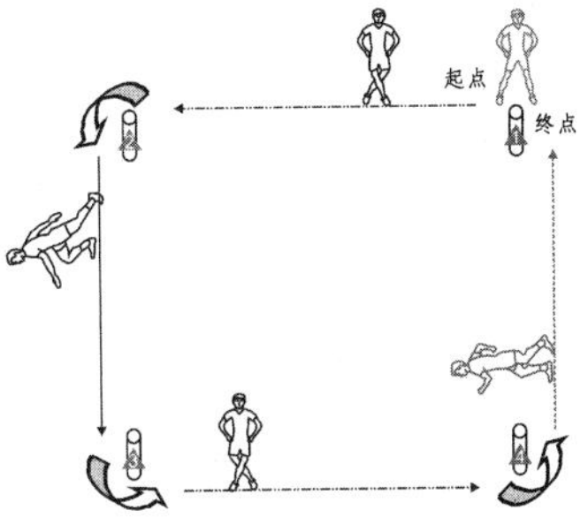

图 3-6 闭式灵敏训练三

（四）闭式灵敏素质训练四

1. 练习方法

利用 4 个标志物摆放成一个边长约为 4 米的正方形，进行编号（图 3-7）。由 1 出发，正向跑到 2 并左转后退跑到 3；左转并正向跑到 4；左转并后退跑回 1。

2. 练习要求

动作快速、敏捷。急停转弯和倒退跑时尽量维持好重心。

（五）闭式灵敏素质训练五

1. 练习方法

利用 4 个标志物摆放成一个边长约为 4 米的正方形，进行编号（图 3-8）。练习者由 1 出发，跑到 2 并向右滑步到 3；后退跑到 4 并左滑步回到 1。

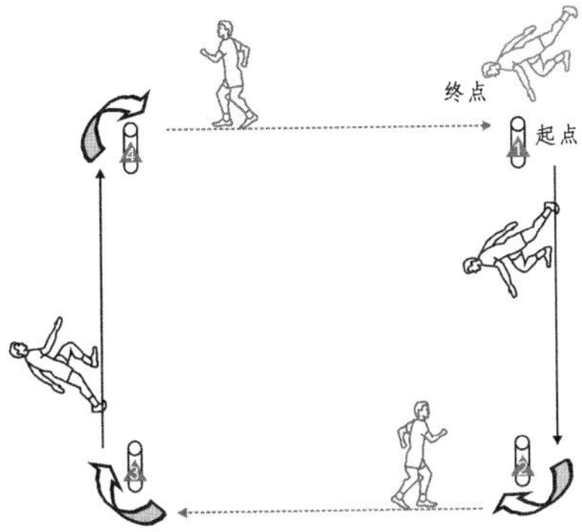

图 3-7 闭式灵敏训练四

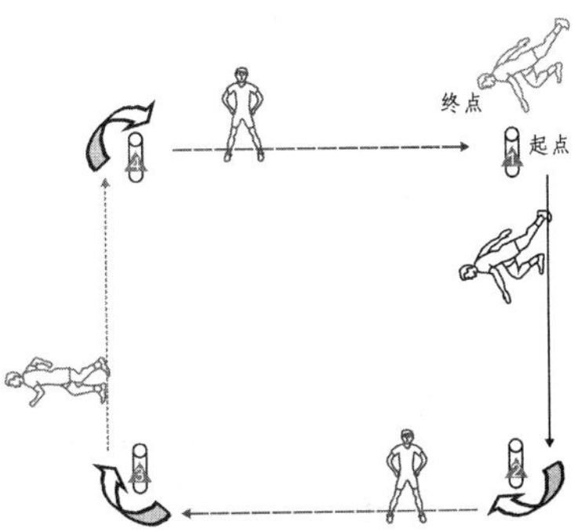

图 3-8 闭式灵敏训练五

2. 练习要求

尽快完成，转向迅速。变向时重心不要过高。

（六）闭式灵敏素质训练六

1. 练习方法

利用 4 个标志物摆放成一个边长约为 4 米的正方形，进行编号，如图3-9所示。练习者由 1 出发，正向跑到 2，背向绕过 2 并后退跑到 3；绕过 3 并正向跑到 4；背向绕过 4 并背向跑回 1。

2. 练习要求

快速、协调地完成练习。变向时重心不宜过高。

（七）闭式灵敏素质训练七

1. 练习方法

利用 3 个标志物摆成一个“L”形，每个标志桶间隔 3 米，进行编号，如图 3－10 所示。练习者由 1 出发，正向跑到 2，绕过 2 跑到 3 并由内侧绕过 3；跑到 2 并绕过 2 跑回 1。

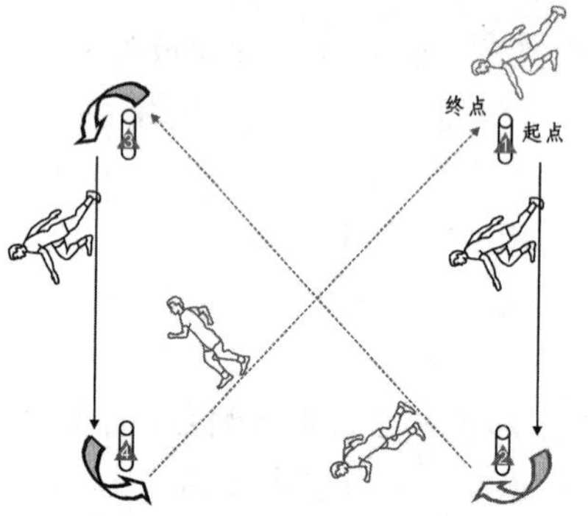

图 3－9　闭式灵敏训练六

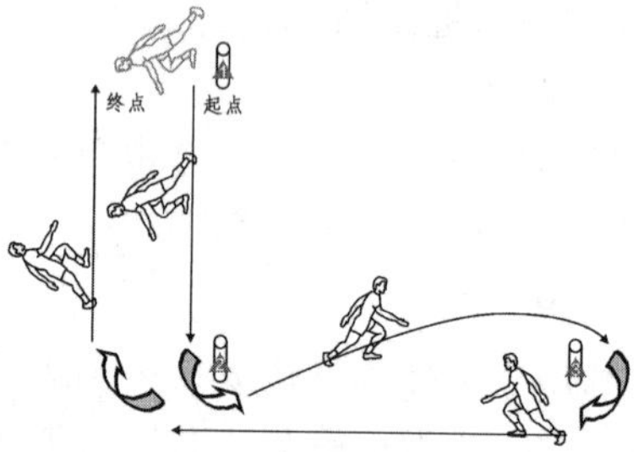

图 3－10　闭式灵敏训练七

2. 练习要求

变向迅速，急停有效。

（八）Illinois 跑和 T 形跑

跑的形式、方向根据教练的要求可采用前进、侧行、后退和旋转等不同变化，密切结合专项进行(图 3－11 和表 3－4、表 3－5)。

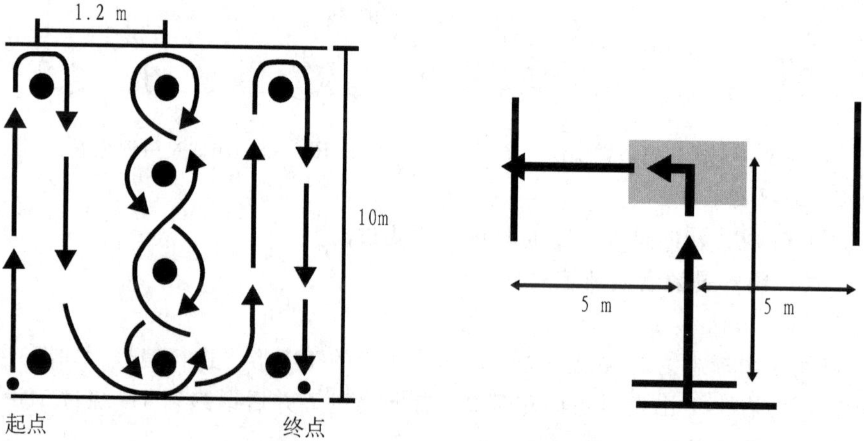

图 3－11　Illinois 跑和 T 形跑(可按照图中箭头指示方向跑进)

表 3－4　Illinois 跑测试标准/秒

标准	男子	女子
优秀	小于 15.2	小于 17.0
良好	16.1～15.2	17.9～17.0
平均	18.1～16.2	21.7～18.0
较差	18.3～18.2	23.0～21.8
很差	大于 18.3	大于 23.0

表 3－5　T 形跑测试标准

标准	女子	男子
优秀	10.58 秒或更快	8.68 秒或更快
良好	10.59 秒～10.96 秒	9.21 秒～8.69 秒
平均	10.97 秒～11.38 秒	9.74 秒～8.70 秒
较差	11.76 秒～11.39 秒	10.27 秒～9.75 秒
很差	11.77 秒或更慢	10.28 秒或更慢

(九) 变向折返跑

各种不同的折返加速跑，根据教练的要求可采用不同跑动形式变化，密切结合专项(图 3－12)。

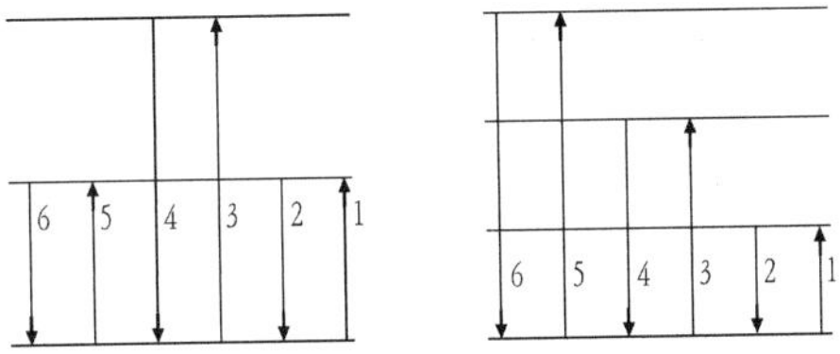

图 3－12　变向跑

(十) 绳梯跑

根据训练目的需要可做纵向横向的各种变化，密切结合专项(图 3－13)。

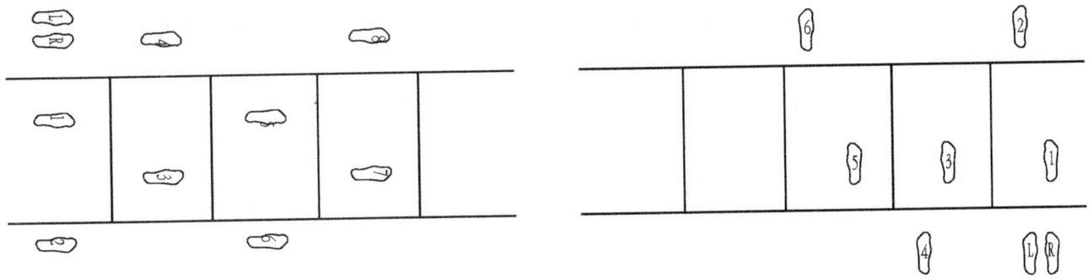

图 3－13　绳梯跑

（十一）多边形跳跃

根据训练目的需要可做单腿、双腿以及不同方向和形式的各种变化，密切结合专项(图 3 - 14)。

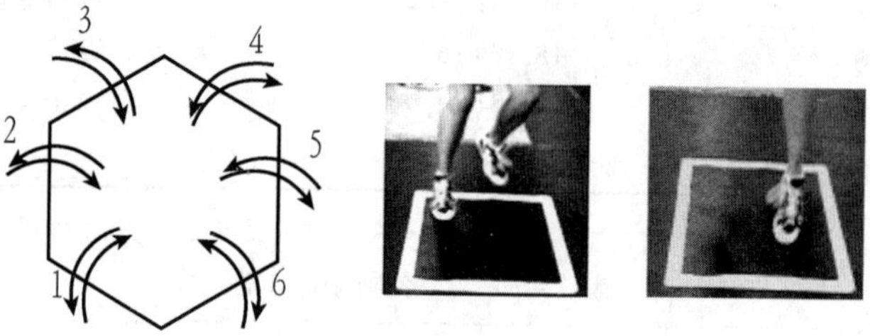

图 3 - 14　多边形跳跃练习

（十二）小栏架练习

结合专项根据训练目的需要可做单腿、双腿不同方向和形式的各种跑动和跳跃练习(图 3 - 15)。

图 3 - 15　小栏架练习

（十三）闭式灵敏训练中应注意的问题

(1) 让运动员在跑、跳当中迅速、准确、协调地完成各种动作(如快速变向跑、躲闪跑和突然起动跑等)以及各种快速急停和迅速转体的练习。

(2) 进行各种调整身体方位的练习，如利用体操器械做各种较复杂的动作等。

(3) 进行专门设计的各种复杂多变的练习，如立卧撑、十字变向跑、综合变向跑等。

(4) 进行各种改变方向的追逐性游戏和对各种信号做出复杂应答的游戏等。

五、开式灵敏素质训练

开式(随机)灵敏素质训练更符合球类、搏击、对打等运动项目的专项需求，是灵敏素质训练中最重要的，也是最难掌握的训练方法。运动员必须完成未知的运动形式和要求，教练员往往辅以视觉和听觉信号，使运动员根据不同的信号对运动形式做出瞬间的判断，使运动技巧水平更加接近实际比赛情景。

开式灵敏练习主要有三类，第一类是躲闪、追逐练习，如把两个人用一根绳子拴住，然后进行躲闪练习；第二类是抛接练习，如不规则球的抛接练习；第三类是专门性灵敏练习，如跳起落地后完成教练马上提出的未知运动形式。

灵敏性训练的基本要求：

（1）灵敏性要从儿少开始训练：灵敏性的生理学基础是在中枢神经系统指挥下，将身体各种能力，包括力量、速度、协调、柔韧等综合地表现出来。神经系统是人体发育最早、最快的系统，儿童具有较优越的发展神经系统的条件，如7～12岁具有良好的反应能力，6～12岁孩子节奏感较好，7～11岁具有良好的空间定向能力等。女子进入青春期，由于体重增加，内分泌系统也发生了变化，必然会影响到灵敏性的训练与表现。表3－6给出了不同年龄阶段灵敏素质发展的状况。

表3－6　不同年龄段灵敏素质的发展状况

年龄/岁	7～12	13～15	快速生长期	成熟期
灵敏性的发展	稳定提高	有时下降	逐渐稳定提高	下降

（2）灵敏训练的时间不宜太长，一般控制在20分钟以内，但至少包括2～3个变向移动。

（3）灵敏训练应根据运动项目的要求选择训练方法和手段。

（4）灵敏训练一般安排在训练课的前半部分，尽量使运动员在体力充沛、精神饱满时进行。当然如是安排灵敏耐力训练也可以安排在训练课的结束部分。

（5）灵敏训练赋有挑战性、趣味性和刺激性，训练方法千变万化，注意不要使练习变得枯燥乏味。

第四节　速度、灵敏素质的测量与评价

运动员速度、灵敏素质的测量与评价是对运动员上一阶段速度、灵敏素质训练效果的阶段性评价，同时也是制订下一阶段的训练计划的现实状态的诊断和依据。速度的测试主要有一般和专门运动测试、速度基本表现形式的测试和速度综合表现形式的测试等，而灵敏素质测试的方法一般都是开式的，如T形跑测试、十字变向跑、六边跳测试及综合性障碍跳等。

一、速度的测量与评价

成绩的测量和评价是准确理解速度训练复杂特征的一个重要步骤，对分析和评价专项动作特征和运动成绩十分重要。为了客观评价运动成绩，必须采用不同的技术手段，特别是对速度起着决定性作用的项目，这类项目的比赛成绩常用1/100秒来计算，因而时间、速度和频率通常被用作评

价参数。

（一）一般和专门运动测试

如同采集专项协调特征的标准化观察程序一样，运动能力的测试不仅遵循测量的效度、信度和客观性标准，还必须能满足不同诊断的要求。

速度测试包括一般和专门的测试形式，前者一般测试基本速度能力，而后者主要测试综合速度能力。在测试实践中，还可通过对反应速度、非周期性动作速度、周期性速度和周期性频率等的各种程序间差异的控制，把速度测试进一步细化。但由于测试理论还不完善，所以目前运动能力测试还只能进行大体上的诊断。

（二）反应速度的测试

通常测定的反应时，即运动员对信号刺激作出反应所需的时间，用来评定运动员反应速度的好坏。运动员对不同种类的信号的反应时间是不同的，因此往往根据不同项目的不同特点测定运动员对特定信号的反应速度。[1] 如短跑、游泳等竞速项目，运动员主要接受听觉信号而开始竞技，而乒乓球选手则主要接受视觉信号而做出技战术反应。

反应时的测评，既可以在实验室通过精密仪器进行测量和评定，也可以使用简易的方法进行测量和评定，如视－手反应速度测试。

（三）动作速度的测试

动作速度寓于某一个技术动作之中，如抓举的动作速度、跳跃起跳的动作速度、游泳转身的动作速度等，所以动作速度的测量是与技术参数测定联系在一起的，如测出手速度、起跳速度、角速度和加速度等[2]。科技的发展为动作速度的测试提供了便利，如雷达枪的发明为精确测定网球发球动作速度提供了极大的便利。此外，还可以通过测量连续反复多次完成同一简单动作的时间，然后求出平均速度来反映动作速度。

（四）移动速度的评定

移动速度常以单位时间内移动的距离来反应，在体育运动中，常以人体通过固定距离所用的时间来表示，如男子 100 米跑 9 秒，100 米自由泳 49 秒等。因此，移动速度测试常常采用短距离跑、游、划、骑等，如用 30～60 米短距离冲刺跑来测定跑的移动速度，用 15 米或 25 米的快速游来测定游泳的移动速度等。

（五）综合速度的测试

专项运动中的速度常是多种基本速度能力的综合表现，如球类运动中的灵敏性、协调性速度等，因此，训练实践中常采用多功能速度测试（即把多种单一的测试或测试形式组合起来）来进行综合速度的测试和评价。

二、灵敏素质的测量与评价

评定灵敏性的方法很多。为了使评价具有更客观的标准，灵敏素质测试的方法一般都属于开式灵敏性测试，如T形跑测试、十字变向跑、六边跳测试及综合性障碍跳等。具有一定跑动距离的项目一般采用T形跑、十字变向跑、折返跑等移动测试。对于没有跑动的运动项目，灵敏性测试可以采用六边跳测试和综合性障碍跳等近距离变向测试。此外，手的灵敏性测试对于对抗性项目也十分重要。

（一）手臂的灵敏性测试

（1）测试名称：手臂击打测试。

（2）测试目的：测试快速移动手臂的能力，同时预测手臂快肌纤维的比例，评定手的灵敏性水平。

（3）测试过程：选择拳击沙袋作为击打目标。受试者手臂伸展，手掌张开，尽量靠近目标，击打时把注意力集中在击打的速度上，而非力量。测试者计时，记录20秒内受试者能够击打目标的次数。

（4）测试的意义：测试结果反映运动员能多快地击打对手，通过测试结果与标准的对比，预测运动员是否能成为一个灵敏型的运动员。

（二）脚步的灵敏性测试

（1）测试名称：脚步移动测试。

（2）测试目的：测试脚步快速移动的能力，同时预测运动肌的快肌纤维的比例，评定灵敏性水平。

（3）测试过程：在草地上摆放好绳梯，或按照绳梯的大小，或把绳梯画在场地上。运动员要以冲刺速度跑过绳梯，上肢正常摆动，膝尽量不要高抬，不要触及绳梯。记录通过绳梯的时间。

（4）测试意义：测试能够准确反映运动员脚步快速移动的能力，同时也可反映运动员的遗传潜力。

参考文献

[1] 田麦久主编. 运动训练学[M]. 北京：人民体育出版社，2000.

[2] 田麦久主编. 运动训练学[M]. 北京：人民体育出版社，2012.

[3] Thomas R. Baechle and Roger W. Earle(朱学雷主译). 体能训练概论[M]. 上海：上海三联书店出版社，2008.

第四章 耐力训练原理与方法

耐力训练是运动员体能训练的重要组成部分。不同运动项目，对耐力的需求和训练方法手段的选择也会截然不同，如速度、爆发力项目以速度耐力为主，而长距离跑、游泳、自行车等运动项目则以有氧耐力为主，但需要明确的是任何运动形式都是多种耐力形式(如有氧耐力、无氧耐力、有氧无氧混合耐力等)综合作用的结果，不存在单一的某一耐力形式供能方式的存在。

第一节 耐力训练基本原理

耐力素质是多种因素作用的综合体现，受最大摄氧量、有氧功、无氧功及肌纤维比例等多种因素的影响。同时根据不同的分类标准耐力素质也有着不同的分类，如心血管耐力和肌肉耐力、一般耐力和专项耐力等。

一、耐力的定义及分类

(一) 耐力的定义

耐力是体能的基本组成之一，在众多的运动项目中起着直接或间接的作用，传统上人们认为，耐力主要是对长距离运动项目有重要的影响作用，如长距离跑，游泳等，然而，耐力对于一些集体或者是连续快速做功性项目同样具有重要的影响作用。因为，它对乳酸的消除和能量的恢复等方面都起到了积极的作用。

长期以来，诸多的研究者对这一问题进行了研究，但由于研究视角的不同，文献中对耐力的定义有不同的解释。Bompa(1976)认为，耐力是完成某一运动强度负荷所能持续的时间[1]。Watson(1995)将耐力定义为，耐力是以最大工作效率持续进行运动的能力[2]。机体供给肌肉收缩能力有数种机制，人体进行长时间的高效供能是不可能的，最有利的供能机制会迅速耗竭，然后机体不得不依靠较长时间但工作效率较低的方式进行供能。因此，耐力水平的高低取决于提高能源的总体供能能力或最大输出能力。田麦久(2000)将耐力定义为，有机体坚持长时间运动的能力[3]。运动员要在竞赛全过程中保持特定的运动强度或动作质量，就必须具备良好的耐力素质，就必须具备能与在持续运动过程中不断积累和加深的疲劳作斗争的能力。王清(2003)将耐力定义为，耐力是有机体在较长时间内，通过对抗疲劳(生理疲劳和心理疲劳)来保持特定强度负荷或动作质量的持续工作能力[4]。总之，基于对以往诸多研究的理解，耐力就是在一定的负荷强度下，机体能够承受的一种较长时间的运动能力。

（二）耐力的分类

关于耐力的分类，按照不同的视角也存在多种分类方式，按人体的生理系统，耐力可以分为肌肉耐力和心血管耐力，而心血管耐力又可以分为有氧耐力和无氧耐力。根据身心特点又可以分为心理耐力和生理耐力等。对耐力系统的分类总结见图 4－1。本章主要按照有氧耐力、无氧耐力和混氧耐力的分类方式进行论述。

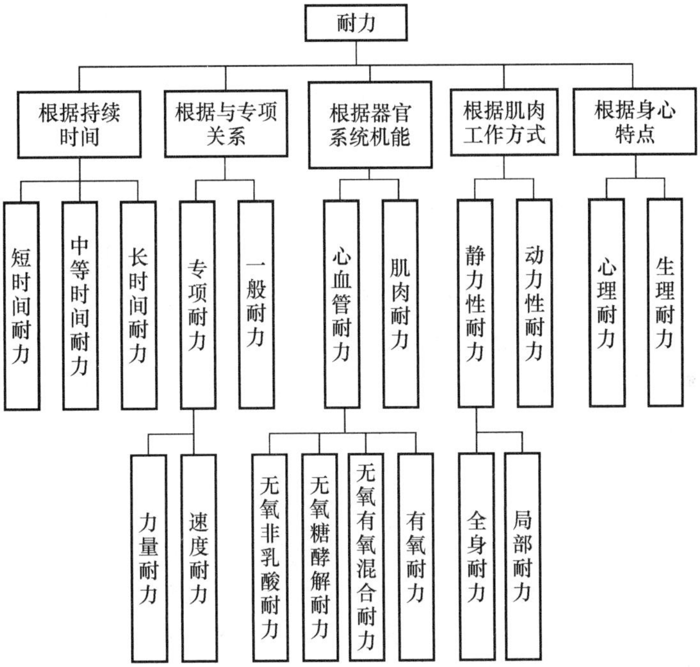

图 4－1　耐力分类结构图

（1）根据持续时间，耐力素质可分为短时耐力、中时耐力和长时耐力。短时耐力主要指的是持续时间为 45 秒至 2 分钟的运动项目（如 800 米）；中时耐力指的是持续时间为 2～8 分钟的运动项目（如 3 000 米）；长时耐力则主要指超过 8 分钟的运动项目（如 10 000 米）。在整个运动过程中，人体心血管和呼吸系统高度动员，心率、每分钟心输出量、肺通气量都达到相当高的程度。

（2）根据专项特点，可分为一般耐力和专项耐力。一般耐力是指运动员有机体各器官系统长时间协调工作的能力，它具有共性的特点；专项耐力则是重在突出专项特点，即采用专项特点的形式发展耐力的方式，如短跑运动员保持长时间快速跑的能力，摔跤运动员的长时间对抗练习等。

（3）根据器官系统的机能特点，耐力可分为心血管耐力和肌肉耐力。心血管耐力是循环系统保证机体长时间肌肉活动时营养和氧的供应，以及运走代谢废物的能力。当然，心血管耐力又可以分为有氧耐力、无氧耐力和混氧耐力等。肌肉耐力是指肌肉系统在一定的内部与外部负荷的条件下，能够坚持较长时间或重复次数的能力，这主要与力量水平的关系有关。当然，可以进一步分为局部耐力和全身耐力。

（4）根据肌肉的工作方式，可以讲耐力分为静力性耐力和动力性耐力。静力性耐力主要指肌肉在抗阻过程中，其肌肉长度保持不变，如体操吊环中的十字支撑、射箭运动等，显然，对肌肉的稳定性要求较高。动力性耐力则指的是肌肉在运动中克服阻力的能力，表现出较大的运动性特点，符合绝大多数的运动项目特点。

（5）根据身心特点，可分为生理耐力和心理耐力。虽然人们对心理耐力的争议还比较大，但毋庸置疑的是，运动员心理的不平衡，或是过度紧张，将严重影响运动员的耐力水平发挥，使运动中出现耗能过大现象。生理耐力则更体现出身体各器官对温度、环境等的持续耐受力。

二、耐力的主要影响因素

耐力的影响因素较多，排除遗传因素的影响之外，最大摄氧量、有氧功、无氧功、红肌纤维的比例以及运动员的身体素质状况和训练水平等均影响着运动员的耐力水平。

（一）最大摄氧量

最大摄氧量又称为最大有氧功率，指运动时每分钟能够吸入并被身体利用的氧的最大数量，该指标用来评价机体从外界摄取氧气并转运至肌肉的能力，因而它也是决定耐力素质的主要因素之一。不少学者对最大摄氧量与有氧耐力的关系进行了研究，杨佩璇(2000)对最大摄氧量与1 500米的关系研究表明，最大吸氧量数值的变化与耐力项目运动成绩有直接的关系[6]。最大吸氧量的高低直接反映了人体的有氧工作能力，也就是说有氧工作能力级别很高的学生1 500米成绩明显高于中等级别的学生。因此，最大摄氧量实验作为评定运动员有氧功能的方法是可行的。同时，最大摄氧量又受多种因素的影响(图4-2)，这些因素的共同作用将直接或间接地影响最大摄氧量的水平，其中训练是一项重要的后天影响因素。

（二）有氧功

最大摄氧量通常应用于只能维持几分钟的运动中，可以认为它只是表示一种

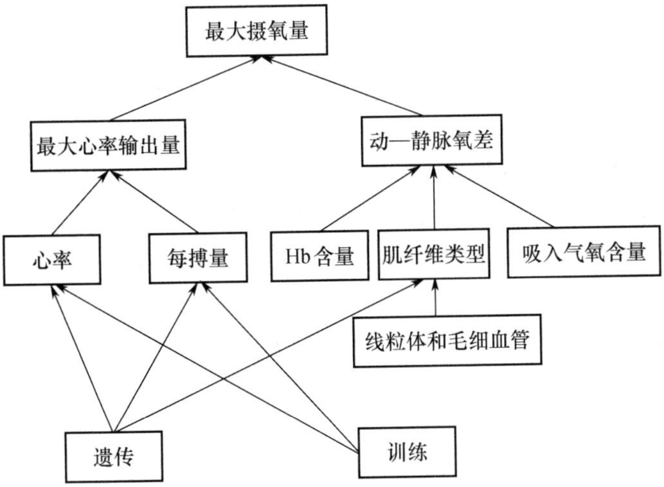

图 4－2　最大摄氧量影响因素

最大的工作效率或功率，而不能表示一种状态变化过程(单位通常为 ml/kg · min)。因此，为了能够更好地刻画运动过程中的有氧耐力变化过程，或者说有氧的做功变化能力，通常用“有氧功”来表示，也就是有氧耐力的功率问题，也正是因为如此，通常的有氧功的值要小于最大摄氧量，因为最大摄氧量可以认为是最大有氧功(图 4－3)。

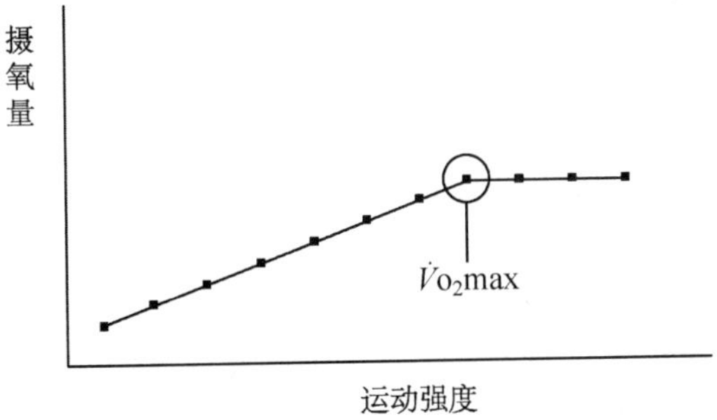

图 4－3　摄氧量与运动强度的关系

就影响有氧功的因素而言，主要包括三个方面：

(1) 供给运动中所必需的能源物质的存储；

(2) 为肌肉工作不断提供 ATP 所必需的有氧代谢能力；

(3) 肌肉、关节、韧带等支撑运动器官承受长时间耐力工作的能力。

其中，有氧代谢能力是有氧功水平的基础和核心，在很大程度上决定有氧功的水平高低。

(三) 无氧功

无氧功也称为无氧功率，是指机体在最短时间内，在无氧条件下发挥出最大力量或速度的能力，无氧代谢供能能力表示肌肉在磷酸原和糖酵解供能条件下的做功能力，无氧功是评定运动员机体无氧代谢能力的主要指标。Wingate无氧实验在评定结果时，常选用 3 个指标：①最大功量(peak power)：又称峰值，最大功量反映了肢体肌肉在短时间内产生高机械功率的能力，最大功量越大，机体肌肉在短时间内产生高机械功率的能力越强，即通常所说的爆发力越强；②平均功量(mean power)：6 次的 5 秒平均功则为平均功量，平均功量反映肌肉维持高功率的耐力，平均功量越大肌肉维持高功率的耐力越强，即通常所说的速度耐力越强；③疲劳率：功量的递减率为表示疲劳率的指数，其计算公式为：最大功量减小功量，除以最大功量，以百分比计算。

不同能源物质供能的输出功率不同，表现出的运动能力也不同，如 100 米跑、50 米游泳、跳跃、投掷等应尽量发展磷酸原系统(ATP、CP)供能能力；400 米跑、100 米游泳应量提高糖酵解供能能力。中长跑、马拉松跑、1 500 米游泳也要有良好的糖酵解供能能力，因为它是变速、终点冲刺的能量来源。

有实验表明，运动强度是维持 $\dot{V}o_2max$ 最为关键的因素；而且在强度保证的前提下，较少的运动量就能使 $\dot{V}o_2max$ 维持在某一特定水平。Hickson 及其同事进行了这样的实验[7]：首先让一组受试者训练 10 周以使他们的最大吸氧量增加。训练计划是每天训练 40 分钟，每周训练 6 天 。受试者每天消耗约 2 512千焦(600 千卡)，每周约消耗 15 070 千焦(3 600 千卡)的热量。

在训练 10 周后，受试者被重新分组执行新的训练计划，分别进行的训练只有先前 1/3 到 2/3 的：

(1) 负荷强度：在 40 分钟训练时间内运动量减少 1/3 ~ 2/3；

(2) 训练频率：每周 2 ~ 4 天训练；

(3) 持续时间：每天训练时间减少到 26 分钟或 13 分钟。

随后受试者在跑台上进行的最大有氧能力测试，结果表明运动持续时间和运动频率减少对 $\dot{V}o_2max$ 并不造成明显影响，而运动强度的减少却引起 $\dot{V}o_2max$ 明显下降。因此，保持一定的无氧功训练是提高有氧耐力的重要影响因素。

(四) 红肌纤维比例

Brooke(1970)将人体骨骼肌纤维分为Ⅰ型(红肌)和Ⅱ型(白肌)两种类型[8]，Ⅱ型肌纤维又存在多种亚型。红肌的主要特点是不易疲劳，含有大量的线粒体、高活性有氧酶和较高的微血管，因此能够提供非常大的有氧能力；Ⅱ型肌纤维的特点是容易疲劳，仅有少数线粒体、低活性的有氧酶和微血管，与Ⅰ型肌纤维相比能够产生较高的力量，特别是快速运动的能力，也正因为如此，红肌与白肌纤维的比例成为影响运动员耐力水平的重要因素。

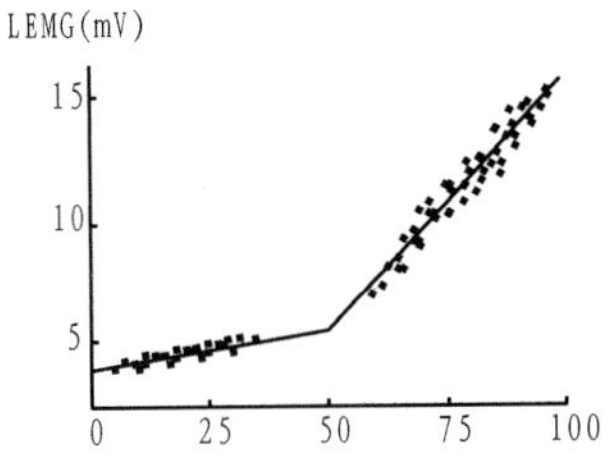

图 4－4　不同肌力%时的肌电图积分值(依据 chaffin，1980[9])

截止目前，人们对红肌与白肌的一个争论就是关于红白肌的转换问题，一部分人认为他们之间可以互相转换，而另一部分人则认为经过训练它们只存在百分比上的变化，而不会发生转换，这一问题一直也没有得到解决，但肯定的一点是，不同运动强度的训练其红白肌参与程度明显不同。齐芬(1980)等发现(图 4－4)，在最大肌力 40%以下强度时，肌力与肌电呈线性关系，60%以上时同样呈线性关系，但肌力在两者之间时却发生了变化，表明了以红肌进行的有氧运动和以白肌进行的无氧运动均呈线性关系，而 40%～60%强度时两种肌纤维都参与了活动。[9]因此，在耐力训练中应注意对运动强度的选择和红肌能力的提高上来。

第二节　耐力训练方案设计

耐力训练方案的设计是对运动员进行耐力训练的总体规划，具体包括，训练目标的制定、训练负荷的安排、训练方法和手段的选择及训练节奏的控制等。

一、训练目标

耐力训练的目标是耐力训练的指向，其目标也涉及多个角度，如生理、心理或身体素质方面等，从宏观和微观两个层面加以认识尤为重要。

训练目标的建立是进行训练的前提，为了能够设计有针对性的训练目标，了解项目的本质特征和运动员的个体特点，即训练状态的诊断(图 4－5)。根据田麦久(2000)的划分，其训练目标应该包括运动成绩、竞技能力和训练负荷三项内容。其中运动成绩又可以分为竞技水平和名次两个目标。

图 4－5　起始状态与目标状态的完整体系(依据:田麦久 2000)

当然，诸多的训练因素将会影响耐力训练的目标，如有学者对普通人群进行耐力训练，在不同训练阶段最大摄氧量等发生着不同程度的变化(表 4－1)。另外，营养、训练手段、训练方式等均影响耐力训练的效果。因此，在耐力训练的目标设计上应充分考虑其影响因素。

表 4-1　不同训练阶段 $\dot{V}o_2max$ 变化

	$\dot{V}o_2max$ (升/分)	心率 (次/分)	每搏量 (升/搏)	动-静脉氧差 (ml/l)
训练前	3.58	206	124	140
4 个月	4.38	210	143	142
18 个月	4.53	205	149	149

二、训练负荷

训练负荷是产生训练适应的关键，负荷过大则容易产生疲劳和伤病，负荷过小则不会产生训练适应，随着现代训练理念的发展，人们对负荷的认识也正在不断加深。

训练负荷通常包括负荷量和负荷强度两个方面，就耐力训练而言，许多学者认为，负荷量和负荷强度是矛盾的，因为一方面的提高是以另一方面的降低为前提的，为此，也出现了多种最佳训练模式，如乳酸阈训练，临界功率训练(高于乳酸阈且低于最大摄氧量)等，但基于以往资料的整理，多数专家认为，耐力训练的主要目标就是提高机体在长时间负荷下的持续工作能力，以大肌群进行动力性运动，强度在50%最大摄氧量以上，每次20~60分钟，每周2~3次，能够使最大摄氧量得到显著增高。一般情况下，通过有计划的耐力训练可以使最大摄氧量的值增加5%~25%。但也有观点认为，对于普通静态生活人群，长期的、剧烈的运动能够使最大摄氧量增加40%，甚至更多。有学者曾就田径运动耐力项目的负荷特点进行过研究(表4-2)，就负荷量和强度等的关系进行了说明。但值得一提的是，通过对国内外关于耐力训练的负荷问题研究发现，普遍存在的问题是缺乏长期的系统跟踪性研究。因此，关于训练负荷强度与量度对耐力训练的影响研究还有待深入。

表 4-2　田径运动耐力项目负荷特点

训练目的	恢复量度	运动量	运动强度	主要练习方式
专项能力	重复练习		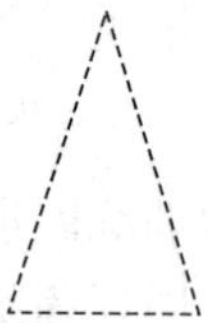	
专门能力	短距离间歇练习			
一般身体能力	长距离间歇练习			

注：依据张英波[10]

三、练习选择

耐力训练的另一个关键问题是耐力练习方式的选择，即究竟采用哪种运动方式是每个教练员应着重给予思考的问题。加深对这一问题的认识，自然也会从更为操作的层面提高耐力训练的科学水平。

耐力训练的主要目的是提高最大摄氧量，而最大摄氧量的提升与耐力训练方案的设计是分不开的。一般而言，耐力训练主要取决于负荷强度、持续时间和恢复时间、训练周期的长短、比赛频率和最初运动状态等（表 4－3）。

四、运动方式

运动方式指运动员特定的运动形式，如自行车、游泳、跑步等。训练中的运动方式与专项越接近越好，这样的训练可以对相关的生理系统起到加强作用，既动员力肌纤维，又使肌纤维中的能量供应等都得到加强。

五、训练频率和持续时间

每天或每周的训练课次叫做训练频率，训练频率应依据训练的强度、练习持续时间、运动员的训练状态和所处周期等因素来决定。如果练习强度较高，练习持续时间较长，那么训练频率应降低，以保证运动员的恢复。从目前对于耐力训练的频率研究来看，一般训练频率在每周 3～4 次，当然，不同运动水平或项目的运动员，在耐力训练的频率上可能会有很大的差异，不能以平均标准来衡量。

练习持续时间指训练课的持续时间。练习持续时间通常受到练习强度的制约，练习时间越长，强度就越低。例如，运动强度超过最大乳酸稳态时，练习持续时间较短(20～30 分钟)，因为乳酸在肌肉中的积累会引起疲劳；相反，强度低于最低乳酸稳态的练习可持续数小时才产生疲劳。

六、训练强度

训练引起机体产生适应的关键是训练的强度和练习时间的相互作用。训练强度越高，练习持续时间就越短。训练引发的适应主要是针对训练强度的，具有强度特异性。高强度有氧耐力训练可以改善心血管和呼吸系统的功能，使工作肌的供氧得到改善。提高运动强度还可以通过影响肌纤维动员来使骨骼肌发生适应性变化。随着运动强度的增加，Ⅱ型肌纤维的运动员增加以满足较高的输出功率需求，这样可以使Ⅱ型肌纤维的有氧代谢能力得到提高，进而提高有氧运动能力。

表 4－3 耐力训练的相关研究

研究者	样本量	运动方式	训练时间	训练强度	训练频率	持续时间
Bar－Or	101	间歇跑	9 周	全力	2～4/周	20～25 分钟，75% ～80% HR_{MAX}
Massicotte	36	自行车	6 周	88% ～93% HR_{MAX}	3/周	12 分钟，66% ～72% HR_{MAX}
Stewart	24	间歇跑	8 周	90% HR_{MAX}	4/周	5×1 分钟，3×3 分钟 中间间歇 1 分钟
Lussier	26	持续跑	12 周	92% HR_{MAX}	2/周	10～35 分钟
Yoshida	78	750～1 500 m	7 个月	94% HR_{MAX}	5/周	5～10 分钟
Becker	22	自行车	8 周	85% HR_{MAX}	3/周	40 分钟

第三节 耐力训练方法

耐力训练方法是对运动员进行耐力训练时，为完成训练任务而采用训练途径和办法，具体包括个体乳酸阈强度训练法、高原训练法和临界功率训练法等方法。

一、乳酸分级训练法

顾名思义，乳酸分级训练就是按照乳酸值的大小来进行训练的一种方法。根据乳酸值的大小可以确定运动员的有氧或无氧耐力水平，该方法训练模式已在不少运动队中得到使用。

目前国内外许多研究认为，赛艇是一项以有氧为主的体能类项目，在2 000米比赛过程中，有氧比例占到80%，甚至更多。因此，在赛艇的耐力训练过程中，有氧训练占主要部分。根据以往人们提出的耐力训练模式，可以归为两种，一种是乳酸阈模式，即大部分训练比例在乳酸阈附近；一种是两极化模式，即训练比例大部分在低乳酸区域或高乳酸区域。本例中将运动员水上－陆上耐力训练分为3阶段(表4－4)，即乳酸值小于2.0 mmol/l，乳酸值在2.1～3.5 mmol/l，乳酸值在3.6～5.0 mmol/l之间。此外，在其训练中还有其他有氧训练，乳酸值在1.0mmol/l左右，基本上是恢复性有氧训练；另外还有乳酸在5.0 mmol/l之上的无氧训练。

按照给出的特定乳酸值进行分区，并参照3阶段递增负荷测试和训练实践中所得乳酸－心率曲线，找出不同乳酸区间对应的心率区间，对其备战期间所有水上－陆上训练课进行统计(表4－5)。观察其整个备战周期中训练强度分布发现，第1和第2阶段的训练，乳酸值小于2.0 mmol/l范围，约占到40%左右，而在无氧阈范围内约占5%～10%，在无氧范围的则小于1%。第3阶段开始发生了明显的改变，首先乳酸值小于2.0 mmol/l这一范围的训练比例明显提高，而无氧阈范围的训练比例明显下降，无氧范围的训练比例有所提高。

表4－4　各阶段训练强度分布示例

核心力量	其他有氧		水上划和侧功仪		力量训练	
	Min	min	la＜2	la 2.1－3.5	无氧阈	无氧
	Min	min	min	min	min	
合计	3 600.23	17 804.71	5 139.14	1 273.14	685.55	778.53
1 536.60	79.50	393.16	113.48	28.13	15.14	17.19

续表

核心力量	其他有氧		水上划和侧功仪		力量训练	
	Min Min	min min	la < 2 min	la 2. 1 – 3. 5 min	无氧阈 min	无氧
平均	11. 68%	57. 77%	16. 68%	4. 13%	2. 22%	2. 53%
有氧	有氧 +	一般有氧	有氧强度	无氧阈	无氧	无氧

注：其他有氧：la < 1. 5mmol/l，单位：mmol/l

表 4 – 5　各阶段训练强度分布比例（示例）（%）

阶段	核心力量	la < 2. 0	la2. 1 – 3. 5	la 3. 6 – 5. 0	la > 5. 0	力量训练	
冬训	1	4. 96	46. 32	38. 61	4. 48	0. 56	5. 08
	2	10. 32	44. 92	32. 92	9. 01	0. 75	2. 08
	3	5. 79	78. 76	10. 33	2. 05	2. 79	0. 30
	4	6. 28	55. 15	24. 39	7. 64	2. 91	3. 63
平均		6. 84	56. 29	26. 56	5. 80	1. 75	2. 77
夏训	5	3. 58	83. 01	5. 10	2. 09	3. 09	3. 12
	6	2. 85	84. 10	5. 91	1. 75	2. 25	3. 14
	7	1. 78	85. 31	6. 13	2. 21	1. 97	2. 60
	8	1. 96	86. 67	6. 57	0. 00	4. 80	0. 00
平均		2. 54	84. 77	5. 93	1. 51	3. 03	2. 22

注：la：mmol/l

二、高原训练法

自 1968 年第 19 届奥运会赛址设在海拔高度为 2 240 米的墨西哥城之后。高原训练法引起世界体育界的重视。一些国家在中度高原（1 500 米 ~ 2 400 米）建立了高原训练基地，并把高原训练作为大赛前的重要训练手段，取得了显著的训练效果。高原训练已经成为有氧耐力训练的一种方式。

根据以往上亚高原的经验，应首先进行一定量的有氧训练储备，为亚高原训练提供供能基础。在没有充分有氧训练的准备的情况下，易造成失误。因此，在进行亚高原前应该进行平原的有氧训练，打好扎实的有氧基础，并制定出具有针对性的高原训练计划(表4-6)。最后，对血氧饱和度和血红蛋白等原始数据进行了分析，结果显示效果是显著的。

表4-6 张秀云备战十一运期间亚高原训练方案

运动方式	地点	海拔高度	起止时间	持续时间/天
亚高原	贵州红枫湖	1 200 m	07/11/17-12/19	32
平原	贵州铜仁	230 m	07/12/20-08/1/28	40
亚高原	贵州红枫湖	1 200 m	08/1/30-3/11	40
亚高原	贵州红枫湖	1 200 m	08/4/7-27	21
人工低氧	贵州红枫湖	1 904~2 403 m	08/4/11-19	9
亚高原	贵州红枫湖	1 200 m	08/6/16-7/20	35
人工低氧	贵州红枫湖	2 850~3 100 m	08/6/27-7/13	17

三、HiHiLo法与LoHiLo法

HiHiLo法与LoHiLo法是高原训练法发展中出现的两种形式，归属于高原训练理论，这里介绍两种方法的目的就在于认识两种方法的区别，并在实践中能够加以应用和研究。

HiHiLo是指高住高练低训的方式，LoHiLo是低住高练低训方式，这两种训练方式是现代有氧耐力训练的两种主要训练方式，虽然具体的机理还不是非常清楚，但在一些项目中已有所研究，如田春宽(2005)等对女子跆拳道运动员进行的对比研究[11]，结果表明，HiHiLo组无氧阈功率指标显著性上升，AT功率平均水平上升了8.24%，RPE指标在各时间点均显著降低，心率指标无显著性影响，血乳酸指标从150~240 W时段显著性降低，$\dot{V}o_2$max指标显著性升高，升高幅度达5.37%；LoHiLo组无氧阈功率指标无显著变化，上升幅度为6.24%，RPE指标只有在150~240 W两个时间点有显著性降低，其他时间点无显著性变化，心率指标无显著性变化，血乳酸指标无显著性变化，$\dot{V}o_2$max指标无显著性变化，降低了1.08%。结果提示，在提高跆拳道女运动员有氧代谢能力上，HiHiLo训练法较LoHiLo训练法更加有效。当然，关于这两种方式的训练效益性研究还有待于进一步的实践验证。

四、临界功率训练

临界功率又称临界速度，被许多欧美国家运动员所使用，认识如何利用临界功率进行耐力训练是科学训练的一种直接体现。

临界功率最初由 Scherrer 和 Monod(1960)所提出，主要是指在固定负荷下进行最大能力运动时，肌肉所做的功(W_{lim})与最大持续时间(T_{lim})之间的一种关系，并且进一步得出了做功和耗竭时间之间的线性关系(图 4-6)[12]。从图形来看，y 轴的截距表示一种无氧供能储备(W′)，表示当以高于临界功率运动时，该能量将逐步被耗竭。其斜率 b 最初被定名为局部疲劳阈值(由于实验是通过局部肌肉运动得出)，后来被定名为临界功率(CP)，被认为是肌肉收缩能量潜力的最大再合成速度。到目前为止，普遍的观点认为，临界功率训练主要是在乳酸阈值以上、最大摄氧量以下的强度进行训练的一种方式，即以最大摄氧量 70% 的强度进行训练以提高机体有氧代谢能力。

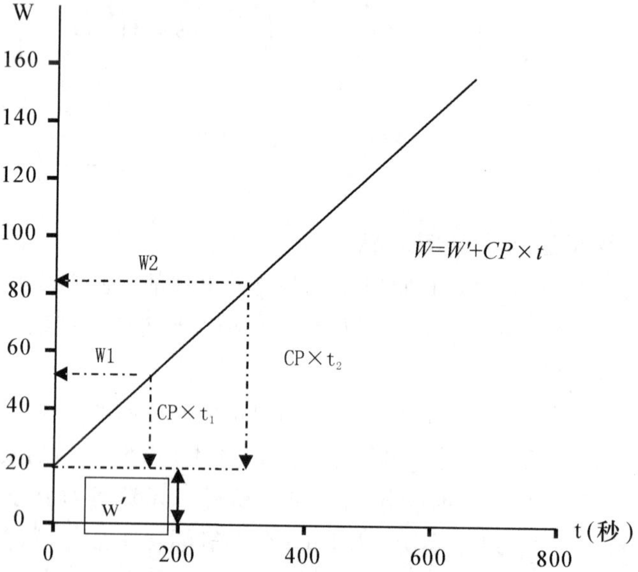

图 4-6　功-时间两参数关系曲线图(参照 Scherrer, monod)[12]

第四节　耐力的测量与评价

训练的保障在于评价，如何科学的对耐力训练质量和效果进行测量和评价，是现代体能训练的一个重要组成部分。耐力的测量与评价主要有无氧耐力的测量与评价和有氧耐力的测量与评价两种。

一、无氧耐力的测量与评价

无氧耐力是指身体处于缺氧情况下(或者说当不能获得充足氧以产生足够的有氧能量时)，较长时间对肌肉收缩供能的能力。进行无氧训练时，由于欠下大量氧债，在血液中可出现极高水平的乳酸，表明体内主要采用的是无氧酵解的供能方式。有研究表明，无氧耐力水平越高的运动员越能够耐受较高的乳酸水平，因此也就能负欠更多的氧债。如一般人可欠氧债 5 ~ 6 毫升，而运动员可达 10 ~ 13 毫升。通常用一个运动员能负欠氧债的最大值来作为无氧耐力高低的指标。目前关于无氧耐力主要存在以下几种测量与评价方式：

（一）磷酸原代谢能力

1. 磷酸原能商法

（1）测试设备：自行车功率计、采血装置、血乳酸测试仪。

（2）测试方法与步骤：先测定安静时血乳酸，然后让受试者在自行车功率计上做 2 ~ 3 分钟准备活动后，再以 100 rpm、600 W 最大用力运动 15 秒，记录在 15 秒期间完成的总功（TWP，以千焦耳表示），并在运动后 6 分钟取血测定血乳酸，求出血乳酸增值，通过下列公式计算出磷酸原能商（AQ）：

磷酸原能商 = TWP（15sec）/血乳酸增值（15sec）

（3）评价：磷酸原能商值越大，表示磷酸原供能能力越强。

2. 活动平板法

（1）测试设备：活动平板、采血装置、血乳酸测试仪。

（2）测试方法与步骤：活动跑台：坡度为男子 7.5%，女 5%；速度：男 22 km/h（6.11 m/s），女 20 km/h（5.56 m/s）；跑动持续时间：45 秒。

（3）采血时间：安静、跑后即刻和恢复相第 2，3，4，5，6，8 分钟。

（4）评价：这是一种定量负荷设计。多次采血的目的是取代表这种负荷强度的最大乳酸值。由于肌乳酸运输到末梢血液中的时间因人而异，为防止遗漏，从负荷后即刻到恢复相第 8 分钟多次采血，则可捕捉到最大乳酸值。最大乳酸值与安静乳酸值之差（Δ 乳酸值），反映该负荷的净增乳酸浓度。完成这一负荷的能量供应特点是 ATP/CP 供能和部分糖酵解供能。显然，如果 Δ 乳酸值低，则说明动员糖酵解供能较少，可间接反映出 ATP、CP 供能能力较强。反之，Δ 乳酸值高，说明该负荷已经动员较多的糖酵解能，间接反映出 ATP、CP 供能能力较差，或说明肌肉中 ATP、CP 无氧代谢能力低。

3. 10 秒最大负荷测试方法

（1）测试设备：自行车功率计（或活动跑台、30 ~ 60 米跑）、采血装置、血乳酸测试仪。

（2）测试方法及步骤：根据磷酸原供能系统的功能特点，采用 10 秒以内的最大负荷运动进行测试，如自行车功率计、活动跑台或 30 ~ 60 米跑，也可根据具体运动专项进行评定。先测定安静时血乳酸值，然后进行 10 秒内最大负荷运动，记录完成的功率或跑速，并测定运动后的血乳酸峰值，求出运动中血乳酸增值。

（3）评价：完成功率大或跑速快、且血乳酸增值低者，则磷酸原供能能力强。

4. 30 米跑测试方法

（1）测试设备：运动场、采血装置、血乳酸测试仪。

（2）测试方法与步骤：取安静时血乳酸后，首先进行 3×30 米跑，每次间歇 2 分钟。第 3 次 30 米跑后测恢复相第 1 分钟的血乳酸。休息 5 分钟后，再安排一组 4×30 米跑，每次间歇 2 分钟，第 4 次 30 米跑后测恢复相第 1 分钟的血乳酸。休息 5 分钟后，再最后进行一组 5×30 米跑，每次间歇 2 分钟，最后一次 30 米跑时，需测定记录跑速，即 30 米跑的时间。取数次血乳酸测定中的最高值，计算 Δ 乳酸值。

（3）评价：30 米跑显然以 ATP、CP 供能为主，评定时，跑速快而 Δ 乳酸值低者，反映 ATP、CP 供能能力强。需要注意的是，跑速与乳酸值要综合考虑才能下定论。本测试中，多次 30 米反复跑目的是使肌肉降低粘滞性，获得充分动员，并使肌肉生成的乳酸处于稳定状态。应注意严格掌握 30 米跑中间的间歇休息时间（2 分钟），间歇时间过短可导致乳酸堆积，影响科学评定。

（二）糖酵解代谢能力

1. wingate 无氧测试

（1）测试设备：力矩功率车。

（2）测试方法与步骤：

① 准备活动：受试者在功率自行车测功计上骑行 2～4 分钟，使其心率达到 150～160 次/分钟。其中 2～3 次（每次持续 4～8 秒）为全力蹬骑。

② 准备活动后休息 3～5 分钟。

③ 正式试验：发出口令后，受试者尽力快骑，同时阻力递增，以便在 2～4秒内达到规定负荷。达到规定负荷后，开始计算骑行圈数，并持续做 30 秒最快速度蹬骑，每隔 5 秒记录骑速和心率。规定负荷的阻力系数下肢和上肢是不同的。用下肢蹬骑时，成年男性的阻力系数为 0.83，儿童和女子为 0.75；当用上肢摇柄时，成年男性为 0.58，女性为 0.50。单位为公斤体重。

④ 结束阶段：放松蹬骑 2～3 分钟。

⑤ 功率车阻力设置为：系数×体重（千克）

各文献中学者选择的规定负荷的系数见表 4－7。

表 4-7 不同文献中的阻力系数

测试对象	阻力系数	参考文献
成年男性	0.75	Ayalno 等 1974
运动员	0.98	Evans 等 1981
体院学生	0.87	Dotan 等 1983
士兵	0.94	Patton 等 1985

(3) 评价：做功的功量越大，运动前后血乳酸的增值越大，是糖酵解代谢供能能力强的标志。表 4-8 是部分项目运动员的 WAT 参考值。

表 4-8 不同项目运动员的 WAT 值

运动项目	最大功量(W/kg)	平均功量(W/kg)
举重	12.7	9.5
体操	12.3	9.1
摔跤	12.0	9.4
10 公里跑	11.4	9.3
马拉松	11.3	8.9

引自冯连世，2002

2. 60 秒最大负荷测试法

(1) 测试设备：运动场(或活动平台)、采血装置、血乳酸测定仪。

(2) 测试方法：让受试者在田径场全力跑 400 米或 60 秒活动跑台，记录成绩，分别测定运动前安静时血乳酸值和运动后血乳酸峰值。

(3) 评价：如果运动后血乳酸浓度在 14 ~ 18 mmol/L，是糖酵解供能能力好的表现；如果在 9 ~ 10 mmol/L 以下，是能力差的表现。在一个训练阶段结束后，如果运动成绩提高，且血乳酸值也升高，是糖酵解供能能力提高和训练效果好的表现；如果成绩提高，且血乳酸值仍为原水平，是有潜力的表现；如果血乳酸不变或升高，但成绩下降，是训练效果差或机能水平下降的表现。

二、有氧耐力的测量与评价

最大摄氧量($\dot{V}o_2max$)作为耐力运动员的重要选材依据之一，是反映有人体有氧运动能力的重要指标，高水平最大摄氧量是高水平有氧运动能力的基础。研究发现，最大摄氧量水平与有氧运动成绩密切相关，相关系数在 0.75 ~ 0.91 之间。

（一）$\dot{V}o_2max$测定法

1. $\dot{V}o_2max$直接测定法

最大摄氧量的直接测定法，是让受试者在递增负荷运动时，采用专门的仪器收集其呼出的气体，然后用气体分析仪进行气体分析。测定时对运动负荷的判定要求：运动时心率达到或超过 180 次/分钟；吸氧量达峰值，并保持一定时间；呼吸商超过 1。直接测定法准确，但复杂、费时间、仪器昂贵，老年人和心肺功能不良者有一定的危险性，故应用受到局限。

2. $\dot{V}o_2max$间接测定法

用$\dot{V}o_2max$的相对强度所测值推测$\dot{V}o_2max$的方法，称为$\dot{V}o_2max$间接测定法。这种方法适用于不能（如老幼、体弱等）或不愿意接受$\dot{V}o_2max$直接测试的人群。值得注意的是，这种方法所推测出的准确性，有待于进一步的探讨。

（二）次最大运动负荷的测试

1. PWC_{170}测试

PWC_{170}是指心率在每分钟 170 次时的身体工作能力。PWC_{170}测试采用功率自行车进行负荷运动测试，求出运动中心率和运动强度之间的关系，用内插法或外插法计算出心率在每分钟 170 次时的运动负荷强度，反应有氧耐力水平。

2. 哈佛台阶测试

以每两秒 1 次的频率蹬踏台阶，进行 5 分钟的升降运动，通过运动后恢复期的心率数值计算指数，评价受试者的有氧工作能力。指数值越大，有氧工作能力越强。

3. YOYO 测试

YOYO 测试，是要求受试者在相距 20 米的两个标志物之间，以不断增加的速度进行带有间歇的折返跑。队员在完成每个 2×20 米后有 5 秒的间歇时间，节奏由录音机播放的声音信号来控制。该方法是由丹麦体育博士 JensBangsbo 发明，主要是模拟比赛中频繁出现的加速、减速、急停及转身等动作，对队员进行体能测试的一种手段。

该方法的跑动速度从 8 级到 21 级被分为 12 档，开始速度是 8 级，相当于 11.5 千米/小时，即在约 12.5 秒内完成 40 米（2×20 米）。不同的速度档要完成不同的几组 2×20 米折返跑：8 级、10 级、12 级各 2 组，13 级、13.5 级、14 级各 8 组，14.5 级、15 级各 3 组，15.5 级、16 级、16.5 级、17 级各 6 组。

达标标准是在平原测试中，跑完第 17 级的第 3 组（共 57 组 2 280 米）；高原地区跑完第 17 级第一组（共 55 组 2 200 米）。当声音信号响起时队员必须跑回到线上，否则第一次会被警告，第二次就要被淘汰出测试。谁最后完成了规定的组数，谁就算体能测试合格。表 4－9 为我国青年女子网球队员的测试结果。

表 4-9　国家女子网球队员的 yoyo 测试结果

队员	级别	最大摄氧量（$ml\cdot kg\cdot min^{-1}$）
刘 × ×	8.6	41.8
段 × ×	9.4	44.5
周 × ×	10.1	46.8
徐 × ×	10.3	47.4
孙 × ×	10.5	50.8
梁 × ×	11.3	50.8
钟 × ×	11.9	52.5
季 × ×	11.8	52.5
张 × ×	12.3	54.3
张 × ×	12.2	54.3
白 × ×	12.4	54.8
鲁 × ×	12.5	54.8

具体操作过程如下：

（1）热身：测试前被测者首先要进行热身并完成热身赛，以熟悉 YOYO 测试的真实情景。

（2）准备：

① 在平地上设定长 20 米的测试区域并画上直线，在起始点和终点用足球训练用的塑料圆锥摆成两个平行的“球门”；

② 一条线为两名球员测试；

③ 记录者手持测试记录站在 20 米线的终点；

④ 测试球员站在距离假设门线（20 米区域的起始一端）起码半尺远的地方，面对 20 米区域的远端。

（3）过程：

① 在热身和准备完毕后主测工作人员向被测球员简单解释测试规则，并让测试者按照指定的速度（以音响提示，如磁带或哨音）和节奏（慢速）完成几次折返跑以适应现场。

② 正式测试开始后，一声单独的哨音响起，一次折返跑开始；第一声哨音告诉被测者开始起跑，第一组折返跑后的下一个声音信号代表下一组测试开始。

（4）被测球员须知：

① 被测者站在 20 米区域一端面对另外一端；

② 开始前被测者须站在距离起点半尺远；

③ 在每一次声音信号响起后球员必须尽快跑到另外一端，并在下一个声

音信号响起前脚要踏到另一端的端线；

④ 若被测者没有在规定时间内完成，将被记作一次失误；

⑤ 一组折返跑两次失误，取消测试资格。

参考文献

[1] 王清. 我国优秀运动员竞技能力状态诊断和监测系统的研究与建立[M]. 人民体育出版社，2004.

[2] 田麦久. 运动训练学[M]. 人民体育出版社，2000.

[3] 邓树勋，王健，乔德才. 运动生理学[M]. 高等教育出版社，2005.

[4] 杨佩璇. 浅谈最大吸氧量与耐力项目运动成绩的关系[J]. 泉州师专学报，2000，18 (2)：58-61.

[5] 王步标，华明，邓树勋等. 运动生理学[M]. 北京：高等教育出版社，1993.

[6] 陈小平. 竞技运动训练实践发展的思考[M]. 北京：北京体育大学出版社，2008.

[7] 张英波. 现代体能训练方法[M]. 北京：北京体育大学出版社，2006.

[8] 冯连世. 高原训练与低氧训练[J]. 体育科学，2005，(11)：封三.

[9] 潘同斌. HiLo(高住低训)——耐力训练的新方法[J]. 福建体育科技，2001，20 (6)：15-16.

[10] 李强. 间歇低氧适应对运动能力影响的实验研究[J]. 中国应用生理学杂志，2000：16 (3)：67.

[11] 王钢，夏春晓. 高住低训法对耐力性项目优秀运动员血象指标的影响[J]. 冰雪运动，2007，29 (4)：1-5.

[12] 李强，高伟，魏宏文. 间歇性低氧刺激对运动能力影响的实验研究[J]. 体育科学，2001，21 (3)：62-65.

第五章　核心力量训练的原理与方法

核心力量训练是当代体能训练的新突破、新发展。核心力量由最初应用在医疗和健身领域的康复性训练手段，经在竞技体育训练尝试和实验，发现核心力量训练不仅仅适应于康复领域，而且对几乎所有竞技运动项目都很重要。核心力量训练的理念和方法开拓了人们认识力量训练新视角，弥补了传统力量训练的不足。

第一节　核心力量训练的基本原理

核心力量训练伴随着神经肌肉系统训练、本体感受性训练以及运动链理论的提出和发展，而不断得到理论的提升及训练实践中的不断发展与完善。

一、核心力量的释义

核心力量是指核心肌群(肌肉)在稳定人体重心、产生和传递力量的基础上，以发展神经支配和控制能力、整体协调用力能力和本体感受性能力等为主要目的而表现出来的力量能力。核心力量是与四肢力量相对应的人体力量系统的重要组成部分，是整体发力的主要环节，对上下肢的协同工作与整合用力起着承上启下的枢纽作用，是人体运动的主要“发力源”。

(一) 核心区的概念

核心力量训练最初只作为一种有效的康复训练手段应用于医疗和健身领域。近年来随着神经肌肉系统训练、本体感受性训练以及运动链理论的提出，许多人发现核心力量训练对几乎所有的竞技运动项目都很重要。核心力量训练在提高运动员核心力量，支持专项运动技术水平得到改善的同时，运动损伤也得到了有效的预防，目前该训练已在全国产生了广泛的影响。但国内外关于核心区(core)概念的界定尚存争议。国外学者主要从解剖学上定位，许多研究将核心区定义在“腰椎－骨盆－髋关节”部位，认为顶部为隔肌，底部为骨盆和髋关节[1]。2005 年 Bliss 和 Tepple[2]把核心定义为围绕在腰椎和骨盆周围的肌肉组织。Frederick Sonm[3]认为，核心是腰、骨盆、髋关节形成的一个整体，是指人体的中间环节，具体是肩关节以下，髋关节以上，包括骨盆在内的区域。李立(美)[4]则认为，“核心”是指人体的中间部位，它通过胸部和腰髋部向下连接下肢，向上连接上肢和头颈部。Akuthota[5]把整个躯干都看作人体的核心区域，认为核心区域应包括胸廓和整个脊柱。

国内关于核心区的认知古已有之，如传统武术中的“丹田”。随着核心力量概念的引入和研究的深入，许多学者把核心区确定在人体重心的周围[6]。黎涌明、陈小平[7]等把核心(core)界定为脊柱、骨盆和髋关节，他们正好处于上下肢的结合部位，具有承上启下的枢纽作用。

在此基础上，根据核心区解剖结构特点及其与身体重心位置的关系，把核心界定为：核心是“腰椎－骨盆－髋关节”形成的一个整体，其形状类似于一个圆柱形的“汽缸”，具体指膈肌以下盆底肌以上的中间区域，并包括附着在它周围的神经、肌肉、肌腱、韧带和骨骼系统，同时也受呼吸调节系统的影响和作用。核心区是人体的中间环节，是连接上下肢的纽带，是肢体运动的重要“发力源”，核心区的稳定影响着身体运动的整体性(图 5－1)。随着训练实践的发展和不同项目的特殊需求，核心区的概念也随之扩展至整个躯干部位，称之为“大核心区”，具体指肩关节以下髋关节以上包括骨盆、胸廓、髋关节和整个脊柱在内的广大区域。

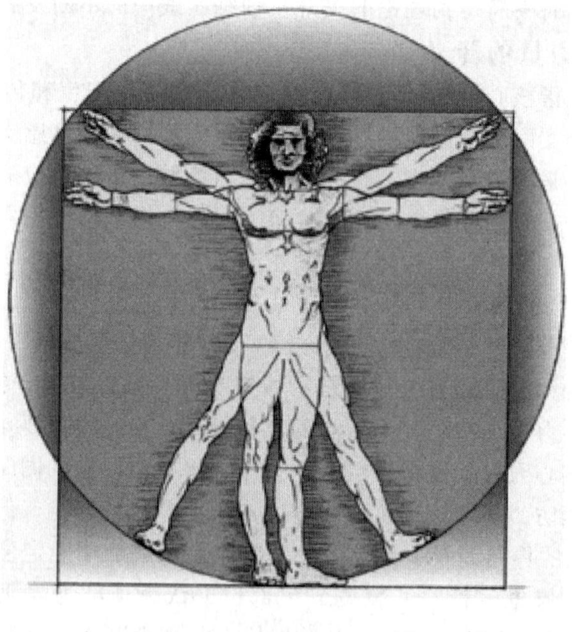

图 5－1　核心区的部位

从解剖学的角度，把肌肉的起止点或起点或止点位于核心区的肌群称之为核心肌群，包括局部稳定肌和整体原动肌两类。经在《系统解剖学》[8]和《运动解剖学图谱》[9]中的系统检索，发现在核心区有起止点的肌肉约为 41 对 +1 块

（在盆底肌群中只选取了较有运动价值的 4 块代表肌肉），包括背部肌群、腹部肌群、盆带肌群、大腿肌群、盆底肌群和膈肌等，其中，起止点均在核心区的有 11 对 +1 块，主要起核心稳定作用，另有 29 对肌肉起点位于核心区，1 对腹外斜肌止点在核心区，它们收缩既参与核心区的稳定，又参与躯体的运动（表 5－1）。而大核心区则包括了背部肌群、胸部肌群、腹部肌群、盆带肌群、大腿肌群、盆底肌群和膈肌等 55 对 +1 块肌肉群（表 5－2）。这样整个核心区就如同一个圆柱形的“汽缸”（故又被称为“核心柱”），“汽缸”的前壁是腹部肌群，后壁是背部和臀部肌群，顶部是横膈肌作为盖板，底部是盆底肌群和环绕髋部的肌群作为“缸底”。在肢体发力瞬间，通过核心肌群的共同收缩，圆柱的体积减小，腹内压随之骤然升高，“汽缸”就会像充气的轮胎，由里向外鼓胀，相反腹壁肌群自然由外向内收缩合抱，催发四肢协同运动，整个身体也呈向核心收缩的趋势。整个核心区就变成一个坚固的“刚体”异常充实，撞之不开、晃之不散、浑然一体，使核心肌群所蓄积的能量顺利地从身体中心向运动的每一个环节传递[10]。

表 5－1　核心区肌群的分布与数量

肌群	肌肉名称		
	起止点均在核心（11 对 +1 块）	起点在核心（29 对）	止点在核心（1 对）
背部肌群（9 对）	多裂肌、回旋肌、棘间肌、横突间肌	背阔肌、下后锯肌 竖脊肌（棘肌、最长肌、髂肋肌）	
腹部肌群（5 对）	腹内斜肌、腹横肌 腰方肌	腹直肌	腹外斜肌
盆带肌群（髋肌）（12 对）		髂腰肌（髂肌、腰大肌）、腰小肌、臀大肌、臀中肌、臀小肌、梨状肌、上孖肌、下孖肌、闭孔内肌、闭孔外肌、股方肌	
大腿肌群（11 对）		股直肌、阔筋膜张肌、缝匠肌、腘绳肌（股二头肌、半腱肌、半膜肌）、耻骨肌、长收肌、股薄肌、短收肌、大收肌	
盆底肌（4 对）	肛提肌、尾骨肌、会阴浅横肌、会阴深横肌		
膈肌（1 个）	横膈肌		
肌群总数	41 对 ＋ 1 块		

表 5－2　大核心区肌群的分布和数量

肌群	肌肉名称		
	起止点均在核心（17 对 +1 块）	起点在核心（37 对）	止点在核心（1 对）
背部肌群（16 对）	多裂肌、回旋肌 半棘肌、棘间肌 横突间肌、肋提肌	背阔肌、夹肌、上后锯肌、下后锯肌、竖脊肌（棘肌、最长肌、髂肋肌）、斜方肌、肩胛提肌、菱形肌	
胸部肌群（7 对）	肋间外肌、肋间内肌、胸横肌、肋间最内肌	胸大肌、胸小肌、前锯肌	
腹部肌群（5 对）	腹内斜肌、腹横肌、腰方肌	腹直肌	腹外斜肌
盘带肌群（12 对）		髂腰肌（髂肌、腰大肌）、腰小肌、臀大肌、臀中肌、臀小肌、梨状肌、上孖肌、下孖肌、闭孔内肌、闭孔外肌、股方肌	
大腿肌群（11 对）		缝匠肌、阔筋膜张肌、股直肌、股二头肌、半腱肌、半膜肌、耻骨肌、长收肌、股薄肌、短收肌、大收肌	
盆底肌（4 对）	肛提肌、尾骨肌、会阴浅横肌、会阴深横肌		
膈肌（1 个）	膈肌		
肌群总数	55 对 +1 块		

近年来随着人们对核心区力量训练重要性的认识，将这个以往主要用于健身和康复的力量训练方法逐渐向竞技体育领域拓展，并从解剖学、生物力学和神经肌肉学等不同的角度对核心区肌群进行了深入研究，在继“核心训练（core trainig ）”之后，又相继提出了“核心力量（core strength）”、“核心稳定性（core stabily）”和“核心能力（core performance）”等概念。在此所谈的“核心力量训练”为上述分解概念的统称，此概念主要是针对竞技运动员核心区肌群的力量训练而言，但随着研究工作和运动实践的不断深入，还将会出现概念和训练方法上的细化。核心力量训练的主体内容即包括核心稳定性训练和核心专门性力量训练两个方面。

（二）核心稳定性

所谓“核心稳定性”是指，人体在运动中通过核心部位的稳定为四肢肌肉的发力建立支点，为上下肢力量的传递创造条件，为身体重心的稳定和位移提供合理的身体姿势。

核心稳定性之所以重要，是因为脊柱和骨盆就像是衔接上下半身的桥梁，同时由脊柱和骨盆构成的核心区又是完成绝大多数技术动作产生和传递力量的中心区域，是人体各动力链的中间环节(图 5－2)。在运动过程中神经肌肉系统控制脊柱和骨盆的稳定状态，以此为上下肢的运动创造支点，将不同关节肌群的收缩力量整合起来，形成符合专项力学规律的肌肉“运动链”，使整体力量的产生、传递和控制达到最佳化。在人体多种形式的运动中，核心区的作用犹如一个稳定的平台，它的稳定性直接影响到运动员四肢肌群的用力效果和动作质量，只有改善核心区的稳定性，整体的运动才能更加协调。

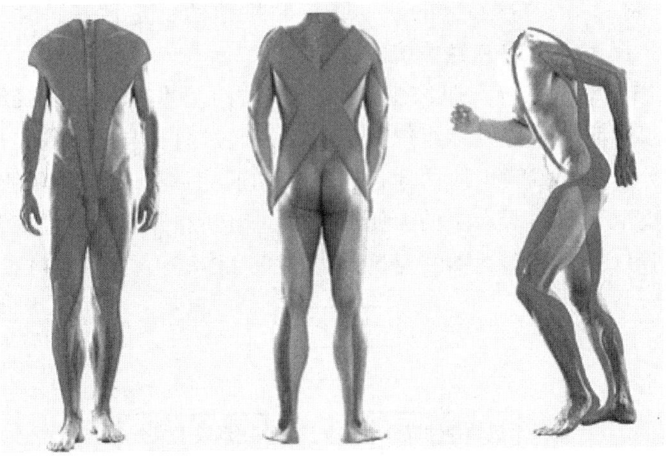

前左右交叉运动链　　后左右交叉运动链　　前后伸屈运动链

图 5－2　人体各动链

核心稳定性受以下四个系统的制约(图 5－3)：

(1) 神经控制子系统：神经系统包括中枢神经系统(脑和脊髓)和周围神经系统(脑和脊髓延伸的各种神经,由神经纤维、结缔组织和血管组成)，主要起着感受体内外环境的变化，并对这些变化做出及时的分析和判断，如同身体的控制中心和交流网络。神经系统接受来自主动肌肉系统、被动骨骼系统和呼吸调节系统的各种传入信息，通过感受肌肉张力的变化，进行分析综合，发出指令引起主动、被动和调节系统做出适当的应急反应，维持核心区域的稳定，以满足完成技术动作的需要，主动控制和调节核心区的活动，或被动的通过反

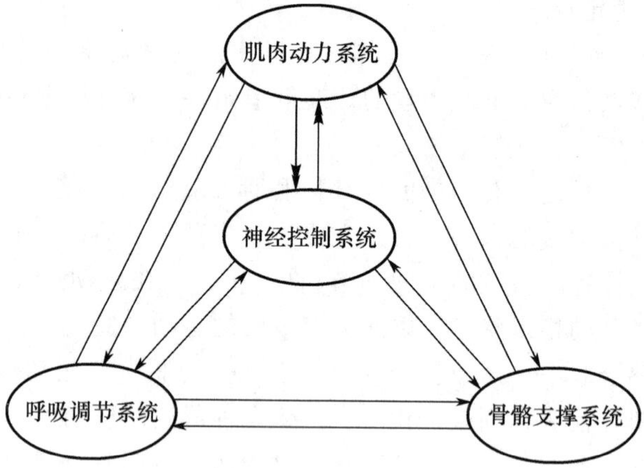

图 5－3　核心稳定性系统结构模型示意图

射(如牵张反射)，调节核心区的活动，控制机体的稳定性，同时其他三个子系统的活动又反过来引起神经系统的作用。

(2) 肌肉主动子系统：肌纤维是肌肉结构的基本单位，被肌纤维膜、肌内膜、肌外膜和肌束膜等结缔组织所包裹，并通过肌腱与骨附着。肌腱构成串联的弹性部分，肌纤维膜、肌内膜、肌外膜和肌束膜等构成并联的弹性成分，肌肉在神经支配下收缩所产生的力便通过这些串联和并联的弹性成分和肌腱传递到骨，使骨以关节为轴运动并对抗外力维持身体姿势(图 5－4)。

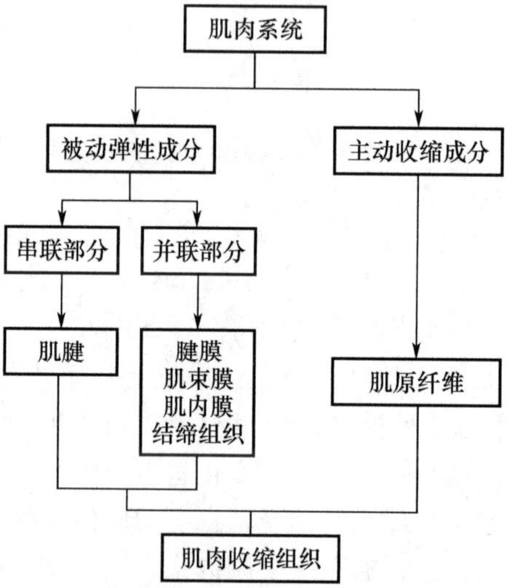

图 5－4　肌肉动力系统结构示意图(根据 Margareta Nordin[11] 修改)

主动子系统(Active subsystem)主要由能产生力量，维持脊柱节段的肌肉肌腱单位组成。主动子系统又可分为局部稳定肌(local muscles)和整体运动肌(globel muscles)。

局部稳定肌的主要特点是多分布在深层，多是单关节、肌群小、肌纤维短，如脊椎之间、腰骶之间、骶髂之间的小肌群，主要功能是维持椎体之间、骶髂之间的稳定性。整体运动肌的特点是分布表浅，肌肉多是跨关节肌群，肌肉的体积大，肌纤维长，如竖脊肌、髂腰肌等，主要功能是使脊柱屈伸、侧弯、旋转等大范围活动，并可以产生更大的力量。核心局部稳定肌主要起固定作用，而核心整体运动肌除固定作用之外还具有运动功能，核心部位稳定程度的变化主要取决于核心整体运动肌的收缩(表5-3)。

表5-3　核心区肌群的分类与功能

	核心局部稳定肌	核心整体原动肌
解剖位置	脊柱深层	脊柱浅层
肌肉形状	羽状	梭状
肌肉附着情况	单关节、单一段分别	双关节、多关节为主
肌纤维类型	慢肌纤维为主	快肌纤维为主
参与肌群	多裂肌、回旋肌、棘间肌、横突间肌、骶棘肌等	竖脊肌、髂腰肌、大腿肌群等
神经作用	无意识下完成	意识支配下完成
主要工作类型	静力性(肌肉长度不变)	动力性为主(肌肉长度改变)
收缩影响因子	不受动作方向影响	受动作方向影响
激活阻力	低阻力下激活	高阻力下激活
主要功能	维持脊柱弯曲度和稳定性	脊柱屈伸、旋转、侧弯

根据 Mark D. faries[12](2007)等修改

(3) 骨骼韧带支撑子系统：核心区骨骼韧带系统主要由椎骨体、椎骨关节以及韧带、关节囊、椎间盘等结构构成(图5-5)。在脊柱活动范围内，骨骼韧带系统被动地限制核心区所有关节的活动范围，在神经肌肉系统的协调作用下，对保持机体正常功能位置、维持核心区的稳定性具有非常重要的作用。

(4) 呼吸调节子系统：运动时呼吸与动作的配合对核心区的稳定和力量的产生与传递具有十分重要的作用，因为腹内压的增加可以提高腰椎和躯干的稳定性。呼吸时核心区主要呼吸肌的收缩，如膈肌、腹直肌、腹外斜肌、腹内斜肌、腹横肌、腰方肌和下后锯肌等，可以通过增加胸腰筋膜的张力和腹内压

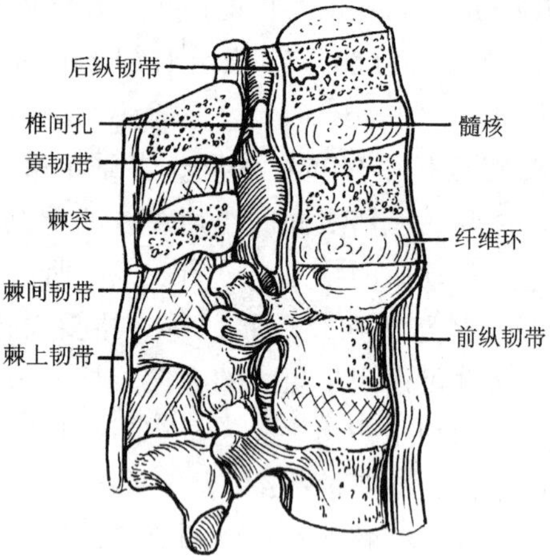

图 5－5　椎骨间的连接[12]

的升高达到加固腰椎的目的。同时人体每一个动作的完成都与呼吸运动密切相关。因此，核心稳定性是在神经、肌肉、骨骼韧带和呼吸等系统的协同作用下，使核心区保持中立位的一种状态描述，它为上下肢肌肉的发力提供了支点，为动量在运动链上的传递创造了条件。

在上述 4 个子系统中，以往的观点认为肌肉子系统是可以改造的，因而训练也多集中在对肌肉系统的改造上，但现在普遍认为神经控制系统的功能也是可以改造的，并且现在的训练更加重视对神经控制系统的改造，强调运动中的“身心一体”。通过核心区局部稳定肌群和整体原动肌群以及本体感受性功能的训练，可以大大提高人体核心区的自稳能力，极大地争强核心稳定性，使肌肉动力链的功能改善、整体协调性提高和机体的运动能力增强。这不仅有利于运动成绩的提高，同时也使运动性损伤得到了有效的预防。

核心稳定性训练是近几年在体能训练领域讨论最多的问题之一。在核心区训练(主动子系统)过程中，教练员往往只注意整体运动肌的训练，而对局部稳定肌训练的重要性认识不足，概念不清，手段匮乏，因而训练没有收到应有的效果。另外，在过去的训练中，忽略了核心区控制系统的训练，甚至没有这样的概念。核心区控制系统的训练，最主要的是核心区本体感受功能的训练，是今后的训练实践中必须关注和解决的问题。在绝大多数运动项目的训练和比赛中，既需要整体协调运动，又需要核心区和肢体的精确控制。有专家认为，核心区及肢体本体感受功能训练问题实际上是神经系统对躯干和肢体进行精确控制的问题。无论任何运动项目、无论运动员年龄大小和训练年限长短，核心稳定性的训练必须贯穿于训练过程的始终。

（三）核心专门性力量

从神经生理学上看，核心专门性力量是一种在生理结构和神经肌肉等方面均与专项动作结构相适应的力量能力，是神经肌肉协调配合以及多肌群间的协同配合作用下产生的力量，包括功能性力量和协调性力量。核心专门性力量并不是专项力量本身，它是介于稳定性力量和专项力量之间的一种力量，这种力量的存在可以使机体的稳定性力量更好地向专项力量转化，在稳定性力量和专项性力量之间架起了一座桥梁。

如果保持身体在运动中的稳定性，大脑只要根据运动强度的高低和技术难度的大小来支配局部稳定肌和整体运动肌参与工作的比例即可；而要完成涉及多个关节运动的技术动作，神经系统不仅要协调地支配着所需要参与工作的肌群，而且要能够使这些肌群在任何情况和条件下始终保持着协同工作的效率。实践表明，对于绝大多数的运动项目，运动员要想在竞技场上表现出应有的技术水平和专项成绩，神经肌肉系统必须具备以下的功能：①足够强大的运动核心——髋部和躯干的力量；②在特殊情况下的协调用力；③在不稳定状态下保持动态平衡的能力；④运动神经对肌肉运动的精准控制。

在当代力量训练中也有三大特点：首先，从核心向四肢进行放射性的力量训练，核心力量训练是进行整体力量训练的第一步，核心强大才能保证运动链上的力量传导，才能使获取的整体力量发挥出应有的水平；其次，以提高整体运动能力为目的的力量训练必须包括核心肌群的参与，即髋部的屈伸和躯干的旋转；再次，竞技运动员的力量训练必须是在神经系统的支配和控制下完成。

核心专门性力量训练综合了上述特点，为专项力量的提高和专项技术的改善提供了专门性的力量储备和动作支持；在此“专门性”是指专项技术对核心力量的特殊需求，而又非专项技术或专项力量本身。核心专门性力量是一种以稳定人体核心部位、控制重心运动、产生力量和传递力量为主要目的的力量能力，在竞技运动中它不仅为核心稳定性提供力量支持，而且在许多技术动作和运动技能中也能够主动发力，所以是人体整体运动的重要“发力源”。简而言之，核心专门性力量就是突出的身体动态稳定性和强大的腰髋收缩力量。

从解剖学上看，核心区的功能是肢体运动的基础和条件，绝大多数快速的、大幅度的肢体运动与核心区的专门性力量密切相关，即由腰髋肌群的发力，通过“鞭打”技术的传递和环节用力的叠加，完成了高质量的启动、加速、变向、减速、挥臂、踢击、旋转等技术动作（图 5－6）。

核心专门性力量除核心肌群自身运动所需要的力量外，如躯干的伸屈与旋转、髋关节的内收与外展，更重要的是结合专项技术动作的需求而表现出的核心力量所起的作用，其特点是在神经系统控制下克服自身体重，在激活核心肌群参与工作的同时，还能重点提高所训练肌群的力量和本体感受能力。同时在训练过程中从心理、注意和意念操作等方面加以要求，从而提高人体与专项相关的适应性，达到提高运动能力和改善运动技术的目的。

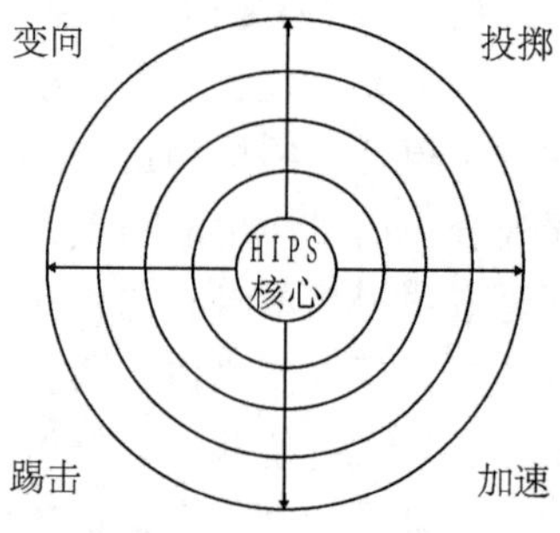

图 5－6　核心区功能示意图

二、核心力量训练的神经肌肉生理学原理

核心力量的产生与维持受神经系统的控制与支配，因此进行核心力量训练必须了解神经肌肉生理学的基本原理，明晰运动神经调控机制和核心肌群的工作方式。

（一）运动神经调控核心肌群的路径与方式

人们把核心区稳定肌系统视为一个“盒子”或者“汽缸”，腹部肌肉在前，背部和臀肌在后，横膈肌作为“盖板”，盆底肌和环绕髋部的肌肉群为“盒底”（图 5－7）。这个动态的圆柱体由大量互相协调工作的肌肉组成，它的运动首先是从大脑开始，先在大脑中形成动作编排，再通过传出神经的传出，驱动肌肉进行收缩与放松。当肢体发力时核心局部稳定肌在为核心整体运动肌创造稳定支点的同时，所蓄积的能量还能从身体的核心区域向肢体运动的每一个环节传导。

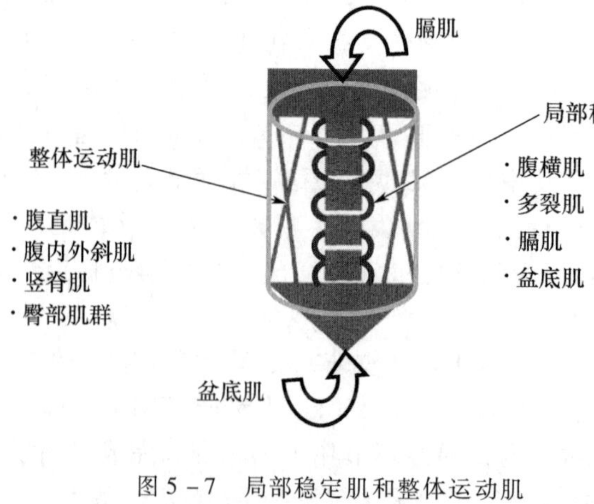

图 5－7　局部稳定肌和整体运动肌

（Local and Global Musculature）Bergmark（1989）

毫无例外，局部稳定肌和整体运动肌也都是由神经系统支配工作的，但在

支配的方式上却截然不同。神经系统中有两大类传导通路，总体上它们是反射弧中的传入部和传出部(图5－8)。感觉(上行)传导通路：自感受器经周围神经、脊髓、脑干(小脑)、间脑、内囊至大脑皮质的传导通路。运动(下行)传导通路：由大脑皮质发出的纤维经内囊、脑干(小脑)、脊髓、周围神经至效应器的神经传导通路。而在运动传导通路中大脑皮质对运动的调节是通过锥体系与锥体外系实现的。

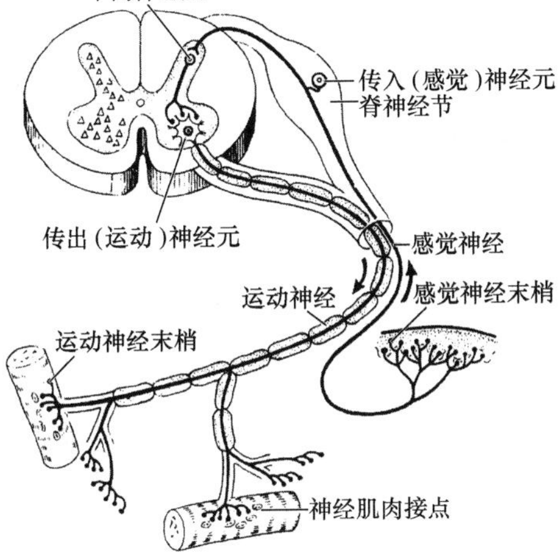

图5－8　神经系统传导通路

锥体系主要由上、下两极神经元组成。上运动神经元的胞体主要位于中央前回和中央旁小叶前部，下运动神经元的胞体位于脊髓灰质前角运动细胞和脑干，脑神经躯体运动核是支配骨骼肌的随意运动 。

锥体外系主要由皮质纹状体系与皮质－脑桥－小脑系组成，它是锥体系统以外影响和控制躯体运动的传导径路，在神经发生上是比较古老的结构，从鱼类开始出现，在鸟类是控制全身运动的主要系统，但到了哺乳类，尤其是人类，由于大脑皮质和锥体系的高度发达，锥体外系逐渐处于从属地位，人类锥体外系的主要机能是调节肌张力、协调肌肉活动，维持体态姿势和习惯性动作(如走路时双臂自然协调地摆动)。锥体系和锥体外系在运动功能上是互相不可分割的一个整体，只有锥体外系使肌张力保持稳定协调的前提下，锥体系才能完成一系列的随意运动。另一方面，锥体外系对锥体系也有一定的依赖性。人体在进行运动时，深层局部稳定肌群主要是由锥体外系进行不随意的调控，而表层整体运动肌则由锥体系负责主动支配(图5－9)。

综上所述，运动神经系统主要通过两种方式对核心区肌群进行调控，一是通过运动前期的预兴奋反射性激活局部稳定肌群和整体运动肌，为姿态的调整和承受外部负荷做好准备；另一种是在运动的过程中，通过肌梭和腱梭反馈式调整肌肉的力量并协调不同肌肉之间的用力，解决核心部位的稳定程度以及稳定与不稳定交替转换的问题。神经系统基于肌梭、高尔基腱器、脊柱韧带、关节及皮肤等感受器的信息，根据运动需求在时间和空间两个方面实时监控与调节核心区肌群的力量以及不同肌肉之间力量的配比，尤其是支配与控制核心局部稳定肌与核心整体运动肌在核心稳定与运动上的不同功能。因此，教练员在设计和选择训练手段时，既有在稳定状态下的开放式运动链的核心力量练习，也有在非稳定状态下的闭锁式运动链的训练手段，如此才能全面地活化和发展那些表层和深层的整体运动肌和局部稳定肌，在提高核心区肌群力量的同时，也使神经肌肉控制力和本体感受力得到培养与改善。

图 5－9　中枢神经系统的双重运动控制方式

（二）核心局部稳定肌(local muscles)的工作方式

1. 腹横肌

腹横肌位于腹正中线两侧的腹直肌外缘、腹内斜肌深层(外层为斜向内下的腹外斜肌、中层是斜向内上的腹内斜肌；内层是深层横向的腹横肌)，形态为扁阔肌(图 5－10)，部分腱膜横向绕过腹直肌后方，构成腹直肌鞘后壁，肌性部分直接穿越腹直肌后方。起于下位 6 个肋骨内侧面、胸腰筋膜、髂嵴和腹股沟韧带外侧 1/3 处并与膈肌起点相交织，止于白线并参与组成腹直肌鞘后壁。

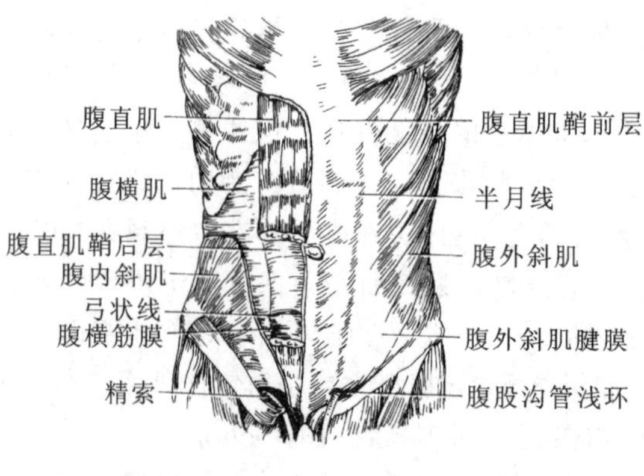

图 5－10　腹横肌

腹横肌的收缩是由腰部四周向身体中心点收紧，它是维持脊柱稳定性和减轻背部负担相当重要的一块肌肉，腹横肌像一条束带一样对抗来自腹腔内部的压力，从而形成对脊柱和躯干部位的圆柱状支持作用，对身体核心区域的稳定性非常重要。

腹内压能减轻腰椎负荷的观点，首先是由 Bartlink 在 1957 年和 Morris 等在 1961 年提出的。腹内压具有能减少腰椎负荷和维持腰椎稳定功能的机制。腹内压的产生来源于隔肌、腹部和盆底肌群的协同收缩。腹内压像个“压力球”，试图将隔肌和骨盆底肌分割开来。腹内压造成的肌肉的伸展力矩，能减轻腰间盘的压缩力。近期应用微丝肌电图技术开展深层腹肌群肌电图的研究发现，腹横肌是腹肌中产生腹内压的主要肌肉(Gresswell,1993；Gresswell et al.，1994a；Gresswell et al.，1992；Hodges et al.，1999)。

2. 膈肌

膈肌为圆顶型宽阔的薄肌，介于胸腹腔之间，构成胸腔的底和腹腔的顶，起自腰部(第 1～4 腰椎体,第二腰椎横突和第 12 肋)、肋部(第 7～12 肋内面)和胸骨部(剑突后面)，膈肌是呼吸肌，也是腹压肌。收缩时其圆顶稍微扁平而下降 1～3 厘米，胸腔扩大吸气；放松时，圆顶升高吸气缩小转而呼气。无论是静止还是运动状态下，如举起或放下物品时，还是跑步或跳跃时，或脊椎的任何姿势突变时，均可造成腹内压的增加(Gresswell et al.，1992；Gresswell et al.，1994b；Gresswell & Thorstensson，1994；Harmen et al.，1988)。现在研究表明，腹横肌和膈肌在一起做任意方向摆动上肢运动时，都起到维持脊椎稳定的作用。腹横肌和膈肌的收缩活动不是单独出现的，且时间上要早于上肢肌肉或其他肌肉收缩活动的时间(Hodges et al.，1997，1999)。

3. 多裂肌

多裂肌共由 5 块分隔的束支组成，短纤维起于椎板和棘突中线，向骶尾侧分布，止于两个节段以下椎体的乳突，延伸到 L5 以下的纤维止于髂嵴和骶骨，腰部多裂肌是维持腰部脊柱节段性稳定的重要肌肉，同时与腹横肌协同维持腹压。

动物实验研究中，Solomonow 等(1999)观察反复施加负荷对猫科动物脊柱韧带、椎间盘和关节囊松弛度的影响。由于反复施加负荷，使得肌肉不停地收缩以维持平衡，致使肌肉内的压力感受器出现“迟钝”现象甚至基本丧失压力反应，令多裂肌减少或失去保持稳定的反射收缩，这反过来又加重了脊柱的失稳现象。

因为核心肌肉系统几乎是所有运动链的核心，核心肌肉系统的力量、平衡能力的增强会最大限度地提升运动链上各个部分如四肢的运动功能。局部稳定肌的作用体现在保持脊柱的机械硬度从而控制节间运动，而整体运动肌则配合腹内压负责胸廓和盆骨间负荷的传递。从本质上讲，整体肌同样存在稳定与运动功能之别。

（三）核心整体运动肌(global muscles)的工作方式

1. 竖脊肌

竖脊肌起于骶骨背面、髂嵴后部、腰椎棘突和胸腰筋膜，止于颈、胸椎的棘突与横突、颞骨乳突和肋角(图 5－11)。其功能绕额状轴两侧收缩，下固定时，肌拉力线通过整条脊柱后方，使整条脊柱屈伸、下段有协助呼气的作用。例如，完成“俯卧抱头起”或“腹背运动”等动作；上固定时，靠胸触地面固定，可完成脊柱屈伸。

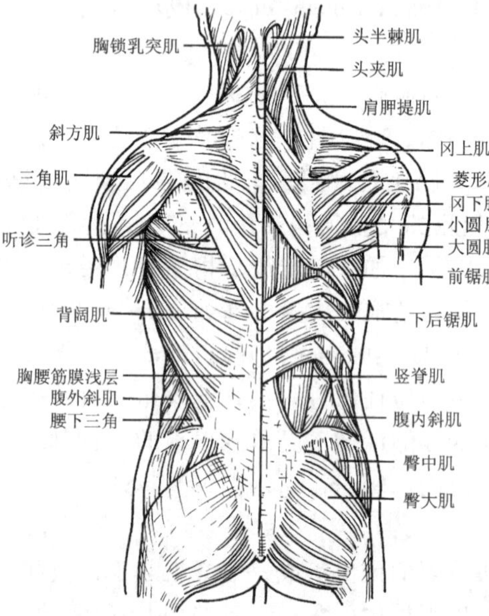

图 5－11　竖脊肌

绕矢状轴一侧收缩：下固定时，同侧收缩，使整条脊柱同侧屈(与体侧半肌肉一起)，如完成“侧卧抱头起”动作；上固定时，靠一侧肩触地(与体侧半肌肉一起)完成“侧卧举腿”。

腰段伸肌主要有，除竖脊肌上半部有直接伸脊柱颈段功能外，伸腰段的功能还有腰方肌。

2. 腹肌

腹肌由多层肌肉组成，其纤维走向也因人体稳定和进行运动的需要而不同。最外层的腹直肌，其肌纤维从耻骨联合和肋骨垂直走行，被横行的肌腱分成几个部分。当收缩时，可以屈体。外层和内层的肌肉看起来好像是受不同的神经支配，但是为了保持稳定和运动的需要，两层肌肉之间有着一定的联系，联系的程度取决于意识或下意识的神经肌肉控制(图 5 - 12)。

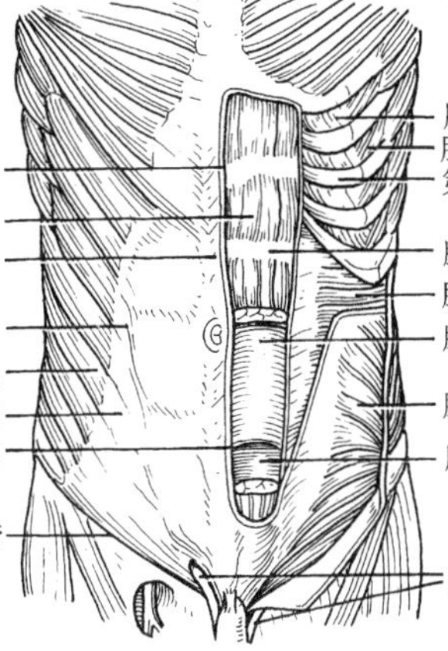

图 5 - 12　腹直肌

腹外斜肌位于表层，附着于肋骨、骨盆和筋膜上，其纤维围绕躯干两侧后部斜行向上。腹内斜肌位于深层，与腹外斜肌附着于同一位置，但肌纤维围绕躯干两侧斜行向下。两对肌肉同时收缩时，在脊柱的屈曲运动中起着重要作用。根据其运动方式，在对腹部肌群进行训练时，可采用等长收缩训练和动力性训练，如仰卧控腿接收腹举腿等(图 5 - 13)。

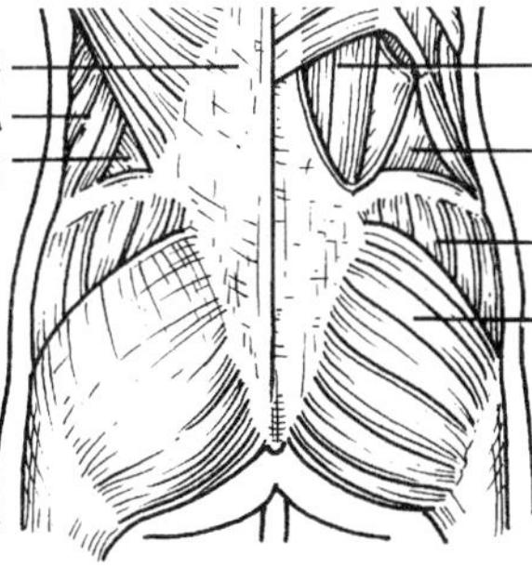

图 5 - 13　腹外斜肌、腹内斜肌

由于同侧腹内斜肌拉力线方向正好与对侧外斜肌保持在一条斜线上，脊柱腰段回旋时会产生协同配合的旋转效应。下固定时，同侧的腹内斜肌和对侧的腹外斜肌一起收缩，使躯干向同侧回旋，如协同完成“体转运动”的动作时，当右侧的腹内斜肌和左侧的腹外斜肌一起收缩，使躯干向右侧回旋；上固定时，同侧的腹外斜肌和对侧的腹内斜肌一起收缩，使骨盆向同侧回旋；无固定时，上体平躺于垫子或地上的“两头翘”，若上体与下肢中含“旋拧”动作，就具有一侧的腹外斜肌和一侧腹内斜肌做相向(收缩)运动，使骨盆的一侧向上体的另一侧旋转，而上体的一侧向骨盆的另一侧同时旋转，完成“旋拧”的相向运动。

3. 盆带肌

骨盆是由骨组成的一个环状的架构，它是连接躯干和下肢的纽带，通过腰骶关节和腰椎相连，通过髋关节和下肢相接，对于稳定骨盆的正常位置非常重要，特别是对于下肢加速、减速和髋关节内收外展运动的项目。这些骨在前面相接融合，形成耻骨联合。由于骨盆和骶髂关节的柔韧性较差，在运动时肌肉收缩和拉长对其施加的压力增加，加上内收肌力的薄弱，对耻骨极易造成损伤。只有稳定住骨盆才能保证髋关节肌群有效的工作。

（1）髂腰肌(髂肌、腰大肌)：位于骨盆内侧面，由腰大肌和髂肌组成。腰大肌为单羽肌，二肌合并为双羽肌。腰大肌起于腰椎体侧面和横突；髂肌呈扇形起于髂窝，肌腱止于股骨小转子。

功能：近固定收缩时，使大腿在髋关节处屈、旋外。远固定收缩时，两侧髂腰肌使脊柱前屈、骨盆前倾，一侧收缩使脊柱同侧屈。

（2）梨状肌：位于小骨盆内，呈梨形。起于骶骨前面，肌束穿过坐骨大孔，止于股骨大转子顶端。

功能：近固定收缩时，使大腿外展和旋外。远固定时，使骨盆向对侧旋转。

练习方法：外摆腿可发展梨状肌的力量，内摆腿可发展梨状肌的柔韧性。

（3）臀大肌：位于臀部皮下，是人体中最粗大有力的肌肉，为四方形扁肌。肌束平行排列，可分为上部肌束和下部肌束。起于髂骨翼外面后部和骶骨背面，止于肌束斜向下外，腱呈平板状止于股骨的臀肌粗隆和髂胫束。

功能：近固定收缩时，使大腿在髋关节处伸、旋外；上部肌束可使大腿外展；下部肌束使大腿内收；远固定时，一侧收缩使骨盆向对侧旋转，两侧收缩使骨盆后倾，维持人体直立。

练习方法：负重后摆腿等练习可发展臀大肌的力量；正压腿等练习可发展臀大肌的伸展性。

（4）臀中肌和臀小肌：位于臀部外上方，大部分被臀大肌所覆盖，两肌呈扇形，臀小肌位于臀中肌深层。二肌肌束均呈放射状排列，分为前、后两部分。两肌均起于髂骨翼外面。止于股骨大转子。

功能：近固定收缩时，使大腿在髋关节处外展，前部使大腿在髋关节处屈和旋内，后部使大腿在髋关节处伸和旋外；远固定收缩时，使骨盆同侧倾，前部两侧同时收缩使骨盆前倾，一侧收缩使骨盆同侧旋转，后部两侧同时收缩使骨盆后倾，一侧收缩使骨盆对侧旋转。

练习方法：负重侧摆腿等练习可发展臀中肌和臀小肌的力量，体侧屈等练习可发展该肌的伸展性。

4. 大腿肌

（1）前外侧肌群：

股四头肌：位于大腿前面，是人体中体积最大的肌肉之一。该肌共有四个头，即股直肌、股中肌、股外肌和股内肌。股直肌位于大腿前面皮下，股中肌位于股直肌深层，股外肌位于大腿前外侧，股内肌位于大腿前内侧。四头均为羽肌。其中股直肌是双关节肌。股直肌起于髂前下棘；股中肌起于股骨体前面；股外肌起于股骨粗线外侧唇；股内肌起于股骨粗线内侧唇。四头下行合并为一腱，包绕髌骨的前面和两侧，继而向下延为髌韧带，止于胫骨粗隆。

功能：近固定收缩时，使小腿在膝关节处伸，股直肌可使大腿在髋关节处屈；远固定收缩时，使大腿在膝关节处伸，维持人体直立姿势。

（2）后侧肌群：

① 股二头肌。位于大腿后面外侧，呈梭形；有长、短两个头，肌束平行排列。长头起于坐骨结节，短头起于股骨粗线。两头合并以长腱止于腓骨头。

功能：近固定收缩时，长头使大腿在髋关节处伸，长、短头使小腿在膝关节处屈和旋外；远固定时，两侧收缩使骨盆后倾，一侧收缩使大腿在膝关节处屈。

② 半腱肌和半膜肌：半腱肌位于大腿后面内侧浅层，肌腱细而长，几乎占肌长的一半。半膜肌位于半腱肌深层，半腱肌和半膜肌均为单羽肌，以扁薄腱起自坐骨结节。半腱肌止于胫骨上端内侧，半膜肌止于胫骨内侧髁后面。

功能：近固定收缩时，使大腿在髋关节处伸，小腿在膝关节处屈并旋内；远固定时，两侧收缩使骨盆后倾，一侧收缩使大腿在膝关节处屈。

（3）内侧肌群：该肌群包括耻骨肌、长收肌、短收肌、大收肌、股薄肌。

功能：近固定收缩时，使大腿在髋关节处内收，使小腿在膝关节处屈、旋内；远固定时，两侧收缩使骨盆前倾。

练习方法：抗阻力夹腿等练习可发展内收肌的力量；横劈叉等练习可发展内收肌的伸展性。

三、核心力量的作用

人体的大多数运动都是多关节和多肌群参与的全身运动，在这个运动中如何将不同关节的运动和多块肌群的收缩力量整合协同起来，形成符合专项力学原理的肌肉“运动链”，为肢体的发力创造理想条件，提高技术动作的效能，是所有运动项目面临的共同问题。尽管核心区域的肌肉并不像肢体肌肉那样，直接负责完成人体的技术动作，但它们的工作(等长收缩或等张收缩)不仅本身可以产生力量，成为人体的运动力量来源的原动力，而且能够为肢体的肌肉收缩创造支点，增大肢体肌肉的收缩力量，加快整体力量的传递，整合肌群间的协同用力，提高运动效率。

目前国内外学者把身体作为一个整体的运动链，力的传导是通过这些链条向外传递，链上的任何一点出现问题，或各环节相互不兼容都会导致整个链条的瘫痪。因此，核心肌群力量担负着稳定重心、保持平衡、传导力量等作用，同时也是整体发力的开始环节，对上下肢体的协同工作及整合用力起着承上启下的枢纽作用。

（一）稳定脊柱、骨盆，保持正确的运动姿势

核心区域就像是衔接上下半身的桥梁，不但会影响四肢的动作，更负有控制全身姿势正确性的责任。核心部位的深层肌群(如膈肌、多裂肌、盆底肌等)控制着身体的稳定。如果这些深层肌肉缺乏力量，那么身体的稳定性就会降低。强有力的核心肌群对运动中的身体姿势、运动技能和专项技术动作起着稳定和支持作用。因此，必须强调核心力量中的核心稳定性力量的作用。稳定性力量就是指通过训练加强核心区和关节周围的肌肉力量，特别是那些单关节、深层次、肌群小、肌纤维短的肌肉，如脊椎之间、腰骶之间、骶髂之间的小肌群的力量以及关节周围的肌腱、韧带等结缔组织的弹性力，使人体处于一种稳定的状态，即稳定性力量并不是指肌肉产生一种大力量，而是指通过训练使人体更加稳定，在合适的时机发出合适的力量，即首先要稳定，在稳定的基础上再增加力量。

例如，游泳运动员要想减少在水中的阻力，其中重要的一条是减小身体在水中占用的空间，保持身体的水平直线性；而核心力量薄弱的运动员在运动过程中下肢下沉或身体过度摆动，加大了形状阻力，影响了运动成绩。菲尔普斯在自由泳比赛中的身体姿势保持得非常完美，其身体的流线型使高速游进过程中的阻力减到最低程度，在此基础完成了手臂充分前伸的技术动作，最好的身体流线型是减少阻力的关键。

（二）构建运动链，为肢体运动创造支点

人体的大多数运动都是多关节和多肌群参与的全身运动，在这个整体运动中如何将不同关节、肌群的收缩力量整合起来，形成符合专项力学规律的肌肉“运动链”（图 5 - 14)，为四肢末端发力创造理想条件，核心力量是关键。尽管

图 5－14 运动链

骨盆、髋关节和躯干部位的肌肉并不像四肢肌肉那样能直接完成人体的运动，但是其稳定性的收缩可以为四肢肌肉的收缩创建支点，提高四肢肌肉的收缩力量。核心区域是承上启下的枢纽与桥梁，该环节的稳定性好坏，不但影响到四肢动作用力的支点是否牢固，还负有控制全身动作的正确与否的重要职责。

网球发球时，一半以上的球速来自核心区和腿部发力，如果核心力量薄弱，稳定性差，就会出现动作的脱节现象，从而影响最后的发力或动作定型。网球运动员的击球动作，其能量来自于由下肢的蹬地、转髋，将力量向上传递至上肢，最后完成挥臂击球，核心力量起到了极其重要的作用。那些下肢和躯干不够强壮或稳定性差的运动员往往在技术方面会出现问题，其根源在于他们不能在恰当的时刻，有效地利用各个环节形成一个动态的力量传导序列。

（三）提高身体的平衡能力

平衡能力是人体重要的生理机能，是人体维持姿势，保持站立、行走及完成复杂动作的基本能力。对运动员来讲，运动平衡能力是运动员完成各种技术动作的基本保证之一。尤其是对那些强调保持身体姿势和身体稳定性的项目中，出色的平衡能力是运动员发挥训练水平、完成技术动作的根本保证。

核心稳定能力是指能够控制骨盆以上躯干部位和髋关节的动作，能够最大限度地在整体运动链上产生、传输和控制肢体的力量。身体的稳定性是人体运动过程中将力量、协调、平衡、感知等多种能力集中应用的体现。运动员在跑动过程中，根据物理学关于转动力矩在封闭的个体中保持恒定的原理，下肢产生一个向前的转动力矩，必然其他部位要产生一个相反的转动力矩，这样才能达到平衡。此时异侧上下肢的配合就能保持这样的平衡，所以在运动过程中，强有力的核心肌群起着承上启下的作用。

根据转动力矩在封闭的个体中保持恒定的原理，游泳运动员在水中的平衡性和控制力则更为重要。人体在没有固定支点的水中，只有强有力的核心肌群能力才能通过上下肢的协调运动来保持身体的平衡。

（四）加大运动时由核心向肢体的能量输出

加强核心部位的肌肉群的力量训练，不仅可以提高身体的稳定性及保持全身姿势的正确性，还可以稳定和强化髋部及躯干在力量转换时提供能量输出，有利于加速度的提高和难度动作的转换，并减少伤害事故的发生。大多数体育动作的发力以髋部的旋转和伸展为基础，并通过核心区传递到末端。

通过对标枪金牌获得者 Andreas Thorkildsen 的连续技术动作照片的分析得知，他在高速助跑的最后一步，左脚触地瞬间有一个充分超越器械的身体姿态，继而左脚积极着地支撑，使整个人体形成了蓄势待发的“满弓”，为标枪的最后出手发力储备动能，并通过躯干和髋部大幅度的有力旋转，将所形成的动能进一步向上肢传递，最终形成了一个由躯干、胸部、肩部、手臂肌肉群有序牵拉——收缩的挥臂“鞭打”动作序列，通过手指将动能释放出去。事实上鞭打动作就是来自于核心区腰髋肌群的原动肌群的发力，通过闭锁式动力链向上下肢形成有效的动量传递。如果运动员不能精确和流畅地将整个身体的动能从支撑腿传递至投掷臂，投掷的动作技术和运动成绩均会受到影响。

核心部位拥有的肌群最多，产能和储能也最大，无论是短跑技术中的伸髋鞭打扒地，还是跆拳道技法里的后横踢击打，看似脚对地面或人体的作用，而实则为来自于腰髋肌群的原动力，并向下肢形成了有效的动量传递。铅球、标枪、铁饼都是以远度决定成绩的田赛项目，人体在器械施加的时间越长，做功越大，出手速度越快，器械飞行越远。所以这也是现代投掷技术向旋转式发展，铅球由背向滑步向旋转式技术发展，链球由三圈旋转向四圈旋转技术发展的缘由。在整个投掷技术过程中，运动员都在旋转过程中完成。虽然最后发力动作是取得优异成绩的重要因素，但最后用力与旋转速度和顺序、超越器械又密切相关，核心部位的稳定就成了由旋转向最后用力阶段顺利过渡的基础，成了下肢力量高效传递到上肢的关键，核心力量的强大和传递速度的加快无疑会加快器械的出手速度。

（五）提高肢体的协调工作效率

躯干能够得到稳固的支持，是因为有强有力的核心力量作保证，四肢的应力也能够随之减小，由此肢体能够游刃有余地完成更加协调的技术动作。例如，健美操运动员在做跳与跃动作（C 组难度）时，强有力的核心力量能够保证身体在空中的姿势，腾空接俯撑姿势落地时，脚和手以控制的方式同时落地，尤其是该部位深层小肌群的协调控制能力是完成该类动作的重要保证。再如，撑竿跳高项目，人体离开地面后，全靠一根撑杆维持身体的平衡，在维持基本平衡的前提下还要作出起跳、悬垂摆体、后仰举腿、引体、转体和腾越过杆，落地等一系列密切联系的复杂动作，如此复杂的体育动作，都是在核心肌群的稳定与协调下得以实现。

通过跆拳道后横踢技术动作（右脚在后的实战预备姿势）的肌电分析得知（图 5－15），后腿脚前掌蹬地时，左右竖脊肌先后放电，配合下肢动作维持躯干平衡与侧倾姿势。随后右股二头肌放电，迅速屈膝收小腿，在股二头肌放电幅值增大的同时腹直肌放电明显，以配合大腿屈收和腹转身动作；同时左臀大肌、左股二头肌放电，支撑右腿向前旋转；在右腿抬至最高点时，左右竖脊肌、右臀大肌放电幅值增大，腹直肌放电微弱，配合伸膝踢腿。由此可以看出，后横踢时各参与工作的肌群放电特点是腰腹部先发力，腹部展开，髋部前送而不屈髋，这样有利于力量的传递。

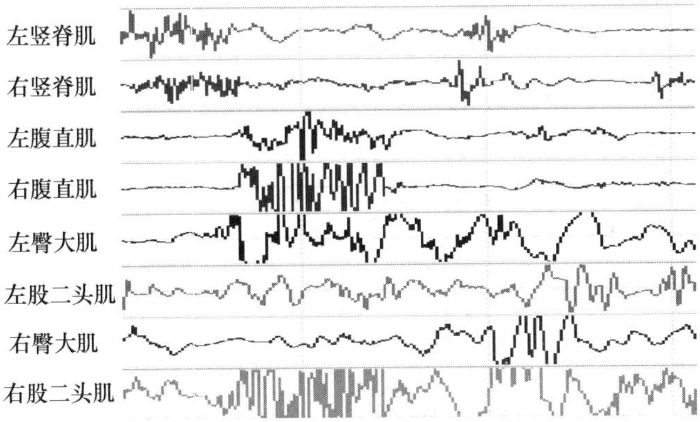

图 5－15　跆拳道后横踢技术肌电图（2007 何辉）

（六）减少能量消耗，提高动作效能

无论短跑和跳跃项目中的助跑和起跳技术中的伸髋鞭打扒地动作，还是投掷项目上肢的最后发力，看似脚对地面的作用，而实际上是来自于腰髋肌群的原动肌群的发力，并通过闭合式的动力链向下肢形成有效的动量传递。肌电研究表明，协调能力越好，核心力量越强的短跑运动员在高速跑的腾空过程中摆动腿股后肌群肌电放电就越少，而核心力量越差的运动员腿部股后肌群放电量则增大。通过肌电变化可以发现核心力量好的运动员的腿部肌肉在短暂的腾空时间里可以得到放松，为下一次收缩做好准备。这样不仅减少了无谓的能量消耗，节省了能量而且可以使肌肉在下一次收缩时产生更大的力量。

肌电的研究还表明，速滑运动员在比赛中为了保持向前的快速度，在蹬离冰面瞬间需要让支撑腿发挥出最大的力量和速度。协调能力好、核心肌群力量强的运动员在滑冰阶段，能够更好的保持身体的平衡，使支撑腿的肌群在滑冰阶段处于适当的放松，避免无畏的能量损耗，而在蹬冰阶段能够集中动员、充分发力，由此加大了蹬离冰面瞬间的功率，提高了蹬冰的效果。

（七）预防运动损伤

运动员在进行快速发力动作时，强有力的核心肌群能够确保肢体在动作过程中保持在正常的位置，深层小肌肉群的稳定功能起到关键的保护作用，这避免了急性损伤的发生；如果发力不正确，潜在的运动损伤发生的几率会大大提高，比如下背痛、腹部扭伤、骨盆倾斜等，这些损伤会直接影响到训练的效果。

深层的小肌肉群可以起到稳定躯干的作用，并且可以使肢体保持正确的位置。良好的核心力量可以减少肢体在运动时所承受的负荷，这就大大减少了运动损伤的发生。实验证明，一根铁链所能承受的最大拉力不是最强的一环，铁链在承受外界拉力时，最先断裂的是最薄弱的一环，这就不难解释田径运动员损伤的原因了。例如，跳高运动员经常有腰伤，其部位是在第 3、4、5 腰椎，这个部位附着的肌肉很少，根据运动链理论下肢产生的巨大能量在起跳瞬间向上传递，而核心部位的肌肉功能不足，使力的传导受阻，大量的能量堆积在腰部较弱区域，这一部位运动链的断裂直接导致了运动员伤病的发生。

另外，肌肉拉伤大部分原因是因为身体在不稳定的情况下，由于核心部位力量的缺失，使四肢的部分肌肉也参与到维持身体的稳定，从而导致肌肉的拉伤。例如，短跑时摆动腿在后摆过程中，这时身体处于不稳定状态，如果核心区域力量薄弱，就需要摆动腿的其他部分肌肉参与维持身体的平衡，这一情况的直接后果使摆动腿在后摆过程中不能得到充分地放松，从而加大了摆动腿在用力趴地时拉伤的可能性。相关的核心力量训练可以在一定程度上预防和减少运动损伤的发生。

第二节　核心力量的训练方法

目前国内外的核心力量训练方法主要有非平衡器械训练、悬吊训练、弹力带训练、绳索滑轮训练、滑板训练等。这与传统的力量训练有着本质的区别，并且训练的难度分级都是从稳定的克服自身体重的练习到非稳定的抗阻练习，再过渡到专门性的核心力量训练，其最终目的是提高专项技术水平和运动成绩。因此，核心力量训练应先从稳态下的徒手练习开始，在达到一定水平后再逐步升级。稳态下的徒手练习是在稳定界面上进行核心力量练习，是核心力量练习的初始阶段，有静力性练习和动力性练习两类练习形式。

一、稳态下的徒手练习

稳态下的徒手练习是核心力量训练最初级阶段的训练，是指运动员在稳定的支撑平面上进行的徒手的核心力量训练。

（一）静力性练习

不借助任何器械的单人静力性练习，此类练习主要以采用闭锁式动力链的训练为主，即肢体远端固定的训练方式。这种练习形式目的在于使运动员深刻体会核心肌群的用力程度和有效地控制身体的方式。目前该类型的练习已经得到大多数专家的认可和肯定，普遍认为静力性练习应归属为核心力量练习的初始阶段。在此训练过程中，也可根据训练的进程不断地通过减少支点来增加训练难度。由此通过同类级别的渐进式阶梯来不断提高运动员的核心局部稳定性肌群的力量水平。例如，现在世界上最为流行的核心稳定性的七级测试就是一个具体实例，运动员在能力许可的情况下不断升级难度，最终得出准确的评价。从这个角度上讲，稳态下的静力性练习只是相对的。练习举例：

练习：直臂双腿支撑俯桥

练习作用：锻炼腹肌力量、肩关节稳定性及躯干控制能力。

锻炼肌群：腹部肌群。

练习规格：俯卧于垫子上，以两手肘和前臂于胸部正下方支撑，两腿分开与肩同宽，两脚尖着地，整个身体成一条直线，保持稳定状态至规定时间。对于初学者也可以采用双膝为支点的练习方式(图 5 - 16)

图 5 - 16　直臂双腿支撑俯桥

练习要求：

（1）身体保持一条直线，不要向一侧倾斜；

（2）腰背挺直，髋部不下沉。

增加难度：

（1）采用单腿与双肘支撑，另一条腿抬高与躯干成一条直线，记为练习难度 1(图 5 - 17)；

图 5 - 17　双肘单腿支撑俯桥

（2）采用单手双腿支撑，另一只臂抬高与躯干成一条直线，记为练习难度 2(图 5 - 18)；

（3）采用异侧单手单腿支撑，游离的腿臂伸直，整个身体成一条直线，记为练习难度 3(图 5 - 19)。

图 5－18　双腿单臂支撑俯桥

图 5－19　异侧腿臂支撑俯桥

（二）动力性练习

稳态下的动力性练习与稳态下的静力性练习的区别，在于练习的用力多是采用开放式动力链的训练方式，即远端的肢体不固定，肢体的运动是在近端固定的条件下进行的。由双脚或双臂支撑改为由躯干支撑，将肢体解放出来做一些屈伸、内收外展或旋内旋外的运动。这种练习形式主要涉及核心整体运动肌的主动肌和协同肌的同步兴奋收缩，而拮抗肌处在抑制放松状态。对核心局部稳定肌的刺激低于稳态下的静力性练习。

练习(1)：仰卧屈腿上抬

练习作用：锻炼腹肌和屈髋肌群收缩力量。

锻炼肌群：腹部和屈髋肌群。

练习规格：仰卧于垫子上，双腿屈曲以髋关节为轴，两腿上抬下放，连续低速进行(图 5－20)。

图 5－20　仰卧屈腿上抬

练习要求：

（1）躯干始终保持地面接触；

（2）颈部放松，不要抬起。

增加难度：

（1）双腿屈曲上抬与地面呈 90°，双手抱头收腹抬上体，然后回位，连续进行；记为练习难度 1(图 5－21)；

（2）练习预备姿势同练习 1，收腹屈髋，胸部向大腿靠拢，连续进行，记为练习难度 2(图 5－22)；

图 5－21　仰卧屈腿收腹

图 5－22　仰卧屈腿收腹转体

（3）练习预备姿势同练习 1，双手抱头上体收腹上抬并转体，然后回位，连续进行，记为练习难度3(图5－23)。

练习(2)：俯卧两头起

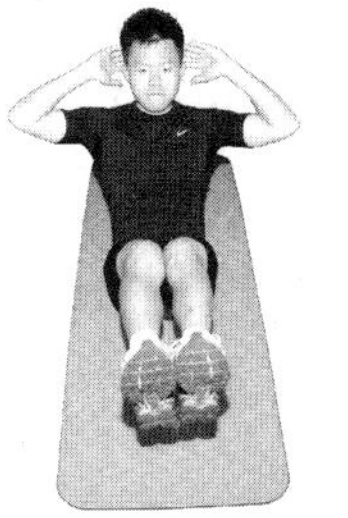

图5－23 仰卧屈腿收腹折体

练习作用：锻炼腰髋肌群收缩力量和躯干控制能力。

锻炼肌群：腰髋部肌群。

练习规格：俯卧于垫子上，腹部触地，上体与腿部两头抬起，以腹部为支撑点，两腿并拢，两手平放于身体两侧，保持稳定状态至规定时间，也可以低速做两头起(图5－24)。

练习要求：

(1) 腿与上体尽力上抬；

(2) 整个身体不要松弛。

增加难度：

(1) 将两臂伸直前举，以低速做两头起，记为练习1(图5－25)；

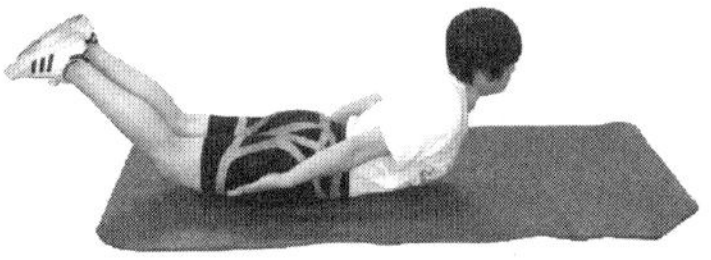

图5－24 俯卧两头起

图5－25 俯卧臂前举两头起

(2) 将两臂伸直前举，异侧腿臂上下运动，速度不宜太快，记为练习2(图5－26)；

(3) 将两臂伸直侧平举，双腿与上体和双臂上下运动，速度不宜太快，记为练习3(图5－27)。

图5－26 俯卧异侧腿臂两头起

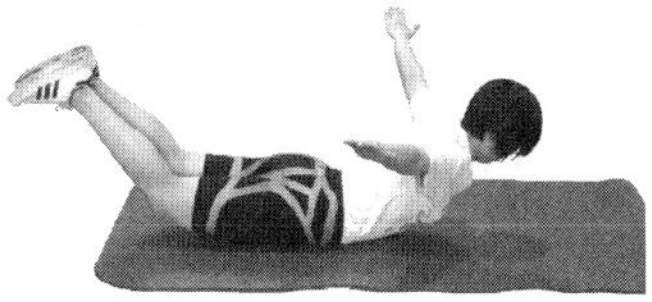

图5－27 俯卧臂侧举两头起

二、非稳态下的徒手练习

非稳态下的徒手练习是在非定界面上进行的徒手力量练习，是稳态下徒手练习的升级阶段的练习，有静力性练习和动力性练习两类练习形式。

使用健身器械练习可以获得环节运动感觉和表层肌肉酸痛的效果，但不能有效地活化深层的肌肉稳定器，因此对神经系统调节功能和核心局部稳定肌的刺激不深，训练效果不佳。在非稳态下的力量训练，如平衡盘、平衡板、小蹦床、瑞士球、振动训练器、悬吊绳索等训练方式，不仅可以提高肌肉的活化水平，募集更多的运动单元参与工作，提升肌肉力量，同时也增加了对运动本体感受功能的刺激，提高了核心区的稳定性，使所获得的力量能够有效地转换到动作中。从原理上讲，这种核心区稳定性本体感受功能的训练不仅解决了主动子系统的功能问题，更重要的是发展了控制子系统的功能。

（一）静力性练习

运用单一器械，如瑞士球、平衡球、平衡板、弹力绳、特殊力量练习器等创造不稳定的状态而进行的核心稳定性力量练习。在这种练习方式中，运用最多的是平衡盘、瑞士球和悬吊绳等这类不固定的器械。使用这一类型的器械进行力量练习，可以有效地动员躯干部深层肌肉参与运动，并在动作过程中控制躯体始终保持正确的运动姿态，从而摒弃了传统腰腹力量练习中借助外力支撑躯体的弊端。

练习(1)：直臂双腿撑球俯桥。

练习作用：锻炼腰腹肌力量、躯干控制能力及肩关节稳定性。

锻炼肌群：核心肌群。

练习规格：两肘伸直支撑于地面，双腿伸直俯卧于瑞士球上，两腿并拢，整个身体成一条直线，保持稳定状态至规定时间(图5－28)。

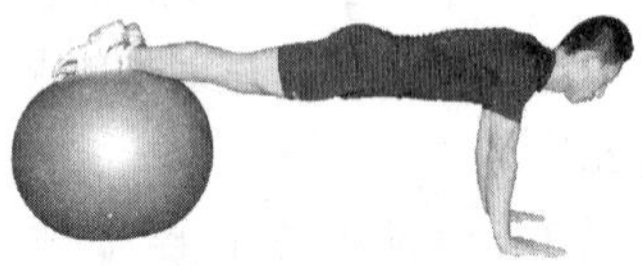

图5－28　直臂双腿撑球俯桥

练习要求：

（1）身体保持一条直线，不要向一侧倾斜；

（2）腰背挺直，髋部既不要下沉也不要上翘。

增加难度：

（1）采用单腿与双手支撑，另一条腿抬高与躯干成一条直线，记为练习难度1(图5－29)；

（2）采用单手双腿支撑，另一只臂抬高与躯干成一条直线，记为练习难度2(图5－30)；

（3）采用双手单腿支撑，游离的腿臂伸直并上下摆动，记为练习难度3(图5－31)。

图 5－29　双手单腿
撑球俯桥

图 5－30　单手双腿
撑球抬臂

练习(2)：肩脚撑球背桥。

练习作用：锻炼核心肌群稳定性和控制能力。

锻炼肌群：核心肌群。

练习规格：以肩部和两脚为支撑点，仰卧于瑞士球上，两腿并拢，髋部上顶，两手自然垂放于身体两侧(图 5－32)。

图 5－31　直臂腿
撑球抬腿

图 5－32　肩脚撑球背桥

练习要求：

(1) 髋部尽力向上顶；

(2) 身体不要向一侧倾斜。

增加难度：

(1) 采用单腿支撑，另一条腿抬高与躯干成一条直线，记为练习难度 1(图 5－33)；

(2) 髋关节上下摆动，动作速度一定要慢，记为练习难度 2(图 5－34)；

图 5－33　双肩单脚
撑球背桥

图 5－34　肩脚撑球
仰卧挺髋

(3) 采用单腿支撑，另一条腿抬高与躯干成一条直线，髋关节上下摆动，记为练习难度3(图5－35)。

练习(3)：悬吊训练。

悬吊训练适合中级阶段的核心力量训练。另外，系统地进行悬吊训练还可以预防脊柱及腰背肌群的损伤。如肩脚支撑侧桥(图5－36)、肘脚支撑侧桥(图5－37)、脚肘支撑俯桥(图5－38)、跪姿双手斜俯撑(图5－39)和站立腿外展(图5－40)。

图5－35 单脚撑球仰卧挺髋

图5－36 肩脚支撑侧桥

图5－37 肘脚支撑侧桥

图5－38 脚肘支撑俯桥

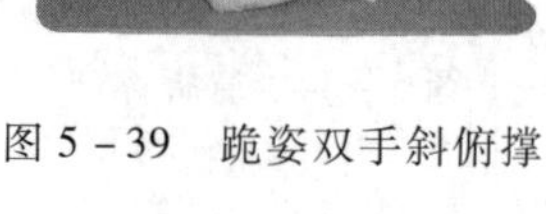

图5－39 跪姿双手斜俯撑

图5－40 站立腿外展

（二）动力性练习

运动员在非稳定的状态下克服自身阻力而进行的核心力量练习。虽然只是克服自身的阻力，如肢体或躯干，但由于支撑条件的不稳定，运动员必须首先稳定身体重心为肢体或躯干的运动创造支点，然后才能控制游离的肢体或躯干进行运动。此类练习的主要目的并不仅仅在于发展肢体或躯干的运动能力，而是通过肢体环节的位置变换来改变身体重心，加大核心肌群对身体稳定性的控制难度，由此使核心局部稳定肌和核心整体运动肌均得到发展。

练习(1)：仰卧球体屈体。

练习作用：锻炼腹肌收缩力量和核心稳定性。

锻炼肌群：腹部肌群。

练习规格：双腿支撑于地面，以腰髋骶髂处仰卧于瑞士球上，两腿自然分开与肩同宽，双手抱头，上体上抬(图5－41)，保持稳定状态至规定时间。

图5－41　仰卧球体屈体

练习要求：

（1）与球体接触部位始终保持在腰髋骶髂处；

（2）上体尽力保持稳定姿势。

增加难度：

（1）练习预备姿势同仰卧球体屈体练习，收腹抬上体，然后回位，慢速进行，记为练习难度1(图5－42)；

（2）单腿支撑，收腹与游离的腿形成两头起，速度不要太快，记为练习难度2(图5－43)；

图5－42　仰卧球体收腹

图5－43　仰卧球体收腹抬腿

（3）采用单腿支撑，收腹与游离的腿形成两头起并转体，记为练习难度3(图5－44)。

当前国际上推崇的滚轮和滑板练习均为非稳态下的徒手动力性练习的有效训练方法。该方法不仅可以激活核心局部稳定肌，还可以强烈地刺激核心整体运动肌。

练习(2)：跪撑推拉滑板。

练习作用：锻炼核心稳定性和腹肌收缩力量。

锻炼肌群：腹部肌群。

练习规格：运动员手撑滑板成跪姿，身体前倾，伸髋，双手前推滑板直至身体与地面基本平行，悬于空中，然后收腹、屈髋、屈膝，双手将滑板拉至准备姿势(图5－45)。

图5－44　仰卧球体收腹转体抬腿

图5－45　跪撑推拉滑板

练习要求：

（1）前倾推滑板时，尽量使身体保持与地面平行；

（2）回拉时，肩臂不要太早用力。

增加难度：

（1）采用双手支撑地面，双脚支撑于滑板，伸髋、伸膝将滑板推向身后，然后屈髋、屈膝，向前拉回滑板，记为练习难度1(图5－46)；

（2）双手撑于滑板成单腿跪姿，身体前倾，伸髋双手前推滑板直至身体与地面基本平行，然后收腹、屈髋、屈膝，双手将滑板拉至准备姿势，记为练习难度2(图5－47)；

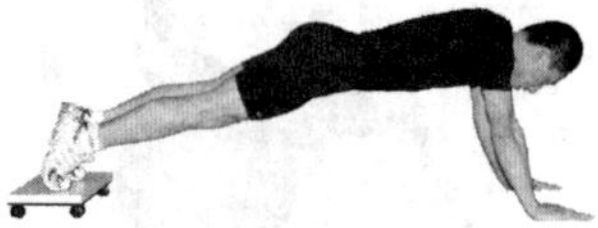

图5－46　双脚推拉滑板

图5－47　单腿跪撑推拉滑板

（3）双手撑于滑板，身体前倾，单腿屈膝撑地，伸髋双手前推滑板直至身体完全伸展与地面基本平行，然后收腹、屈髋、屈膝，双手将滑板拉至准备姿势，记为练习难度3(图5－48)。

图5－48　单腿支撑推拉滑板

练习(3)：悬吊训练。

悬吊训练通过设计一些动态动作或进一步增

加不稳定的因素，非常适合运动员的核心力量训练，该训练重点就是进一步加大对核心区肌群的刺激深度，改善神经系统对人体的控制力。例如，采用屈肘俯卧姿势时，固定身体一侧的下肢，另一侧的大腿伸直成游离状进行外展内收，这一动作对运动员核心区髋部肌群的训练效果很好，还可以让运动员做各种不同方向的抬腿或摆腿练习(图5-49)；分腿站立成马步，髋关节围绕身体垂直轴旋转由此带动左右腿的交替外旋和内旋，以提高骨盆的稳定性和发展髋关节肌群的旋转力量(图5-50)；跪姿体前屈俯撑双肘内收外展，既发展了核心力量也提高了肩关节的稳定性和胸背力量(图5-51)；一条腿站立，另一条腿悬挂，站立腿蹲起，在非稳态下发展核心力量和膝关节稳定性(图5-52)；单腿俯卧撑在提高运动员身体稳定性的同时，着重发展上肢和肩带力量(图5-53)；双腿跪撑和双腿站立的双手悬吊练习，通过身体重心的变换发展核心稳定性(图5-54、图5-55)。

图5-49　双肘单脚俯撑腿外展

图5-50　分腿站立转髋

图 5－51　跪撑双肘内收外展

图 5－52　单腿站立蹲起

图 5－53　单腿俯卧撑

图 5－54　跪撑体前屈

图 5－55　站立体前屈

三、稳态下的自由力量练习

稳态下的自由力量练习通常结合无固定轨迹的运动器械，如杠铃、弹力带、哑铃、壶铃、沙护腿等训练器材，在支点相对稳定的状态下进行的近端固定的核心力量训练。这类练习也是目前我国体育界在体能训练中使用最多的核心力量练习方式，如负重仰卧起坐、负重俯卧背起、半仰卧屈髋抬腿拉弹力带等。以至于当首次接触核心力量练习方法时，难免产生这样的认为，核心力量训练无外乎就是传统的腰腹肌力量练习，不过换个名词而已。传统的腰腹肌力量练习仅为核心力量训练的方法之一，核心力量训练为腰椎－骨盆－髋关节的整体，腰腹肌力量练习仅为核心力量训练中的局部。

（一）闭锁式动力链练习

稳态下闭锁式动力链练习是指在稳定支撑界面上进行的肢体远端固定的自由力量练习。

练习(1)：站立负重体侧屈。

练习作用：锻炼腰方肌和竖棘肌收缩力量及躯干控制能力。

锻炼肌群：腰方肌和竖棘肌。

练习规格：双腿自然分开与肩同宽站立，双手持杠铃杠或重物于肩上，躯干直立，围绕髋关节的矢状轴左右侧弯屈体摆动(图 5－56)，直至最大幅度，动作速度不宜过快，完成规定次数。

练习要求：

(1) 围绕髋关节的矢状轴左右屈体，进行至最大幅度；

(2) 上体尽力保持直立的稳定姿势。

增加难度：

(1) 练习预备姿势同站立负重侧屈练习，将杠铃杠向右或左位移，使两

图 5 - 56　站立负重体侧屈

头重量不对等，加大向体侧屈的难度，然后回位，慢速进行，记为练习难度 1（图 5 - 57）；

（2）弓箭步站立，双手持杠铃杠或重物于肩上，躯干直立，围绕垂直轴转体，至最大幅度，然后回位，速度不宜过快，记为练习难度 2(图 5 - 58)；

图 5 - 57　站立负重体侧屈

图 5 - 58　弓步负重转体

（3）双脚自然并立与肩同宽，双手持杠铃于肩上，躯干直立。向前跨步成弓箭步，围绕垂直轴转体，至最大幅度，然后回位，速度不宜过快，记为练习难度 3(图 5 - 59)。

练习(2)：弹力带和无轨迹滑轮训练。

弹力带和无轨迹滑轮训练方式在国内外的应用也较为普遍。由于器材在使用过程中的灵活性和自由度大，除具有与专项技术动作紧密结合的特点外，在快速练习中弹力带或无轨迹滑轮的颤动和抖动，使得在发展核心区稳定性的同时，还可以发展核心专门性的快速力量，如站立屈髋抬腿用于发展运动员髂腰肌的收缩力量和躯干与骨盆的稳定性(图 5－60)；单腿屈膝站立腿内收，训练运动员的大收肌、长收肌和短收肌的收缩力量和支撑腿一侧的身体稳定性(图 5－61)；跪姿俯撑伸髋对提高臀大肌、股二头肌、半腱肌和半膜肌的收缩力量与收缩速度均有帮助(图 5－62)。

图 5－59　站立负重前弓步转体

图 5－60　站立抬腿

图 5－61　站姿腿内收

图 5－62　跪姿伸髋

(二) 开放式动力链练习

稳态下开放式动力链练习即开锁式动力链练习是在稳定界面上进行的近端固定的自由力量练习。

练习(1)：持铃仰卧收腹。

练习作用：锻炼腹肌收缩力量。

锻炼肌群：腹部肌群。

练习规格：屈腿仰卧于垫上，双臂伸直双手持哑铃，收腹屈体上抬，然后慢速回位，完成规定次数(图 5－63)。

练习要求：

(1) 双臂伸直持铃，双脚踏实地面；

(2) 上肢基本保持与地面垂直，主要在上腹部处屈体。

增加难度：

图 5-63 持铃仰卧收腹

(1) 仰卧垫上，屈腿呈 90°，双脚置于练习凳上，双手持哑铃于胸前，收腹抬上体，然后回位，慢速进行，记为练习难度 1(图 5-64)；

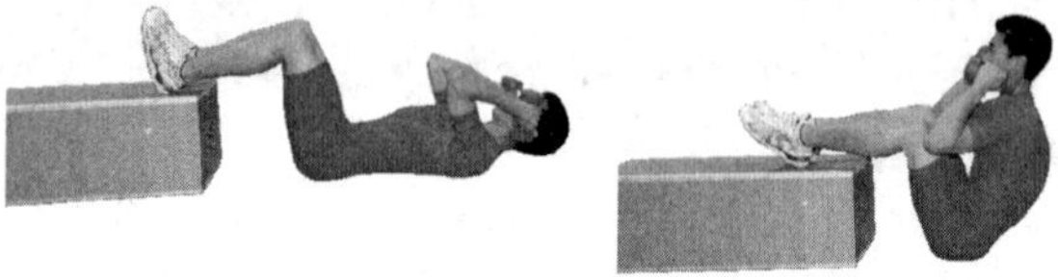

图 5-64 持铃收腹仰卧起坐

(2) 双腿屈曲仰卧垫上，单手持哑铃于头上，收腹转体与异侧腿的摆动形成两头起，速度可快可慢(根据需要)，记为练习难度 2(图 5-65)；

(3) 单腿屈，仰卧垫上，另一腿伸直并垂直于地面，单手持哑铃于头上方，另一手屈肘抱头，收腹屈体挥臂与垂直的腿形成两头起并转体，速度可快可慢(根据需要)，记为练习难度 3(图 5-66)。

图 5-65 仰卧持铃转体摆腿

练习(2)：俯卧抬体臂屈伸。

练习作用：锻炼腰背等长收缩力量和后背力量。

锻炼肌群：腰背肌群。

图 5-66 仰卧持铃举腿收腹转体

练习规格：两腿自然分开，与肩同宽，固定于练习架上，以髋关节髂骨上沿处俯卧于练习架上，两手持哑铃，前后屈伸似钟摆(图 5-67)，完成规定时间或次数。

练习要求：

（1）与练习架接触部位始终保持在髋髂上沿处；

（2）躯干保持稳定姿势并与地面平行；

（3）双臂伸直前后摆动。

图 5-67　俯卧背起臂伸屈

增加难度：

（1）预备姿势同练习(2)，躯干平直，双手持哑铃直臂前举至与地面平行，然后回位，慢速进行，记为练习难度 1(图 5-68)；

图 5-68　俯卧持铃臂前举

（2）两腿自然分开与肩同宽，固定于练习架上，以髋关节髂骨上沿处俯卧于练习架上，躯干自然下垂，两手持哑铃于胸前，伸腰抬体直至与地面平行，然后回位，速度不要太快，记为练习难度 2(图 5-69)；

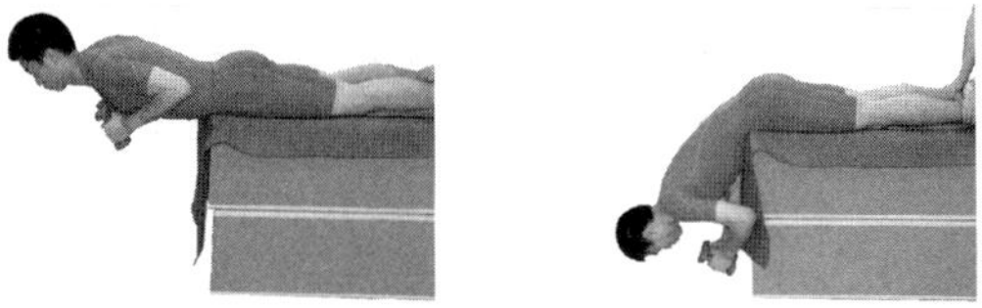

图 5-69　俯卧持铃挺身

（3）两腿自然分开与肩同宽，固定于练习架上，以髋关节髂骨上沿处俯卧于练习架上，躯干自然下垂，两手持哑铃，伸腰躯干上抬并转体直至与地面平行，然后回位，记为练习难度 3(图 5-70)。

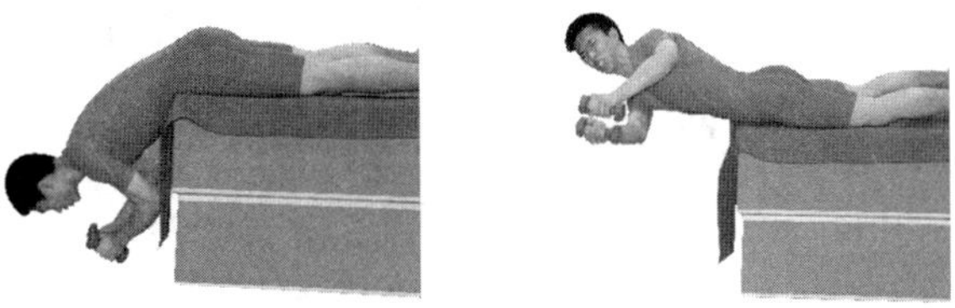

图 5-70　俯卧持铃挺身转体

四、非稳态下的自由力量练习

在不稳定的条件下使用无固定轨迹的运动器械进行的练习，诸如让运动员单、双足站立于平衡球上做各种上肢持轻器械举、推、拉、下蹲、躯干旋转等多种形式的练习；仰俯卧或坐于瑞士球上做各种形式的练习等。这类练习增加了练习的难度，一般适用于核心肌群稳定和运动能力在中级以上水平的运动员，他们都经过了初期的稳态或非稳态下的核心力量训练，并在稳态下能够持单一运动器械完成正确的技术动作，在动作过程中能较好地控制身体，保持躯干处于正确的姿势。该类练习也是向核心功能性力量练习过渡与转换的关键阶段，在不稳定情况下进行多关节的整体力量练习，要求运动员的核心力量极高。

（一）闭锁式动力链

非稳态下的闭锁式动力链练习是在不稳定的界面上进行的肢体远端固定自由力量练习。

练习(1)：仰卧负重挺髋。

练习作用：锻炼腰髋肌群力量。

锻炼肌群：伸髋肌群。

练习规格：两腿弯曲与肩同宽仰卧于垫上，双手持重物放置于下腹部，快速伸髋上挺，屈腿呈90°与肩同宽，支撑于地面呈背桥状(图5－71)，然后缓慢回位，完成规定次数。

图5－71　仰卧负重挺髋

练习要求：

(1) 练习中臀部始终保持不触地；

(2) 髋部尽力快速上挺。

增加难度：

(1) 两腿弯曲与肩同宽半仰卧于瑞士球上，双手持重物放置于腹部，快速伸髋上挺呈背桥状，然后缓慢回位，记为练习难度1(图5－72)；

图5－72　仰卧球体挺髋

(2) 一腿伸直，另一腿弯曲与肩同宽半仰卧于瑞士球上，双手持重物放置于腹部，快速伸髋上挺呈背桥，然后缓慢回位，记为练习难度2(图5－73)；

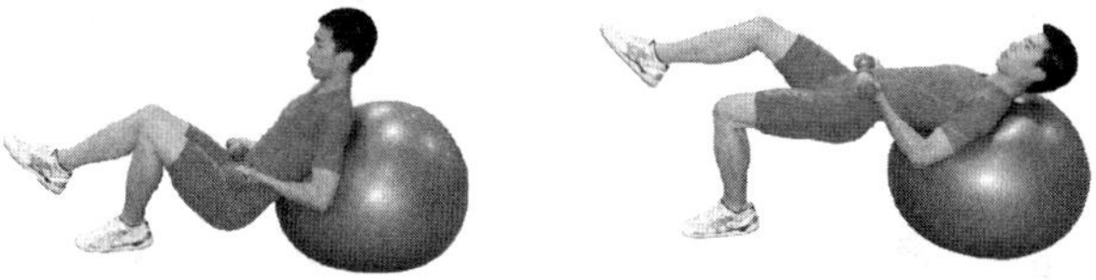

图 5－73　仰卧球体单腿挺髋

（3）一腿弯曲与肩同宽半仰卧于瑞士球上，另一只腿弯曲悬于空中，双手持重物放置于腹部，支撑腿快速伸髋上挺，游离腿随之上摆呈背桥，然后缓慢回位；记为练习难度 3(图 5－74)。

练习(2)：单腿跪撑单手撑球侧举。

练习作用：锻炼腰背部肌群收缩力量和躯干控制能力。

锻炼肌群：腰背肌群。

练习规格：屈单腿呈 90°跪撑于地面，异侧手臂伸直撑球，另一只手持哑铃，躯干前倾，支撑手臂前推球的同时，持哑铃手直臂侧展与地面平行，然后缓慢回位(图 5－75)，完成规定次数。

图 5－74　仰卧球体挺髋摆腿

图 5－75　单腿跪撑单手撑球侧举

练习要求：

（1）直臂侧展与地面平行；

（2）头、肩、髋保持一条直线。

增加难度：

（1）单腿站立地面，同侧手臂伸直撑球，另一只手持哑铃与体前，躯干与地面平行，持铃手屈臂拉铃后伸至体侧，然后缓慢回位，记为练习难度 1(图 5－76)；

图 5－76　单腿站立单手撑球拉铃

（2）单腿站立地面，同侧手臂伸直撑球，另一只手持哑铃与体前，躯干与地面平行，持铃手屈臂拉铃后伸至体侧，摆动腿伸髋后摆至与地面平行，然后缓慢回位，记为练习难度 2(图 5－77)；

（3）单腿站立地面，同侧手臂伸直撑球，另一只手持哑铃与体前，躯干与地面平行，持铃手直臂侧展，摆动腿伸髋后摆至与地面平行，然后缓慢回位，记为练习难度3(图5－78)。

图5－77　单腿站立单手撑球拉铃腿后摆

图5－78　单腿站立单手撑球臂侧举腿后摆

练习(3)：背靠滑板持铃蹲起。

练习作用：锻炼髋膝肌群收缩力量和躯干控制能力。

锻炼肌群：髋膝肌群。

练习规格：双腿分开与肩同宽站立于地面，背靠滑板半蹲，双手持哑铃，伸髋伸膝站立(图5－79)，然后慢速回位，完成规定次数。

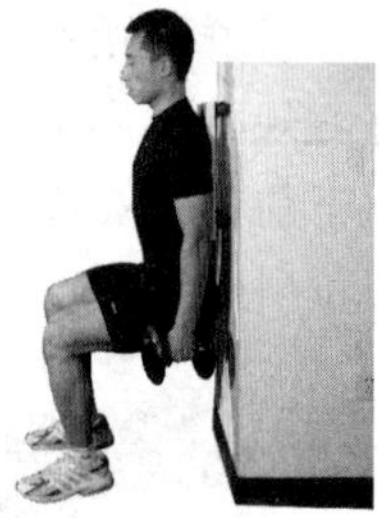

图5－79　背靠滑板持铃蹲起

练习要求：

(1) 下蹲时膝关节不得超过脚尖；

(2) 躯干保持正直。

增加难度：

(1) 单腿支撑蹲起，然后回位，慢速进行，记为练习难度1(图5－80)；

(2) 双手持哑铃，一条腿站立于稳定的高台，另一条腿站立于可滚动的滑板，并向前成弓箭步，速度不要过快，然后回位，记为练习难度2(图5－81)；

(3) 双手持哑铃，一条腿站立于稳定的高台，另一条腿站立于可滚动的滑板，并向侧成弓步，然后回位，记为练习难度3(图5－82)。

图5－80　背靠滑板单腿蹲起

图5－81　单腿站立滑板前弓步

图5－82　单腿站立滑板侧弓步

练习(4)：传统杠铃训练。

图 5-83 负重弓箭步前蹲

传统杠铃训练是进行力量训练的主要方式。通过增加不稳定的平衡装置对核心力量的训练也有很好的作用。例如，站在平衡盘上负杠铃弓箭步蹲起(图 5-83)，站立球体负重后蹲(图 5-84)和站立球体负重前蹲(图 5-85)。在核心力量训练中传统的力量训练方式仍然不可抛弃，可以在传统训练的基础上根据运动员的需求在训练手段上予以创新。

图 5-84 站立球体负重后蹲

图 5-85 站立球体负重前蹲

(二) 开放式动力链

非稳态下的开放式动力链练习是在不稳定界面上进行的近端固定的自由力量练习。

练习(1)：坐立球体持球臂上举。

练习作用：锻炼核心稳定性和肩背肌群收缩力量。

锻炼肌群：核心肌群。

练习规格：双腿分开与肩同宽支撑于地面，以腰髋骶髂处仰卧于瑞士球上，两手持实心球直臂上举直至头上方，完成既定的次数(图 5-86)。

图 5-86 坐立球体持球臂上举

练习要求：

(1) 与球体接触部位始终保持在腰髋骶髂处；

(2) 上体尽力保持稳定姿势。

增加难度：

(1) 双腿支撑仰卧球体，躯干与地面平行，双手持球上举侧转，然后回位，慢速进行，记为练习难度1(图5-87)；

图5-87　仰卧球体举球转体

(2) 双腿支撑斜卧球体，双手持球上举侧摆，然后回位，速度不要太快，记为练习难度2(图5-88)；

图5-88　半卧球体举球侧摆

(3) 双腿支撑斜卧球体，双手持球上举转体，然后回位，记为练习难度3(图5-89)。

练习(2)：仰卧持铃左右转体。

练习作用：锻炼核心稳定性和旋转力量。

锻炼肌群：核心肌群。

练习规格：屈腿呈90°置于瑞士球上成仰卧姿势，双臂伸直双手持哑铃上举于胸前，上体收腹抬起左右转体，完成规定次数(图5-90)。

练习要求：

(1) 双脚控稳球体，双臂伸直转体；

(2) 躯干尽力保持一条直线。

增加难度：

图 5－89　半卧球体持球转体

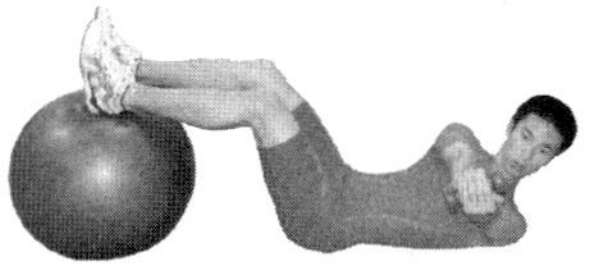

图 5－90　仰卧持铃左右转体

（1）屈腿与肩同宽，半仰卧于瑞士球上，单手直臂持哑铃上举于头上方，向下侧摆的同时躯干随之侧转体，然后缓慢回位，记为练习难度 1（图 5－91）；

（2）屈腿与肩同宽，半仰卧于瑞士球上，双手直臂持哑铃上举于头上方，向下侧摆的同时躯干随之侧转体，然后缓慢回位，再向另一侧转体，记为练习难度 2（图 5－92）；

图 5－91　仰卧球体上举哑铃转体

图 5－92　半卧球体单臂举哑铃侧摆

（3）一腿支撑于地，另一腿弯曲悬空，上体半仰卧于瑞士球上，支撑腿的同侧手臂弯曲持哑铃于头上方，向下摆动的同时躯干随之侧转体，异侧腿屈膝上抬，然后缓慢回位，记为练习难度 3（图 5－93）。

图 5－93　半卧球体仰卧起坐转体

练习（3）：坐立球体前屈直臂上抬。

练习作用：锻炼肩背肌群和核心稳定性。

锻炼肌群：肩背肌群和核心肌群。

练习规格：两腿自然分开坐立于球，上体前倾双手攥握弹力带，稳定躯干直臂上抬（图 5－94），然后回位，连续进行，完成既定的次数。

练习要求：

（1）躯干前倾，双臂伸直，以肩为轴上抬；

（2）腰髋部尽力保持稳定姿势。

增加难度：

（1）坐姿体前屈，膝关节弯曲，双手持实心球，向后伸腰，双臂上举，然后回位，慢速进行，记为练习难度1(图5－95)；

图5－94　坐立球体前屈直臂上抬

图5－95　屈体坐立持球伸腰上举

（2）坐立球体前屈，膝关节弯曲，肩负杠铃，以髋为轴伸髋伸腰至上体直立，然后回位成准备姿势，连续练习，记为练习难度2(图5－96)。

（3）俯卧球体前屈，双腿伸直，自然放开与肩同宽，双臂弯曲于胸前手握杠铃杠，以髋为轴伸髋伸腰至上体立起，使耳、肩、髋、膝、踝成一条直线，然后回位，速度不要过快，记为练习难度3(图5－97)。

图5－96　坐立球体负杠铃弓身

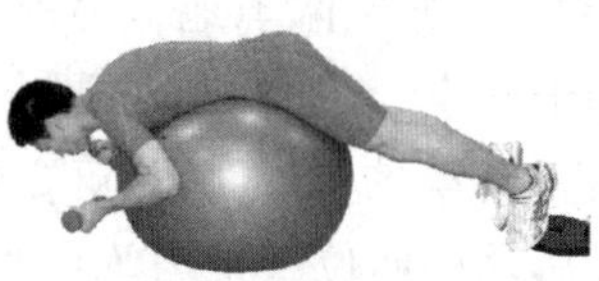

图5－97　俯卧球体持铃背起

五、专门性力量练习

专门性力量是根据专项运动的技术特征和运动员的体能特点进行的力量训练，其特点是在神经系统控制下克服自身体重或额外负荷(主要是自由重量)，在激活核心肌群参与工作的同时，还能提高运动员所训练的重点肌群力量和本体感受能力，使运动员所具备的环节力量得到有效的整合，从而为专项技术动作水平的提高和改进在神经肌肉系统的功能上提供最大化的支持。

核心专门性力量训练的一个重要的原则就是在运动中突出核心肌群的主要作用，结合肢体的重点肌群协调用力，整合相关的肌肉群协同做功，而不是在完成像健身器械上举动作时将某个关节孤立起来做功。该练习与非稳态下的自由力量练习的最大区别在于：运动器械在整个用力过程中加速度（包括负加速）或负荷阻力在肢体末端的突然释放，使得器械或肢体有一个非常明显的加速度。练习所用的器材一般有杠铃、壶铃、哑铃、弹力带、实心球，专门练习器等，使所练的力量能够为专项技术或专项力量提供专门性的服务和支持。

练习（1）：站立体前屈伸腰臂上举。

练习作用：锻炼核心专门性力量。

锻炼肌群：腰髋部伸肌群。

练习规格：两腿自然分开略宽与肩站立，双腿屈膝上体前倾双手攥握练习器手把，以髋为轴伸髋伸腰双臂上举至头上（图 5－98），然后回位，连续进行，练习动作速度根据项目特点和训练需要而定，完成既定的次数。

图 5－98　站立体前屈伸腰臂上举

练习要求：

（1）双臂伸直，以髋为轴躯干后伸；

（2）双膝弯曲尽力保持稳定姿势。

增加难度：

（1）双腿分开与肩同宽站立，膝关节弯曲呈 20°，手抓杠铃，向后伸腰拉铃，然后回位，练习动作速度根据项目特点或训练需要而定，记为练习难度 1（图 5－99）；

（2）双腿前后分开呈弓步，上体前倾，肩负杠铃，以髋为轴伸髋伸腰至上体直立，然后回位，速度不要太快，记为练习难度 2（图 5－100）。

（3）双腿分开自然站立，肩负杠铃，上体前倾前跨步，以髋为轴伸髋伸腰至上体直立的同时，向前跨步呈弓箭步，然后蹬地站立呈准备姿势，记为练习难度 3（图 5－101）。

图 5－99　站立体前屈拉铃

图 5－100　弓步屈体上抬

图 5－101　体前屈弓步伸腰站立

练习(2)：拓展部分。

在发展核心区自身肌群力量的同时，根据项目的技术特点和个体特征设计出能够为专项技术或专项力量提供功能性支撑的训练手段也是该类练习的主要目的。例如，跪姿收腹前抛实心球有益于排球、网球和羽毛球运动员的扣发球、手球运动员的远射以及标枪运动员的最后挥臂出枪等(图 5－102)。持哑铃转体侧上举，对铅球运动员的转体推球(图 5－103)。站立转体挥臂(图 5－104)和半蹲跳起侧抛实心球(图 5－105)，对网球、高尔夫、曲棍球等项目的挥拍或挥杆击球均有帮助。站立持哑铃伸臂对拳击、散打和跆拳道运动员的出手击打对手可提供专项力量上的支持(图 5－106)。持哑铃侧步上跳举铃对篮球运动员的跳投和排球运动员的拦网以及手球运动员的防守进攻队员的射门均有裨益(图 5－107)。抗阻弓步走或跑(图 5－108)和负杠铃单腿下蹲(图 5－109)，对运动员急起、急停、启动跑和保持身体低重心可提供力量支持。负杠铃侧弓步对滑冰运动员的蹬冰、球类运动员的侧移动（滑步）以及格斗类项目运动员的左右步法均有特殊意义（图5－110）。

图5－102 跪姿收腹前抛实心球

图5－103 持哑铃转体上举

图5－104 持重杆站立转体挥臂

图5－105 半蹲跳侧抛实心球

图5－106 站立持铃伸臂

图5－107 持铃侧步上跳臂上举

图 5－108　抗阻弓步走或跑

图 5－109　负杠铃单腿下蹲

图 5－110　负杠铃侧弓步

第三节　核心力量的测评与负荷安排

核心力量测评是对运动员核心力量水平及其阶段训练效果的检查和评定。核心力量训练负荷的大小、负荷的节奏控制与负荷形式等对核心力量训练效果起着决定性的作用。检查运动员核心力量训练效果和核心力量水平的方法主要有，徒手测试和负重测试两种。

一、核心力量的测试与评价

通过核心力量测试可以帮助教练员和运动员发现弱链环节、评价核心稳定性、诊断专门性力量，同时结合测试的分析结果，明确运动员的实际状态，设定未来训练的阶段任务和总体目标。任务和目标的设定一定要根据运动员的具体情况而定，只有切实可行的目标与方案方可为运动员的训练明确目的、任务、方向，激发动机、自信和责任。并通过定期的测试和评价来不断修正和调整目标，以提高训练工作的针对性和实效性。

在此介绍几种简单易行的测试方法。

（一）核心力量的徒手测试

1. 分级俯桥

分级俯桥练习是一组动作多、难度大的测试动作，目前在一些体育发达的国家十分流行，没有经过系统训练的运动员是很难完成成套测试动作的，一般的选手可完成至三级，稍高水平到五级，真正完成成套测试动作的运动员往往是那些对该能力要求很高，同时又是需要一定耐力的周期性项目运动员，如划船、游泳、自行车等。该测试的主要目的是评价出核心稳定性(保持身体姿势的稳定性)的能力和闭锁式动力链的链接(身体上下和身体对侧)。同时该测试也可作为发展核心局部稳定肌和核心整体运动肌力量的有效的训练手段之一。

测试动作标准与动作顺序：仰卧于垫子上，以两手肘和前臂于胸部正下方支撑，两腿分开与肩同宽，两脚脚尖为另一支撑点，将整个身体撑起并成与地面平行的一直线，动作依次为：保持稳定持续至规定时间 30 秒(图 5－111)；抬起右臂，保持 15 秒(图 5－112)；收回右臂，抬起左臂，保持 15 秒(图 5－113)；收回左臂，抬起右腿，保持 15 秒(图 5－114)；收回右腿，抬起左腿，保持 15 秒(图 5－115)；抬起左腿和右臂，保持 15 秒(图 5－116)；收回左腿和右臂，抬起右腿和左臂，保持 15 秒(图 5－117)；回到初始姿势，保持 30 秒(图 5－118)。

图 5－111　一级 30 秒

图 5－112　二级 15 秒

图 5－113　三级 15 秒

图 5－114　四级 15 秒

图 5－115　五级 15 秒

图 5－116　六级 15 秒

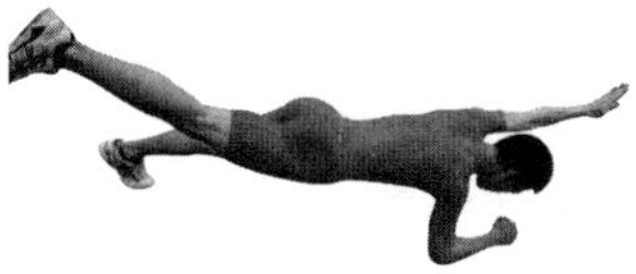

图 5－117　七级 15 秒

图 5－118　八级 30 秒

升级标准：

(1) 侧视：耳、肩、髋、膝、踝始终保持一条直线；

(2) 俯视：身体两侧对称，不要向一侧倾斜或弯曲(髋关节处)；

(3) 腰背平直，臀部微微凸起，髋部不要下沉。

如在测试过程中技术动作不能达到上述标准，则评定该运动员为上一级别的水平。如在第四级的测试中不能达到升级标准的动作要求，并经测试者的一次提示仍无法达到要求，最终评定该运动员的成绩为三级水平。

2. 分级背桥

分级背桥练习是一组较为简单的测试动作，经过一段系统训练的运动员完成起来难度不是很大。主要目的是评价出腰背和伸髋肌群的稳定性力量，尤其对提高腰椎的稳定性和腰髋肌群的基础力量有着特殊意义。

测试动作标准及动作顺序：仰卧于体操垫上，两手自然垂放于身体两侧，以肩部和两脚为支撑点，臀部收紧，髋部上顶，大腿屈曲 90°，将整个身体撑起并与地面成一直斜线，保持稳定持续至规定时间 30 秒(图 5－119)；双臂抱于胸前，保持 15 秒(图 5－120)；抬起右腿，保持 15 秒(图 5－121)；抬起左腿，保持 15 秒(图 5－122)；抬起右腿，外展，保持 15 秒(图 5－123)；抬起左腿，外展，保持 15 秒(图 5－124)；回到姿势 2，保持 30 秒(图 5－125)。

图 5－119　一级 30 秒

图 5－120　二级 15 秒

图 5－121　三级 15 秒

图 5－122　四级 15 秒

图 5－123　五级 15 秒

图 5－124　六级 15 秒

升级标准：

(1) 侧视：肩、髋、膝三关节始终保持一条直线；

(2) 俯视：身体两侧对称，不要向一侧倾斜；

(3) 收臀顶髋，保持髋部和支撑腿的稳定。

图 5－125　七级 30 秒

如在测试过程中技术动作不能达到上述标准，则评定该运动员为上一级别的水平。如在第四级的测试中不能达到升级标准的动作要求，并经测试者的一次提示仍无法达到要求，最终评定该运动员的成绩为三级水平。

3. 仰卧两头起

仰卧两头起由于动作简单、操作方便，目前在运动训练领域无论是训练还是测试均得到了广泛应用。主要测试核心区肌群的快速力量或耐力水平。

测试标准动作：仰侧卧于垫上，双臂伸直上举于头上方，双脚双手触地，收腹举腿折体，双手触及脚尖，然后快速回位(图 5－126)，连续进行，记录单位时间内完成的次数。

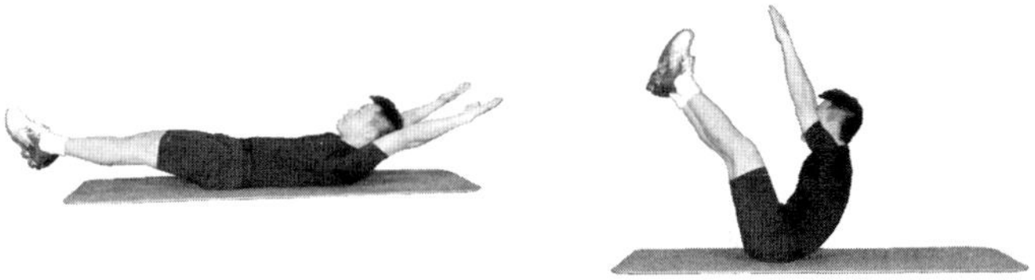

图 5－126　仰卧两头起

易犯错误：

(1) 收腹时腿臂弯曲，双手没有触及脚尖；

(2) 身体下落时没有回到准备姿势，手脚没有触地。

4. 侧卧两头起

侧卧两头起主要针对的是核心局部稳定肌和腹部肌群及腰方肌的收缩力量。

测试标准动作：侧卧于垫上，双腿伸直与躯干呈 90°，一支臂伸直置于体侧，另一支手弯曲置于腹上，收腹举腿折体，摆动臂的手触及脚尖，然后快速回位(图 5－127)。连续进行，记录单位时间内完成的次数。

易犯错误：

(1) 躯干与大腿的夹角太大，收腹时同侧手没有触到脚；

(2) 身体下落时没有回到准备姿势，手脚未触地。

5. 跪姿俯卧挺身

跪姿俯卧挺身是一种非常简便易行的发展伸髋肌群的离心－向心收缩力量

图 5－127　侧卧两头起

的训练或测试方法。测试标准动作是上体直立屈膝成跪姿，双手自然下垂置于体后，以膝关节为轴身体前倾直至腹部接触于地面，然后屈膝屈髋将身体拉起直至与地面垂直(图 5－128)。反复进行，记录完成的次数或在单位时间内完成的次数。

图 5－128　跪姿俯卧挺身

易犯错误：

(1) 身体下落时，不能保持耳、肩、髋、膝、踝在一条直线上，屈髋翘臀；

(2) 屈膝直立身体时，两侧用力不均，不能同时拉起身体。

6. 站姿推拉滚轮

站姿推拉滚轮主要测试核心肌群的控制力量和腹部肌群的收缩力量，适用于具有较高水平以上的运动员。

测试标准动作：运动员向前屈体，手持滚轮触地直膝站立，身体前倾双手前推滚轮直至身体与地面平行并悬于空中，然后收腹屈髋双手将滚轮拉至准备姿势(图 5－129)。反复进行，记录完成次数或在单位时间内完成的次数。

图 5－129　站姿推拉滚轮

易犯错误：

（1）体前屈站立时，双腿易弯曲；

（2）身体前倾推滚轮下落时，不能使身体保持在一条与地面平行的水平线上；

（3）回拉时，肩臂用力过早。

7. 悬吊俯卧撑

悬吊俯卧撑主要测试核心稳定性及胸部和伸肘肌群的收缩力量，同时也是发展肩带稳定肌群和胸大肌及肱三头肌收缩力量的有效训练手段。

测试标准动作：双臂伸直双手撑悬吊绳成俯卧姿势，屈肘使身体下落至与地面平行，然后伸肘上推，将身体重新回位到准备姿势（图 5－130）。记录完成的次数或在单位时间内完成的次数。

图 5－130　悬吊俯卧撑

易犯错误：

（1）身体下落时不能保持耳、肩、髋、膝、踝在一条直线上，塌腰翘臀；

（2）屈肘下落时，胸部没有落到与手平行的位置；

（3）伸肘推起时，身体没有保持在一直线上，往往只抬上体，而髋关节以下不动。

8. 站立支撑高抬腿

站立支撑高抬腿主要测试躯干的稳定性和伸屈髋肌群的收缩力量或耐力，同时也是发展核心局部稳定肌力量和半腱肌、半膜肌、股二头肌及髂腰肌快速收缩力量的有效的训练手段之一。

测试标准动作：身体前倾，双手撑于支撑物站立，脚跟提起，双腿快速交替高抬腿，大腿抬至与地面平行（图 5－131）。记录单位时间内完成的次数。

易犯错误：

（1）身体不能保持耳、肩、髋、膝、踝在一条直线上，髋部后坐；

（2）大腿没有抬至与地面平行的高度；

（3）只注意抬腿，忽视了积极伸髋下压。

图 5－131　站立支撑高抬腿

（二）核心力量的负重测试

1. 单腿支撑持球转体侧摆

单腿支撑持球转体侧摆主要测试核心稳定性和协调控制力。

测试标准动作：单腿屈膝站立，身体微前倾转向一侧，双臂伸直，双手持重物于体侧，转体带动双臂向另一侧的前上方摆动，然后回位。反复进行，记录完成的次数或在单位时间内完成的次数(图 5－132)。

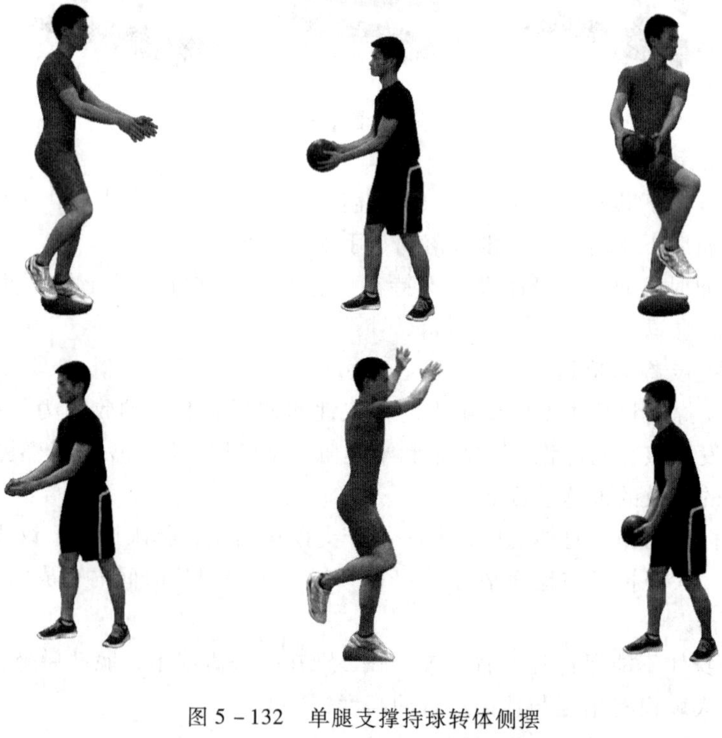

图 5－132　单腿支撑持球转体侧摆

易犯错误：

(1) 转体时，含胸弓背，不能围绕垂直轴旋转；

(2) 旋转时，持球手臂弯曲，并且没有达到与额状轴平行的位置；

(3) 支撑腿不能保持弯曲。

2. 站立持球下蹲(或抓举杠铃)

站立持球下蹲主要测试核心控制能力和髋膝肌群的收缩力量。

测试标准动作：双腿分开与肩同宽，站立于平衡盘上，双臂伸直双手持重物于头上方，屈膝下蹲至大腿与地面平行，然后伸膝站立回位，反复进行，记录完成的次数或在单位时间内完成的次数(图 5－133)。

图 5－133 站立持球下蹲

易犯错误：

(1) 下蹲时，含胸弓背，上体前倾；

(2) 持球手臂弯曲，不能始终保持在头上方，与头、肩、髋成一垂直线；

(3) 下蹲时，大腿没有蹲至与地面平行的位置。

3. 负重下蹲

负重下蹲主要测试核心区的稳定能力和髋膝肌群的收缩力量。

测试标准动作：双腿分开与肩同宽，站立于平衡盘上，双手持杠铃于肩上，屈膝下蹲至大腿与地面平行，然后伸膝站立回位(图 5－134)。反复进行，

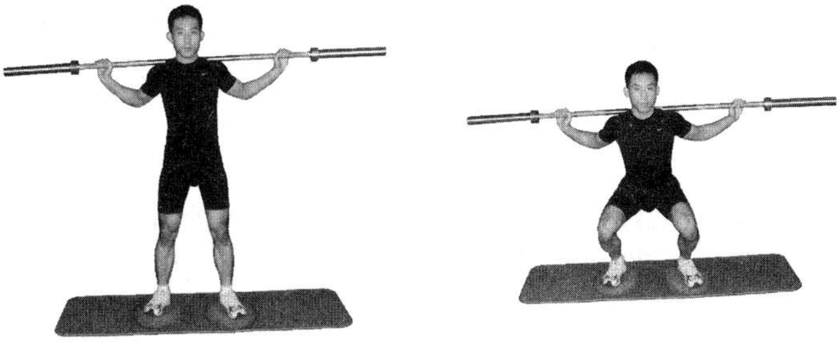

图 5－134 负重下蹲

记录完成的次数或在单位时间内完成的次数。

易犯错误：

（1）下蹲时，含胸弓背，上体前倾；

（2）双脚不能始终保存站立在平衡盘上，尤其是连续蹲起时；

（3）下蹲时，大腿没有蹲至与地面平行的位置。

4. 后抛实心球

后抛实心球主要测试核心肌群爆发力和整体发力的协调性。

测试标准动作：两腿自然分开略宽与肩站立，双腿屈膝上体前倾双手持实心球于双膝间，以髋为轴伸髋伸腰双臂快速上举将实心球从头上抛出，记录抛球后的落地远度(图 5－135)。

图 5－135　后抛实心球

易犯错误：

（1）预备动作时，含胸弓背，上体过于前倾；

（2）发力前双臂预摆，并过早用力上摆，没有按照伸膝、伸髋、伸腰、伸背、上摆鞭打抛球的用力顺序；

（3）发力动作不协调，伸膝蹬地和伸髋后抛动作不充分。

5. 侧抛实心球

侧抛实心球主要测试核心肌群爆发力和整体发力的协调性。

测试标准动作：两腿自然分开略宽与肩屈膝站立，身体微前倾转向一侧，双臂伸直双手持实心球于体侧，快速蹬地伸髋转体带动双臂向另一侧的前上方摆动，并将实心球抛出，记录抛球后的落地远度(图 5－136)。

易犯错误：

（1）预备动作时，含胸弓背，身体不能围绕垂直轴扭紧；

（2）双臂过早用力上摆，没有按照伸膝、转髋、转腰、侧上摆抛球的用力顺序；

（3）发力动作不协调，伸膝蹬地和转体侧抛动作不充分。

图 5－136　侧抛实心球

二、核心力量训练的负荷安排及注意要点

核心力量的负荷安排对核心力量训练效果起着十分重要的作用。不同训练阶段核心力量训练方式的选择及负荷的组合安排不同，在训练中难度的变换、训练的要求也各有差异。

（一）核心力量训练时难度递增的方式

根据核心力量训练的概念，在同一类的训练中应遵循一个渐进式的阶梯系统。等级和水平层次是按运动员核心肌群的运动能力来衡定的。渐进式阶梯系统的最高水平通常是在高难度的闭链运动中实施。无论高水平运动员还是低水平的运动员，在同类练习中都要按照难度等级逐渐递增，如核心局部稳定肌力量的训练应该是从稳态下的核心稳定训练开始，并逐渐在支点上增加难度并最终落实在非稳态下的核心局部稳定肌群力量训练上。继而在应用非平衡装置进行训练时，运动员可在辅助条件的帮助下，适当降低平衡的难度等级，保证练习动作的质量。因此，对于不同类别的核心力量训练可以根据运动项目、运动员个性以及阶段的训练任务和需要，按轻重缓急在难度和负荷比例上有所不同。现介绍几种递增难度的主要方式：

（1）减少支撑点，改变身体重心位置。例如，在闭链的俯桥练习中，将手脚的四点支撑改为三点支撑，继而再减至两点支撑；

（2）使用平衡垫、瑞士球等不稳定器材来增加不稳定性；

（3）通过加长支撑点距身体重心的距离或提高身体重心的高度；

（4）左右肢体不对称的交替用力，如坐立瑞士球持哑铃同侧手脚的上抬练习等；

（5）通过练习速度和动作节奏的变换，增加对动作控制的难度。

（二）核心稳定性练习的负荷安排

核心力量训练的前期是侧重于神经系统对肌肉控制的训练，所以其难度必须等到神经肌肉系统对负荷适应以后才可以提高。核心力量训练初期的关键是要让运动员处于一个适当的不稳定或不平衡的状态，使核心区的肌群能够得到最大化的激活并参与。在进行静力性练习时，无论是稳态下的徒手练习还是非稳态下的徒手练习，练习动作一般可从20秒后开始，但随着练习课次的累积和保持练习动作的静力时间延长，当具备持续50秒左右的能力时，练习动作随之升级。由于该类练习的强度不高，肌肉没有大幅度的收缩，建议把稳定性的核心力量训练放在准备活动、整理活动或者负重抗阻训练之前进行，这样不仅可以激活神经系统的兴奋性，也能增强核心区的稳定性和力量，起到事半功倍的效果。

例如，准备活动中的核心稳定性练习(安排在准备活动中的第一项内容)：

(1) 选择闭锁式运动链的练习动作4个，进行循环练习；

(2) 每个动作持续30秒(如有两侧的练习需分别交替进行)，共进行3组；

(3) 组间休息30～60秒(静力性练习间歇不宜过长)；

(4) 动作要求身体姿势保持在中立位置和自始至终的稳定支撑。

如果选择了动静结合的练习方式也不失为一种好的训练方法，动态练习衔接在静态练习之后，组合的方式有多种，如两组静态和一组动态，或一组静态和两组动态，其动态练习动作的难度等级和重复次数，可视项目和个人的能力以及阶段训练任务与目标而定。

(三) 核心专门性力量练习的负荷安排

对于一个较完整的训练周期而言，核心稳定性训练主要安排在一般准备期和专门准备期，结合传统的训练方法和手段，将基础力量和核心力量同步实施，共同提高。而在后续衔接的专门准备期和赛前训练中除保持已获得提高的核心力量水平外，主要突出核心专门性力量的训练，并以此为目标设计和筛选出对专项技术动作和专项力量起支持作用的核心专门性力量练习手段，如此才有助于基础力量和核心力量的训练效果向专项运动能力方面进行过渡与转换。例如，专门准备期的核心专门性力量训练计划：

(1) 每周2～3次，与其他力量或素质训练构成一个训练单元；

(2) 每次4～6个练习动作，采用重复训练法；

(3) 主要练习动作5组，重复3～5次，辅助练习动作3组，重复6～10次；

(4) 逐渐增加难度和强度。

(四) 核心力量训练时的心理定势

核心力量训练是偏重于神经肌肉系统整体参与工作的训练，因此运动员在核心稳定性训练时保持注意力的高度集中、明确的心理指向、不失时机地感知和调控正确的身体位置与姿势，逐渐改善和提高对肌肉运动的控制力和感知力。在发展核心专门性力量时，结合专项技术的用力特点，专注核心肌群的首先发力和向四肢进行放射性的力量传递，并能在神经系统的支配和控制下维持身体的动态平衡，从而为专项力量的提高和专项技术的改善提供专门性的力量储备和动作支持。

（五）核心力量训练必须与传统力量训练相结合

虽然核心力量训练的作用相当重要，并在近年来的运动实践中已得到了验证与认可，但由于核心力量训练介入竞技运动训练的时间相对较短，无论是其理论体系还是实践方法均还不够成熟和完善，尤其在与专项技术和专项力量结合方面更为欠缺和不足，因此传统的力量训练方式还应占据主流，特别是对于那些追求发挥人体极限能力的周期性运动项目而言，核心力量训练不能等同于专项力量和专项能力的训练，对于非周期运动项目来讲，核心力量训练也只能是整体力量训练中的一部分，但不能完全替代传统的基础力量和专项力量训练。在弥补当前运动员核心力量“短板”的同时，更应根据项目特征和个体特点制定具有针对性的围绕提高整体力量和专项水平的训练计划。

参考文献

[1] Ian Hasegawa. NSCA’S Performance Training Journal. 2004, 11.

[2] 王卫星，李海肖. 竞技运动员的核心力量训练研究. 北京：北京体育大学学报. 2007, 30(8): 1119 ~ 1121.

[3] 于红妍，王虎，冯春辉. 核心力量训练与传统力量训练之间关系的理论思考 – 核心稳定性训练. 天津：天津体育学院学报，2008, 23(6): 509 ~ 511.

[4] 谢菁珊. 普拉体塑身新风尚. 广东：广东经济出版社，2005, 5.

[5] 于频. 系统解剖学，2001, 372.

[6] 邝适存. 肌肉骨骼系统基础生物力学，2006.

[7] 王卫星，蔡有志. 体能 – 力量训练指南. 北京：北京体育大学出版社，2007.

[8] 周瑾. 核心稳定性在人体中的作用. 北京：北京体育大学学报. 2008, 31(12): 1710 ~ 1714.

[9] Helmut Huffmann Eden reha, Donaustauf, Core Strength & Stability-Theories-training-Injury Prevention. 北京：北京体育大学引进国外智力项目核心力量训练. 2008.

[10] Hodges, PW. Richardson CA, Cantraction of the abdominal muscles associated with movement of the lower limb. Phys, Ther. 1997(77): 132 ~ 144.

[11] Hodges PW. Richardson CA, Feed – forward cantraction of transversus

abdominis is not influensed by the direction of arm movement, Exp. Brain Res. 1997, 114: 362 ~ 370.

[12] Kurt Hurley , Core-Principles: The Function of Functional Training. http: //www. changingshape. com/resources/articles/core-strength-training.

第六章　拉伸训练的原理与训练方法

拉伸训练在当代体能训练中已经成为不可或缺的组成部分。根据拉伸基本原理和拉伸在训练准备与结束部分所起作用的不同，所选择和采用拉伸方法、手段不同，如在训练准备活动中的拉伸主要以神经和肌肉的激活为主，而在训练结束后的拉伸则主要以梳理和促进恢复为主。

第一节　拉伸的基本原理

拉伸的基本原理是训练前后进行拉伸练习或单独进行拉伸训练的理论基础和依据。只有真正懂得了拉伸的基本原理和正确认识了柔韧素质在体能训练中的重要作用，才能在训练设计和实施中做到有的放矢，才能真正提高训练质量和效果。

一、拉伸的相关概念

拉伸作为体能训练的一个重要部分，主要是通过合理的训练方法来改善和促进运动员的柔韧素质，从而使运动员的竞技潜力得到充分发挥。此外，训练前后的拉伸，还有助于神经－肌肉组织的快速动员和恢复。

（一）拉伸与柔韧性的关系和区别

拉伸练习是提高柔韧素质的重要手段，通过提高柔韧素质进而使其他运动能力得到更加充分地发挥。拉伸练习是通过对身体各部位施加拉力或者利用自身重力、身体姿势、主动性动作以及肌肉主动收缩等方式使肌肉得到伸展。通过拉伸练习，可以提高人体软组织，特别是肌肉和肌腱的长度，使整个躯干和四肢的柔韧性得到提高，同时对韧带、神经及皮肤也有良好的刺激作用。

柔韧性是最基本运动素质之一。有关柔韧素质的研究和讨论有很多，其中大多数观点对柔韧素质概念的界定是指关节活动幅度的大小以及跨过关节的韧带、肌腱、肌肉和皮肤及其他组织的弹性和伸展能力。这个界定有两层含义：①取决于关节本身结构的关节活动幅度的大小；②跨过关节的肌肉、肌腱、韧带等软组织的伸展性。田麦久认为，柔韧素质是指人体关节在不同方向上的运动能力以及肌肉、韧带等组织的伸展能力。国外部分学者认为，柔韧素质就是一个或一系列关节运动的可能活动范围。

柔韧素质不同于力量、速度和耐力等运动素质，其不同在于：柔韧素质不直接引起动作，却是完成动作必不可少的条件。研究认为人体的动作通过柔韧素质得以控制，柔韧性的优劣决定了运动员其他运动素质是否得以发挥的基础。在耐力和力量性运动项目中，柔韧素质是提高动作经济性（节省化）的根本，只有柔韧素质的提高才能进一步提升耐力和力量水平；柔韧性的好坏直接影响运动员的动作质量的优劣，柔韧性好的运动员在训练或比赛中做出的动作看起来更有力、更快速和更富有表现力。需要强调的是：目前许多运动训练专家认为，柔韧素质与协调、平衡等素质也应该同样处于身体素质的核心地位。

柔韧性有其特性，如果运动员的某一关节灵活、柔韧性好，就不能理所当然地推断其他关节一定也会很灵活。机体是由多个关节组合而成，这些关节中有些非常灵活，有些则不然。而且柔韧性好并不意味着其活动幅度越大越好，每个关节的柔韧性都有其适宜活动范围，大致可分为高度、中度和低度灵活性。也就是说柔韧性的好坏并不是以关节绝对活动幅度为依据，而是在正常生理活动范围内进行评定。

根据关节活动时肌肉的动作特征、有无外力的帮助或者是否维持拉伸姿势一定时间等因素，我们可以将柔韧性分为四种类型：

（1）动态主动柔韧性：该过程只动用了处于活动状态中的肌肉。

（2）动态被动柔韧性：动态被动柔韧性又可分为两种，一是依靠外在对抗力，在机体没有痛感的前提下使关节达到最大活动幅度；二是依靠外在对抗力，在机体产生疼痛但是又在机体可承受范围之内，使关节达到其活动最大幅度。

（3）静态主动柔韧性：仅仅动用参与活动的肌肉，并保持拉伸姿势。

（4）静态被动柔韧性：静态被动柔韧性也可被分为两种，一是依靠外在对抗力，在机体没有痛感的前提下使关节达到其最大活动幅度并且保持拉伸姿势在一定时间；二是依靠外在对抗力，在机体产生痛感但是又在机体可承受范围之内，使关节达到其最大活动幅度，并保持拉伸姿势在一定时间。

在运动训练中通常提到的是动态主动柔韧性、静态主动柔韧性和静态被动柔韧性三种柔韧性。通过专门的拉伸方法，在不引起机体疼痛的前提下进行训练，以获得此三种柔韧性能力的提高。

（二）功能性拉伸释义

在过去的20年中，人们逐渐认识到拉伸练习对提高柔韧素质和运动员竞技水平的作用，尽管拉伸练习被广泛应用，但其练习方法和手段仅是作为各种准备活动的一部分而存在，与力量、爆发力和速度等素质的练习相比，提高柔韧素质的拉伸练习，远远没有达到同等重要的地位。直到近几年，教练和运动员才意识到拉伸练习的特殊价值，并进行专门的柔韧性训练。1998年，《美国运动医学》[2]把柔韧素质训练作为一项重要内容推荐给运动员，因为拉伸练习可以加强肌肉的功能和神经控制肌肉的能力。柔韧素质是一项非常重要的基本功能运动素质，随着训练手段的丰富，在整个训练中柔韧素质的地位和比例将逐渐加强。

国外对柔韧素质训练的研究已持续多年，积累了较多的理论和实践研究成果，形成了较为完整的柔韧素质训练体系，教练员和运动员也非常重视拉伸的柔韧素质练习。诸如近年来较为流行的 PNF 拉伸法，受到广泛的关注和应用。在功能性动作训练中，作为激活神经和肌肉的拉伸练习得到广泛使用。

加拿大运动训练专家博巴博士把柔韧素质训练列为力量训练原则中的第一条。认为“在发展肌肉力量之前，应先发展柔韧性”。博巴博士[3]在《专业力量训练》一书写道，“在多数力量练习中，特别是自由重量力量练习，杠铃的重量把关节压到非常敏感的角度，若没有良好的柔韧性就极易引起扭伤和痛疼。训练后拉伸肌肉练习能加速肌肉疲劳的恢复。训练期间和训练后，肌肉比自然长度短，通过拉伸练习肌肉能更快地恢复到自然长度，这意味着再生和恢复过程能更快开始。”澳大利亚体育学院研究人员做过一项试验，让 9 个有训练经验的举重运动员每周增加两次拉伸练习(柔韧训练组)，而另 7 个运动员不做拉伸练习(对照组)，8 周后，拉伸练习组肩部柔韧性平均提高了 13.1%，卧推重量平均提高了 15 磅，而对照组没有明显提高。该实验表明：在力量训练期间，增加一定的拉伸练习，比仅进行力量训练效果好。

关于各种拉伸训练方法的效果，在训练理论和实践中存在很大的争议，例如普拉托诺芙等(1972)认为动态拉伸练习效果较好，并制定了不同练习次数和组数的量表。Grosser 和 Herbert(1982)认为采用静力性拉伸法效果最好，并且拉伸范围应从开始的 30 秒经过一段时间的训练后逐渐增加到 60 秒。

国内目前针对柔韧素质训练的状况并不乐观，通过一项关于体能训练的调研发现，我国大部分教练员和运动员都认为，体能主要是力量、速度，耐力训练。虽然也有人提到了柔韧素质，但是在训练实践中却没有人给予更多关注，并没有把柔韧素质训练看作体能训练的重要组成部分，也没有认识到体能训练的全面和谐发展。相反，越来越片面地追求力量、速度、耐力训练，从而使柔韧、灵活、协调、平衡、稳定等重要功能素质训练更加不足。

关于柔韧素质训练的理念、方法和手段，在我国刚刚起步，迫切需要教练、运动员和广大专家学者对柔韧性训练方法和体系全面深入地实践和系统地研究。

二、拉伸的目的

拉伸练习的预期效果远远超出人们的想象，良好的拉伸练习使身体在运动前能够做好充分准备，可以帮助运动员更好地完成动作。另外，拉伸练习能够帮助运动员发展柔韧素质，能够预防损伤，有助于机体从训练疼痛或损伤中恢复。

当前体育科学研究发现，拉伸练习在提高技能和增长爆发力方面颇有价值。我们必须把以提高柔韧素质为目的的拉伸练习视为正式的运动训练，而不是象征性地作为热身或者放松活动。为了获得最好的训练效果，在青少年时期就应该开始进行拉伸练习，并且将拉伸练习保持并贯穿其整个运动生涯。

另外，拉伸练习还有更深层的作用。无论是个人项目还是团体项目的运动员，如果他们拥有平衡、协调的骨骼肌系统，就不会产生代偿性动作和身体不平衡的现象，从而在运动中就会表现得更好，而且这种身体上的准备会逐渐转移到心理层面，运动员通过拉伸练习可以进一步了解自己的状态，更有利于集中精力和放松紧张情绪。同时，有效的拉伸练习还有可能帮助建立良好的团队精神。

（一）发展柔韧性

通过拉伸练习牵拉关节周围的软组织，可以有效地发展身体的柔韧性素质。拉伸练习可以使人体的肌肉、肌腱、韧带、神经，以及皮肤产生反应，能够拉长肌肉和肌腱，使得整个躯干和四肢的柔韧性得到提高。

在日常生活或竞技运动中，我们经常需要四肢和躯干进行弯曲、伸展、扭转、投掷和推拉等动作。这些动作能否完成取决于是否改变身体动作的幅度，即从较小的动作幅度范围过渡到处于“全身拉伸”的较大动作的幅度范围。如果不能加大动作幅度范围，就可能会出现两种情况：首先，不能按照自己的需要使身体充分伸展；其次，在试图伸展的过程中受伤。拉伸练习可以使四肢具备更好的杠杆作用，增加身体动作的幅度，从而顺利完成伸展、投掷等动作。

人体运动系统除了控制简单的肌肉收缩与放松之外，还要协调不同肌群以形成正确的动作。位于肌肉、肌腱和关节内的本体感受器能够感受肌肉的长度、压力以及关节角度的变化，这些本体感受器给人体运动系统提供重要信息。拉伸练习不仅能够促进肌群内部的协作进而改善运动技术，还能够改善本体感受器感知刺激的能力。

（二）提高运动水平

在竞技体育领域中，运动训练的目的是获得优异的成绩。长期以来，广大运动员和教练员不断探索着各种训练方法和手段，以挖掘运动员的竞技潜力。体育科学研究和运动实践证明，拉伸练习对提高运动成绩有特殊价值。如在冲击性运动项目中，拉伸练习可帮助运动员增加动作的幅度，使运动肌产生更大的力量和速度，进而增加挥动球拍、球杆或摆腿的速度，使得击球、投掷和踢球的动作更有力。研究发现优秀高尔夫球运动员的髋关节旋转幅度是低水平运动员髋关节旋转幅度的两倍。另外，增加身体各种动作的幅度能够使所有运动项目中运动员的动作更具有审美性。例如，在跨栏比赛中，参赛选手熟练的跑栏，而不是跳栏。在评分类运动项目中(如体操、跳水、滑冰)，为了得到较高的艺术评分，参赛选手需要做出特定的技术动作，如果运动员没有良好的柔韧性，在比赛中将没有任何竞争力。

研究表明一块伸展性好的肌肉比伸展性差的肌肉能产生更大的收缩力量。因为预先得到伸展的肌肉存储了弹性能量，当它收缩时便将能量释放出来。另外，拉伸练习能够大幅度地增加肌腱的弹性，进而充分利用弹性能量。这一结论对于爆发力概念产生很大影响，毋庸置疑，在爆发力主导运动项目中，进行拉伸练习的柔韧性训练，将使运动员受益匪浅。

(三) 加速机体恢复

肌肉酸痛通常发生在训练之后，会持续几个小时或更长时间，合理的拉伸练习可以减轻肌肉酸痛。大量研究结果表明有两种防止肌肉酸痛的静力伸展练习方式：第一，训练课之后进行静力拉伸练习(约 10 分钟)能够减少训练后即刻产生酸痛的可能性；第二，在肌肉组织的修复过程中，谨慎地进行拉伸练习能够促使肌肉改变伸展状态，使肌肉慢慢地恢复到原来的长度，并减少交叉粘连。与此同时，在这一过程中，肌肉张力和本体感受也将得到恢复。针对训练后 1 ~ 2 天内出现的局部肌肉酸痛，可以做缓慢的静力拉伸练习，每次 2 分钟，一天重复 2 ~ 3 次，直至肌肉酸痛消退。

拉伸练习还有助于防止出现“延迟性肌肉疼痛”(DOMS)。延迟性肌肉疼痛一般在力量训练或者其他比较剧烈肌肉运动后 24 ~ 48 小时之内出现。在赛季刚开始时因为运动员的身体并不完全适应大强度的训练或比赛，比较容易出现延迟性肌肉酸痛现象。例如，足球运动员在赛季刚开始时进行速度或力量训练后的一天内，通常会感觉到肌肉酸痛。拉伸可以减轻延迟性肌肉疼痛的严重程度以及减少疼痛持续时间。

要完全避免肌肉酸痛是不可能的。一些专项运动训练往往比其他运动项目更容易产生肌肉酸痛。如超等长跳跃练习和下坡跑中发生的离心收缩；肌肉在拉长——缩短的情况下，进行强有力的收缩；长时间重复同一种运动练习，或突然急速式拉伸运动中的肌肉收缩以及弹跳练习等等。训练结束后进行 10 分钟的静力拉伸练习，能极大程度地预防或减缓肌肉酸痛。延迟性肌肉疼痛是指机体没有适应训练的一种正常的生理反应，这会让运动员感觉到不太舒适，表现为肌肉僵硬，动作受限，进而影响到他们训练的动作质量。通常离心收缩更容易产生延迟性肌肉酸痛，特别是在做下蹲或下坡跑离心收缩练习后，影响更为明显。延迟性肌肉酸痛现象一般会持续 2 ~3 天，机体恢复之后肌肉会变得更加强壮，并且以后再做类似训练后肌肉的疼痛感会相应减轻。

在较小的强度下，静力性拉伸和微型拉伸（最大拉伸幅度的 30% ~40%）可以发展柔韧性“储备”，在肌肉力量增长阶段，这种柔韧性“储备”可以减少由于肌肉过度肥大或其他肌肉变化所带来的负面影响。而且静力性拉伸还可以减小肌肉的张力，进而提高肌肉的血液循环和神经传导能力，有助于肌肉内乳酸等产物的代谢。

拉伸练习也是运动损伤后恢复过程中采取的重要手段之一。受伤将会导致肌肉和肌腱逐渐绷紧，或变得僵硬，使动作范围受到限制。拉伸练习能够逐渐消除这种僵硬状态，进而加速损伤的肌肉恢复。合理的拉伸练习能保持关节链接处组织和肌肉的整体性，发展柔韧性素质的“储备”能力。这种“储备”能够使运动员在不必承受过多拉力的情况下进行运动，还可以降低已经拉长肌肉的抵抗力。

拉伸练习的好处还在于能促进肌肉放松。当部分肌肉长时间处于收缩状态时，这种综合征和慢性肌肉紧张会使肌肉缩短并且柔韧性降低。过度的肌肉紧张使肌肉过分绷紧，静力伸展练习有助于减轻这种紧张。拉伸练习有助于使肌肉从疲劳中恢复出来，并且可维持肌肉正常的生理过程。

（四）预防运动损伤

拉伸练习对于预防运动损伤有积极意义。运动员为了完成训练和比赛，必须承受达到身心极限的大运动量和高强度训练。持续的高负荷训练会给运动员带来巨大的体能损耗，从而导致疲劳，甚至是运动损伤发生。为了预防运动损伤，运动员必须保持骨骼肌系统结构和功能的完整性。良好的柔韧性素质能够打造一个平衡协调的骨骼肌系统，使不同肌群对骨骼施加的力是平衡对称的。要想在高强度、大运动量的要求下很好地完成动作，骨骼肌的完整性至关重要。因此，柔韧素质实质是创造一个平衡、协调和有序的骨骼肌系统。

绷紧的肌肉和肌腱之所以容易受伤，是因为运动负荷集中在肌肉很小的范围内，而不是作用在最适宜范围内。如果肌肉、肌腱和四肢具有良好的柔韧性，就可以降低在对抗过程中因超过承受极限而产生损伤的可能性。绷紧或缩短的肌肉不能很好地吸收冲撞力，当冲撞力传递到关节和骨骼时，可能造成关节损伤，甚至骨折。同时，良好的四肢柔韧性还可以减少对脊椎产生的张力。例如，绷紧的腘绳肌会对下背部的运动造成一定的影响，柔韧性好的腘绳肌可以减小对背部下侧的张力。

许多运动专家和运动医学医生都指出，提高柔韧性的伸展练习能降低运动损伤的概率，减少肌腱和关节损伤的严重程度。研究认为，拉伸练习是避免这些损伤的最好方法之一。有两种机制可以解释肌肉的柔韧性与损伤之间高度相关性；第一，以柔韧性对关节动作幅度的作用为依据，第二，以柔韧性与肌腱单元的弹性之间的关系为依据。

（五）检查纠正各关节功能位置

人体内共有 206 块骨骼，骨骼之间借结缔组织、软骨组织相连，称为关节。根据骨间连接的组织、方式及活动情况的不同，关节可以分为不动关节、半活动关节和动关节。所有的关节都由关节面、关节囊和关节腔组成。其中关节面覆盖着一层关节软骨，关节软骨可以避免各骨骼由于连续的运动和摩擦而造成损害，同时又允许彼此滑动；关节腔内贴有一层膜叫滑膜，它可分泌滑液体来润滑关节面。关节活动幅度的大小决定于关节本身的构造，以及关节周围骨的形态和关节周围各种组织的体积。

关节面的结构是决定柔韧素质优劣的重要因素之一。关节活动幅度的大小取决于关节本身的构造。构成关节的两个关节面弧度差即关节头与关节窝的弧度越大，柔韧性就越好，反之就越差。人体关节面的结构由先天遗传因素所决定，通常后天训练很难改变其结构，但通过训练可以使关节软骨增厚，使软骨的可变性发生改变。此外，关节头骨的形态对关节的活动范围也存在一定的影响，如果关节末端有大骨突出的个体，其关节的灵活性也将受到影响，并且无论关节周围的结缔组织怎样牵拉都不会改变。因此，拉伸练习只能在关节和骨的结构许可的幅度内增加活动范围。

关节周围组织的大小一方面受先天遗传的影响，另一方面也受后天训练的影响，主要对关节活动起限制作用。美国 K. 曼尼研究认为，一个脂肪含量高的人想快速、大幅度地提高柔韧性是很困难的，因为过量的脂肪会对关节的灵活性产生负面影响。并且，训练中某些组织的体积增大后，也会影响柔韧素质的发展；如经常从事大量力量训练而又不注意拉伸，其肌肉组织增大，但柔韧性、灵活性明显下降。因此，我们在训练中既要重视对关节周围肌肉群体进行拉伸练习，增强其弹性和伸展能力，又要控制脂肪的堆积，保持理想体重才是发展柔韧素质的关键。

虽然在日常生活中，关节运动没有必要达到最大幅度，但是在体育运动中，因技术发挥的需要，大部分动作都是要求尽可能的达到关节运动最大范围，这就要求运动员有针对性地进行关节柔韧训练，以适应运动项目的需要。

如上所述，关节活动幅度的大小，主要取决于关节本身的结构类型。关节屈、伸、旋内、旋外等运动的最大幅度是遵循生理解剖规律而固定。通常这种由于生理解剖结构所决定的关节活动最大幅度是很难通过拉伸练习得到改善。

但是，通过拉伸动作检查和纠正关节的功能和位置是必要的，尤其是在大量的力量训练后，由于肌肉的增加，肌肉弹性或柔韧性的下降从而导致了关节的活动范围和功能的下降。

三、拉伸的分类

柔韧性素质分为不同的类型，针对不同类型的柔韧素质采用不同的拉伸方法。拉伸练习方法有：静态主动拉伸，静态被动拉伸，动态拉伸以及弹振式拉伸，等长拉伸和神经肌肉本体感受性拉伸(PNF)。静态拉伸主要影响静态柔韧性，动态拉伸影响动态柔韧性。当然静态拉伸和动态拉伸会在一定程度上相互影响。在运动训练实践中，如下几种拉伸练习方法，可以单独使用，也可以综合在一起使用，练习者可根据需要灵活运用。

(一) 主动拉伸

主动拉伸又称静态主动拉伸，它是指以自身肌肉在没有外力协助的条件下完成的拉伸练习。主动拉伸练习动作特征为：依靠主动肌收缩，维持一定姿势至一段时间。在做主动拉伸练习时候练习者会感觉到主动肌收缩越强烈，被动肌就感觉越放松。

主动拉伸可分为自由主动拉伸和抗阻主动拉伸。自由主动拉伸练习是肌肉在没有外部阻力时进行，例如直立慢慢举起一条腿至 100°。抗阻主动拉伸练习中是主动肌的收缩以对抗外力而产生的对抗运动。

主动拉伸对于运动员来说显得尤为重要，因为通过主动拉伸练习可以增加主动柔韧性，而且主动柔韧性与被动柔韧性相比，主动柔韧性与运动成绩的相关性更大。主动拉伸练习同时也能够提高(静态)被动拉伸时候的动作幅度。与较短时间(5 秒)的拉伸相比，较长时间(15 秒)的主动拉伸练习更能提高动作幅度。而且无论是短时间(5 秒)还是长时间(15 秒)的主动拉伸都会对(静态)被动拉伸有良好促进作用。

(二) 被动拉伸

被动拉伸被认为是放松拉伸，也称为静态被动拉伸，它是指依靠自己的体重或外力使身体的某一部位得到拉伸并保持某一位置。例如，用你的手拉你的腿，使腿抬高，并维持该位置；纵劈叉也是利用你自身的体重所进行的典型的被动拉伸。

一般来说，为了最大程度的增加静态时关节活动幅度，被动拉伸的每个动作应持续 10 ~ 15 秒为宜，最理想的频率是每天一次。与主动拉伸相比，被动拉伸能更大程度地增加关节的静态被动活动幅度。而且与主动拉伸相比，被动拉伸过程中，被拉长的肌肉以较小的力就可以维持该拉伸姿势。

被动拉伸有以下优点：

(1) 当主动肌(产生运动的原动肌)不能主动有力收缩时，被动拉伸非常有效；

(2) 当肌肉痉挛时进行被动拉伸非常有效；

(3) 将被拉伸的肌肉(被动肌)的弹性限制了柔韧性时被动拉伸作用明显；

(4) 被动拉伸允许动作超出自身正常的运动幅度；

(5) 在康复医疗中，使用高级拉伸器械和方式时，被动拉伸过程中其拉伸强度、持续时间和方向可以得到有效控制；

(6) 同伴一起进行拉伸练习有助于提高创造团队和谐气氛；

(7) 运动后整理活动中运用被动拉伸效果也比较好，可以帮助运动员减轻延迟性肌肉酸痛和疲劳。

当然也要意识到被动拉伸的局限性：第一，如果外界用力不当，肌肉容易疼痛甚至损伤；第二，如果被动拉伸进行太快可能会激发牵张反射；第三，当被动拉伸与主动拉伸的幅度相差较大时，受伤的概率较大。

(三) 动态拉伸和弹振式拉伸

动态拉伸是通过活动身体某一部位或环节(如四肢或躯干)，逐渐增加伸展幅度或速度。动态拉伸不包括动作的定型以保持某一拉伸姿势，拉伸动作的保持或动作定型是(静态)主动拉伸的特征。例如，手臂绕环拉伸与摆腿(前、后、左、右持续摆动)都是典型的动态拉伸动作。一旦在动态拉伸练习过程中感觉到疲劳，就要立刻停止，不要继续进行动态拉伸练习，因为疲劳会引起动作幅度的下降。要在动作幅度下降前停止该拉伸动作练习，不然过多的重复次数将会使肌肉对较小的拉伸幅度形成记忆，进而导致柔韧性的下降。另外，一旦在某个关节的活动幅度达到最大，此时需要做的不是再来一次进行强化，而是停止该关节的继续练习。即使练习者能够重复多次最大幅度动作，实际中也不需要进行多次练习。因为对某一幅度的动作练习越多，练习者的身体对该程度的拉伸的记忆就会越深刻，这将不利于取得更进一步的拉伸效果。

适宜的动态拉伸能够发展最佳的动态柔韧性，这点对所有项目都很重要，因为多数项目都是动态进行的，采用动态拉伸更接近专项要求。

弹振式拉伸包括振动、弹回、反弹和节律性运动。研究认为，在有些项目当中，弹振式拉伸这种反射性的收缩可以帮助运动员在跳、投的过程中获得额外的力量。当然，有些时候会出现不正确的应用弹振式拉伸，或者在弹振式拉伸的时候出现失控现象。研究表明，在弹振式拉伸练习 10 分钟后进行力量测试，膝关节屈曲的最大力量平均下降 7.5%，膝关节伸展最大力量平均下降 5.6%，但如果合理运用弹振式拉伸练习，确实能够帮助高水平爆发力主导类项目(短跑、跨栏、投掷和跳跃等)的运动员达到较好的热身效果。然而，在正确地进行弹振式拉伸练习之前，一定要使身体做好充分的准备，开始的时候应该慢一些，体会整个拉伸练习动作过程，然后再逐渐加快节奏，并且注意用力方向不要偏离，最后再逐渐增加动作幅度。

弹振式拉伸练习已存在50多年，但现在有人对其提出质疑，原因是：当结缔组织被快速牵拉时，没有充分的时间调整，这样会导致肌肉酸痛或肌肉损伤；同缓慢拉伸练习相比，弹振式拉伸练习没有充足的时间发生神经性适应，这也限制了肌肉柔韧性的提高。

人们容易混淆了动态拉伸与弹振式拉伸，其实二者有很明显的区别：动态拉伸没有快速的来回震动或反弹式的动作，或者是突然性的动作。即使动态拉伸动作也很快，但是还在控制范围内的。而弹振式拉伸多是采用快速动作，突然增加活动幅度。

（四）等长拉伸

等长拉伸是动态拉伸练习方法的一种，它通过给被拉伸肌肉或肌群以一定的阻力使得该肌肉或肌群产生等长收缩。等长拉伸练习方法是发展被动柔韧性的最快方法之一，它比任何单独使用被动拉伸或者动态拉伸的其他方法的效果都要好。等长拉伸练习也可以帮助发展被拉紧肌肉的力量，也可以帮助发展动态柔韧性，并且可以减少我们平常由于拉伸练习所产生的疼痛。在等长拉伸练习中，最常用的阻力的方法是采用人工阻力，如同伴帮助提供阻力，或者用一些器械如墙、地面等。例如，可以让同伴帮你抬起腿，并保持在伸展的位置，然后用力向地面下压；另一个例子是著名的“推墙”练习，在这个练习中，小腿被拉伸的同时还要使劲推墙。

一般来说不建议儿童和青少年运动员进行等长拉伸练习，因为他们的骨骼正在生长，而且他们的柔韧性通常都比较好，等长收缩所产生的强烈的拉伸力会增大肌腱和软组织受伤的风险。一些专家强烈建议，在进行任何等长拉伸之前最好先进行动力性拉伸，让肌肉处于一种被拉长的状态。一般来说，每个肌群每天最多进行一次等长拉伸练习，每两次等长拉伸练习的间隔时间不低于36小时。

正确、合适的等长拉伸练习方法如下：

（1）估计目标肌肉的被动拉伸可到达的幅度范围；

（2）拉紧被拉伸的肌肉，保持7～15秒（建议保持等长拉伸状态超过15秒）；

（3）放松被拉伸的肌肉至少20秒。

（五）PNF拉伸

最近几年，一种经过调整的技术——主动—协助拉伸越来越受欢迎。在主动—协助拉伸中，当个人柔韧性达到极限时，运动幅度可以通过外界设备加大。这种经过调整的技术主要优点是它能够激活和加强虚弱的主动肌对抗紧张肌肉的能力，帮助做出协调的动作，并且允许超出自主拉伸的活动幅度。

神经肌肉本体感受性拉伸(PNF)是一种应用广泛的拉伸方法，它能有效提高运动幅度，PNF 结合了被动拉伸和等长拉伸两种方法，能够最大限度地达到预期拉伸效果。

PNF 这一方法首先应用在物理疗法中，然后逐步应用于运动领域。有人提出，通过积极刺激结缔组织和运用持续诱导自动抑制的原理，可以促进动作幅度的增加。该理论指出，肌肉有效收缩之后会更加放松，进而增加高尔基腱的活动，引起肌肉放电减少。

PNF 拉伸练习有许多种不同的组合方式，目前在运动训练中最常用的方法是“收缩——放松——收缩”。它要求肌肉在拉伸之前先进行收缩，以获得更大程度的放松。由于神经感受器的存在，肌肉在用力收缩后总是有立即放松的趋势。这种肌肉收缩或者保持的过程是一种对抗性的等长收缩。也就是说要对抗一个与自己收缩产生力呈方向相反、大小固定的外力。这个过程从没有被拉伸的状态开始，在保持的过程中，要保证施加持续的作用力；同时，还要保证让肌肉感觉尽量舒适。每个动作持续 5～10 秒钟，每次练习开始时，使肌肉处于被拉长的状态，然后，抵抗同伴阻力进行 6 秒的静力收缩练习，在极短的时间放松之后，运动员再以一种新的动作姿势，对适当的肌肉群进行收缩练习。这种运动是在同伴施加恰当外力之下完成的，外加阻力可以由同伴、理疗师或者教练来提供。为了使运动员在进行练习时不依赖同伴的辅助，已研发出一种特殊的带有控制装置的 PNF 柔韧练习辅助系统。

认同 PNF 的人们认为，与一些其他拉伸方法相比，PNF 拉伸练习能在更短的时间内增加动作的幅度。当然也有人对 PNF 练习提出批评。他们指出，如果同伴因技术不佳以至于外力太大，就会增发生肌肉损伤的概率。因此，在进行 PNF 拉伸练习是，要特别小心并对同伴做出清晰的提示。

与等长拉伸练习一样，同样不建议对青少年等骨骼生长发育不完善的人群采用 PNF 拉伸练习，PNF 拉伸能增加肌肉收缩力量，因此对增加身体的主动柔韧素质和被动柔韧素质有很大益处。但 PNF 拉伸练习对机体刺激较大，所以不能每天采用，两次 PNF 联系间隔时间至少要有 36 小时。

关于 PNF 拉伸的机制解释如下：

（1）PNF 拉伸能帮助训练肌梭感受器适应肌肉的长度变化，从而更增加肌肉的长度。

（2）肌肉的强烈收缩并且维持一定的时间，会导致收缩肌肉中快肌纤维的疲劳，这样在随后发生的拉伸过程中，疲劳的肌肉不容易产生收缩以对抗肌肉的被动拉长。

(3) 被拉长肌肉产生的等长收缩对肌腱产生张力刺激，肌腱感受器产生冲动强于肌梭感受器产生的冲动，使得肌肉收缩功能抑制，从而使随后的拉伸肌肉处于放松状态，容易被拉伸。

第二节　拉伸方案设计

拉伸方案的设计是进行拉伸活动或拉伸训练是对拉伸的动作顺序、负荷安排、节奏变化、持续时间等问题总体设计和规划。

一、拉伸练习负荷安排

拉伸练习与力量、速度和耐力等训练一样，在频率、次数，强度和持续时间等训练安排上也要遵循运动训练的一般原则。

（一）频率

一般在每次训练课之前的准备活动中，都会安排适当的动态拉伸，使关节达到运动所需的活动范围。在训练课后的整理活动中，也同样需要安排拉伸练习以促进机体恢复。此外，根据运动员个体需要和运动项目需要，可以专门安排以提高柔韧性为目的的拉伸练习课，专门的拉伸练习课一般每周至少要有一次，并且要保持拉伸练习的长期性和系统性。

（二）次数

在静态拉伸练习或 PNF 拉伸练习中，如果每块肌肉只拉伸一次，则可能不会达到预期拉伸效果。一般情况下，每块肌肉的拉伸应该重复 2 ~ 3 次。当某块肌肉或某肌群特别紧张时，则应该增加拉伸次数。在柔韧性有所提高的情况下，更应该立即重复练习以巩固效果。

在拉伸训练中，应该注意变换练习的部位，而不是三次重复练习都集中在一侧。当然，如果某一侧的肌群特别紧张，也可以针对此部位增加重复次数。在放松活动中，拉伸要至少重复 2 ~ 3 次，尤其针对训练较多的肌肉，应该多重复几次，以缓解肌肉紧张。

弹振拉伸和动态拉伸练习需要一定的重复次数，每个练习动作 10 ~ 20 次，甚至更多，这取决于拉伸的速度和幅度。需要强调的是，弹振拉伸练习要安排在静态或者 PNF 式拉伸之后进行。

（三）强度

拉伸练习通常是在较低强度下进行。在较低负荷下进行拉伸，可以提高肌肉和肌腱连接处的组织和肌肉的柔软度。低强度的拉伸叫做微型拉伸。微型拉伸同微型损伤的机理一样，都出现在细胞水平上。这种拉伸练习使肌肉和肌腱的特殊感受器(肌肉纺锤状纤维和肌腱高尔基体)产生极其微小的活动。肌肉纺锤状纤维能够感受肌肉长度，而肌腱高尔基体可以感受拉力。微型拉伸有助于受损组织的康复和再生，促进萎缩组织的消除。通过低强度的拉伸练习，运动员可以从损伤中恢复，减少由连接处组织(如肌鞘)所引发的痉挛现象，使连接处的组织(如肌腱、韧带和肌肉)再生，还可以重新塑造骨骼－肌肉系统。

无论是以预防肌肉损伤的拉伸练习，还是以提高柔韧性、放松肌肉紧张度为目的拉伸练习，都应该选择低强度进行(最大拉伸幅度的30%～40%)。在这一强度下，拉伸能够增加肌肉组织与结缔组织的柔软度。

在进行拉伸练习时，一般不要强度太大，以避免造成肌肉疼痛。如果强度过大则会激发并不断强化运动员自我保护性的肌肉连续反射反应。机体维持这种保护性的反射反应是为了防止运动损伤，进而降低关节的活动范围。所以，在进行拉伸练习时，应该考虑到关节的解剖学结构，在其允许的条件下使其活动达到最大幅度。大强度和过度拉伸练习会破坏连接处组织的弹性，给关节、韧带和肌腱造成不可逆转的扭曲，反而降低了肌肉的力量和关节周围韧带的稳固性，从而给运动能力提高带来不利影响。

(四) 持续时间

通常一次拉伸动作的持续时间为10～15秒。长时间拉伸动作还会对肌肉的血液循环造成阻碍，并有可能因过度拉伸而造成损伤。如果有疼痛、刺麻、麻木或者灼烧的感觉，就应该立刻停止这种持续时间过长的拉伸练习。

在静态拉伸练习中，要避免因拉伸时间过长(＞90秒)，使得拉伸的肌肉长时间超过安静状态下的长度，造成肌肉内张力的增加，从而对肌腱中高尔基体产生刺激，引起反射性肌肉收缩现象。研究表明，一般情况下，肌肉从肌腹到肌腱的拉伸需要大约10～15秒的时间。

弹振式拉伸的动作持续时间很短，肌肉组织的自身拉力和动作的速度控制着拉伸的幅度，整个拉伸动作仅需要很短的时间就能达到拉伸的最大限度，然后立即放松下来。大约为每1～2秒钟一次动作。PNF拉伸的持续时间要依据其选择的方式进行，每一种方法的具体持续时间参见后面介绍的拉伸练习。

在安排拉伸持续时间时，我们应该注意不同的时段、不同的运动员个体，即使同一运动员的不同的身体部位，所表现出的柔韧性素质是不同的。早晨是一天中人体最僵硬的时候，拉伸的时间应该适当放长。柔韧性较差的个体，拉伸的时间应该适当放长。柔韧性较差的部位，拉伸的时间应该适当放长。

一般来说，训练前后的拉伸练习要控制在10～15分钟。很显然，身体所有的肌肉不可能在15分钟内得到充分地拉伸。作为拉伸练习的最低限度要求，训练前至少要花费10分钟的时间来拉伸那些参与运动的主要肌肉或肌群。有些运动员希望用更多的时间进行拉伸，这取决于运动员的训练水平以及其是否有特殊损伤。

如果将拉伸练习作为训练计划的组成部分来发展柔韧性素质，或者作为恢复与再生的重要手段，应每周安排两次，每次至少要花45分钟甚至更多时间。有计划地进行拉伸练习，对提高柔韧素质，恢复和再生都是非常必要的。

二、拉伸练习的身体姿势

设计拉伸练习时，应该考虑动作的稳定、平衡和控制能力，使身体保持某一姿势，进而隔离某一肌群，使身体的其他部位得到放松。

在物理疗法中有一种被称作“欺骗性移动”，在拉伸用力之前，身体一定要处于固定的姿势，目的是隔离不需要拉伸的肌肉。例如，在拉伸股四头肌时，如果肌肉处于非常紧张的状态，骨盆就会发生前倾，形成“欺骗性移动”。我们可以通过趴在地面上先让骨盆位于中立、固定的位置来防止这种情况的出现。

三、拉伸的部位

拉伸练习部位应该具有针对性，其一般原则就是要针对运动中受到压力的身体部位需要拉伸(表6－1)。例如，游泳运动员比赛跑运动员更应该拉伸双肩和背部的肌肉，赛跑运动员则应该注意臀部、腘绳肌、小腿后群肌(如腓肠肌、阿吉利斯腱)的拉伸。因为，这些肌肉一般会在运动后变得僵硬和酸痛。在力量训练后，要针对所训练的不同肌群进行拉伸。此外，我们还应该考虑到个性化原则，认识到同样的运动对于不同的运动员会造成不同的影响。比如，有的赛跑运动员会觉得腘绳肌酸痛僵硬，而进行同样训练的队友则有可能会觉得小腿腓肠肌酸痛。

表6－1 一些运动项目在拉伸练习中应该重点注意的不同身体部位

运动项目	拉伸部位
赛艇	背部、前臂、双肩、臀部、大腿、脚踝
皮划艇	背部、双肩、臀部、颈部和腿
力量训练	背部、双肩、臀部、前臂、大腿
跑步	背部、臀部、腹股沟、大腿、腘绳肌、小腿
游泳	双肩、臂、背部、颈部和腿
篮、排球、隔网球类项目	双肩、臂、背部、臀部、大腿和小腿
网球、乒乓球、板球	双肩、臂、腕、背部、腘窝、大腿和小腿

续表

运动项目	拉伸部位
足球、橄榄球	背部、臀部、腹股沟、大腿、腘窝、小腿
自行车	背部、大腿、腘窝、小腿
体操	背部、腘窝、小腿

当然，我们也需要花一些时间来拉伸那些在运动中动用不多的肌肉，以维持身体的平衡发展。

四、拉伸练习动作的顺序

一种固定的拉伸练习模式对运动员或普通练习者非常有益，这种固定模式不仅包括在热身中何时开始进行拉伸，而且包括各部位肌肉拉伸的顺序。这样会避免遗忘任何一块重要的肌肉。由于脊柱是人体骨骼结构的中心，是传输到臂和腿的神经通道。如果在脊柱处于僵硬状态的情况下过度拉伸四肢肌肉，很容易给背部或颈部带来损伤。因此，一般情况下，脊柱的拉伸是放在第一位，接着是四肢的近端，最后才是四肢远端。例如，对于赛跑运动员或者腿部肌肉用得较多的项目，如足球，其正确的拉伸练习顺序是：背部→臀部和腹股沟→大腿和腘窝→小腿→踝关节，最后才是颈部、肩部和臂的拉伸练习；对于游泳运动员，在身体上部的力量训练后，建议按照下列顺序进行拉伸：背部和颈部→肩部→上臂→前臂→手腕、手指，最后以臀部、腹股沟和腿部结束；而对于那些需要全身参与的项目，如赛艇、皮划艇、橄榄球、篮球、网球等隔网球类以及其他球类运动，则建议首先进行脊柱拉伸练习，然后按照由近端到远端的顺序拉伸所有的肌肉，并且在拉伸过程中对上肢和下肢要给予同等的重视。此外，在拉伸的过程中，如果一块肌肉因过于僵硬或者紧绷而不能很舒适地进行拉伸时，我们可以先尝试拉伸它周围的肌肉，这是因为相邻的肌肉间是互相关联的，它们通常是由相同的神经来支配，当身体的某一部位出现紧绷或者痉挛，会对神经或者其他解剖结构产生一定的压力，从而导致相邻肌肉的产生连锁反应。这同样也是为什么按照脊柱—四肢近端—四肢远端的顺序进行拉伸的一个原因。

随着功能性训练的倡导，对拉伸顺序也有新的研究，西亚匹斯拉伸治疗诊所研究认为在进行拉伸练习时，应该根据专项动作顺序来安排拉伸的顺序，因为每一个拉伸动作所刺激的部位都会引起另外的身体部位参与活动，拉伸的传导能通过肌肉的韧带连接得到提高，这种顺序效应还会对神经系统会造成影响。

五、拉伸练习时的体温、呼吸及身体感觉

在拉伸练习之前必须进行热身活动，尤其在以发展柔韧素质为目的的拉伸

练习前，热身显得更为重要。热身的主要目的是提高肌肉和周围软组织的温度，促进肌肉的放松。有研究指出，当关节局部升温到 45 ℃时其柔韧性增长 20%，反之，如果将关节温度降至 18 ℃其柔韧素质会降低 10% ~20%。所以，始终使机体保持在适当温度下进行拉伸练习对柔韧素质的提高以及肌肉损伤的预防都有重要的意义。

研究发现，在进行拉伸时，许多运动员都会屏住呼吸，这使肌肉更加紧张，也就失去了拉伸练习的意义。因此，在拉伸时我们一定要注意保持流畅的呼吸。一般来说对于拉伸时的呼吸并没有特别的要求，但我们建议在拉伸练习中采用瑜伽式呼吸，或者在呼气过程，用嘴将气体主动用力呼出。这两种深呼吸模式都能够使横膈处于放松状态，以便进一步减小肺的容积，加大把气体挤出体外的压力，实现深度的气体交换，从而刺激到副交感神经系统，使人感到心神安定，得到放松。

在进行拉伸练习时，正确的感觉应该是：运动员感到肌肉被拉紧，但很舒服。具体的阶段感觉是：在拉伸大约 10 秒钟后，肌肉组织得到拉长，此时应该感受到拉力开始不断减弱，并且感到肌肉有轻微的热感。在拉伸结束后 10 ~15 秒，应该感到肌肉变得松弛。但有些人总是认为拉伸时没有疼痛就没有效果。其实在拉伸过程中出现尖锐的酸痛、麻木、刺痛或者灼烧的感觉都是错误的，这种感觉往往意味着拉伸的强度过大，对肌肉造成了损伤，或者肌肉的本身存在创伤，所以出现这样的情况应该立即向教练员、运动医生或者理疗医师进行咨询。

六、拉伸的其他原则

拉伸的基本原则是进行拉伸练习时所必须遵守的基本准则，主要包括安全性原则、针对性原则和系统性原则等。

（一）安全性原则

安全永远都要放在第一位。教练应该确定、评估、纠正运动员身体紧张的部位和柔韧性受限的关节，并且在拉伸练习过程中给予正确的指导，避免过度拉伸造成损伤。这需要教练具有认真的态度，正确的技术和丰富的知识累积。当出现下列情况，应该避免进行拉伸练习：

（1）没有做好热身运动，或者体温较低时，否则可能造成肌肉撕裂；

（2）肌肉撕裂或者出现水肿、发红、撕破、严重擦伤及疼痛发炎情况或者关节存在损伤，并且没有向合格的理疗医师征求专门意见时，否则可能造成受伤部位发炎或钙化；

（3）开放式外伤，或伤口的皮肤刚刚愈合时，否则可能造成伤口重新被撕开，延缓愈合。

此外，还需要考虑运动员的医疗史，如果运动员正在利用药物来减弱疼痛，比如阿司匹林、消炎药或者止痛剂等，就应该非常小心地进行拉伸练习。因为药物会使人体对拉伸时的压力暂时性地感觉迟钝；高水平的运动员可以采用弹振拉伸或者超等长拉伸，但是对于刚参与运动不久的人群，我们则采用类似于静态拉伸等更加安全的方法。

拉伸练习时是否能依赖同伴的帮助，同伴的帮助是否存在不安全因素应该引起练习者足够的重视。有观点认为：拉伸练习过程中依靠同伴完全是浪费时间，而且很危险，因为同伴并不能清楚地知道你的感觉，这就很容易造成拉伸过度的现象。当然在具体拉伸练习过程，我们可以让接受过专门培训的理疗师或技师帮助我们达到预想的拉伸效果。

（二）个性针对性原则

如同力量、耐力训练一样，柔韧性训练也需要考虑项目、个体的差异性。该原则贯穿任何一个拉伸练习过程，教练员应十分谨慎地制定拉伸计划。实际上，对于所有运动项目来说，柔韧性训练的原则都是一样的，所不同的是：不同的项目对某一柔韧性优劣要求程度不同。所以拉伸练习中应充分认识到本项目的需求，再详细考虑练习者的身体条件，这样才能有针对性地提高所需的柔韧性素质。

（三）系统性原则

拉伸练习应该长期进行。系统的拉伸练习能够提高柔韧素质，提高人体肌肉的感知觉能力，促使肌腱和肌肉变得更富弹性、关节感受器变得更加敏感并且能够感知更多的信息，而当运动员能够更加精确地感受到各种刺激时，就能够更合理地完成动作。一般来说，柔韧性的训练和其他身体素质的训练一样，都要遵循一个由“一般到专项”的过程，只有进行系统的训练才能逐步获得专项需要的柔韧性素质。

（四）其他

1. 拉伸的地点

在任何地方都可以进行拉伸。尽量在温暖、干燥、舒适的地板，或者在垫子上进行拉伸练习；也可以利用凳子、长椅、墙，或其他固定物做支撑进行拉伸。

2. 拉伸的服装

做拉伸练习时应该穿比较宽松的运动服。这样可以避免因为服装而使拉伸的幅度受到限制。在室内穿短袜或者光脚会比在室外穿鞋做拉伸感觉舒服一些，因为后者会限制脚踝部位的拉伸。此外，应该注意，在室外进行拉伸练习时，一定要注意保暖。另外，遇到寒冷或者下雨的天气时，最好在外面穿一件雨衣或者风衣，以避免身体温度的损失。如果感觉到体温较低，就应该停止拉伸练习。

3. 拉伸前的热身

拉伸前的热身相当于对肌肉进行适当加热，达到拉伸练习的适宜温度。热身可选择被动方式，如热淋浴、热盆浴、按摩、桑拿浴或特殊的服装等方式；也可采用主动方式进行。但应该知道，被动热身只是作用于身体的表层，效果远不及主动热身。所以，建议在拉伸前进行主动热身。当然，有条件的情况下，同时采用两种方式会达到更好的效果，但应该遵循先被动热身再主动热身的原则。热身活动时间的长短取决于拉伸者的年龄大小、健康水平和体温高低。在进行拉伸练习之前，应该稍微出汗，全身放松，并具有进行大幅度运动的能力。在整个拉伸练习过程中，要始终保持热身状态。因此，要迅速擦掉身上的汗水。理想的状态下，淋浴后头发也要迅速干燥。

第三节　拉伸基本方法

拉伸的基本方法主要有静力性拉伸、助力性拉伸和动力性拉伸等练习方法。静力拉伸时每个动作时间一般在 10～15 秒；动力性拉伸的次数以身体部位的不同有所区别，一般大肌群次数多些。在训练实践中，常根据解剖位置来进行分类和选择不同的拉伸方法和手段，如颈部拉伸、肩胸背部肌群拉伸、臂腕部肌群拉伸和腰髋腿部肌群拉伸等。

一、颈部拉伸方法

颈部拉伸可分为颈后部，颈前部和颈侧部三种，下面我们对三种部位的拉伸方法一一进行介绍。

（一）颈后部的拉伸练习

1. 下颚触胸拉伸（难度：容易；图 6－1、图6－2、图 6－3）

图 6－1

图 6－2

图 6－3

(1) 双手交叉，拇指向下，双肘指向前方，放在头后方；

(2) 轻呼气，低头，下颚触胸；

(3) 颈部弯曲时，注意保持背部的直立；

(4) 在抬头时，放松双手，同时吸气；

(5) 这个动作可以采用坐式(图 6－1)或立式(图 6－2、图 6－3)完成。

图 6－4

2. 手持重物低头拉伸 (辅助重物)(难度:容易;图 6－4)

(1) 保持背部直立，双手持重物(重量根据自身能力选择)于腹前，双臂伸直；

(2) 向胸前方向低头，同时呼气，双手方向尽可能与地板垂直；

(3) 在进行该拉伸动作的过程中，为了避免身体过度前倾，始终应该保持腰部直立。

3. 仰卧拉伸后颈(难度:容易/中等;图 6－5、图 6－6、图 6－7、图6－8)

图 6－5

图 6－6

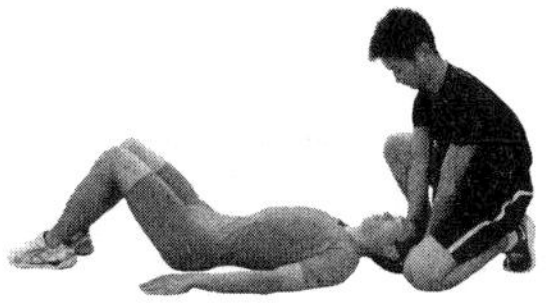

图 6－7

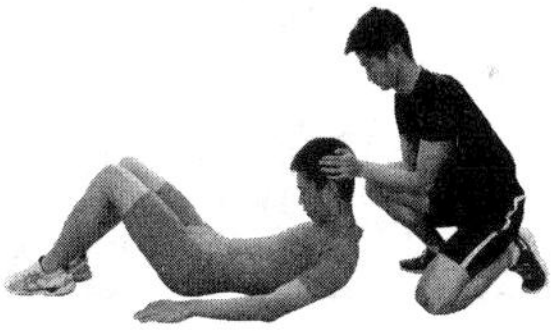

图 6－8

(1) 仰卧，双膝自然弯曲，双手自然放于体侧；

(2) 呼气，慢慢用下颚靠近胸部，头部略微抬起，同时保持背上部与地接触；

(3) 吸气，恢复至成初始躺姿；

(4) 这个动作也可以在同伴的帮助下进行更大程度地拉伸(图 6－7、图 6－8)。同伴的双手从拉伸者的双耳两侧轻持头部，缓缓抬起拉伸者的头部使其下颚贴近前胸。注意做动作过程中拉伸者始终与同伴保持交流。

4. 头部滚动式前伸(难度:容易/中等;图 6－9)

(1) 双膝跪于地板，前臂撑地，头放在两肘之间；

(2) 下颚向胸靠近，同时慢慢地向前伸头。

图 6－9

5. 蜘蛛式拉伸（难度：高；图 6－10）

（1）仰卧，双臂自然放于体侧，掌心向下；

（2）呼气，同时双手发力，双腿并拢向头顶后方地板弯曲；

（3）双手扶于下背部，肘关节内收，尽可能地使小腿胫骨面贴于头后地板上，头部夹在两腿之间。

（二）颈前部的拉伸练习

1. 头后屈拉伸（难度：容易；图 6－11）

图 6－10

图 6－11

（1）双手合十放于下颚下，用手指抵住下颚；

（2）呼气，同时头向后弯曲，通过手臂的帮助，获得更大幅度的拉伸；

（3）吸气，恢复至初始姿势；

（4）该拉伸动作可以采用坐姿，也可以采用站姿。

2. 头部下垂拉伸（难度：容易/中等；图 6－12、图 6－13）

图 6－12

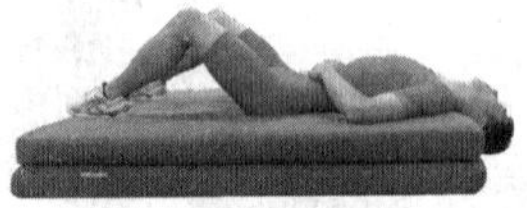

图 6－13

（1）背部放在稍有高度的垫子上，头和颈部超出垫子边缘；

（2）呼气，慢慢把头垂向地面，肩部始终与垫子保持接触；

（3）吸气，恢复至初始姿势。

（三）侧颈部的拉伸练习（难度：容易/中等；图 6－14）

（1）左臂于背后弯曲，右手从体后抓住左臂肘关节；

（2）呼气，同时右手尽可能地将左肘拉向后背中部，同时将右耳贴向右肩。动作过程中始终保持双肩放松，避免耸肩；

（3）吸气，恢复至初始姿势，然后对侧进行练习；

（4）该动作对肩部外旋肌也有很好的拉伸作用。

图 6－14

二、肩、胸、背部拉伸方法

在以下内容中，主要介绍肩部、胸部和背部的拉伸方法，练习者可根据自己的需要，选取其中一些或者全部动作进行拉伸练习，以达到个人的最佳拉伸效果。

（一）肩前部拉伸练习

1. 仰卧撑（难度：中等/高，图6－15）

（1）坐姿，双腿伸直，手掌放于体后侧地面，手指指向后方，两手与肩同宽；

（2）呼气，同时抬起臀部，头后仰，保持仰撑姿势一定时间；

（3）吸气放松，恢复至初始姿势；

（4）进行该拉伸动作时，注意在身体抬起前，应该先抬头，并始终控制好身体姿势。

2. 双人体后拉肩（难度：中等/高；图6－16）

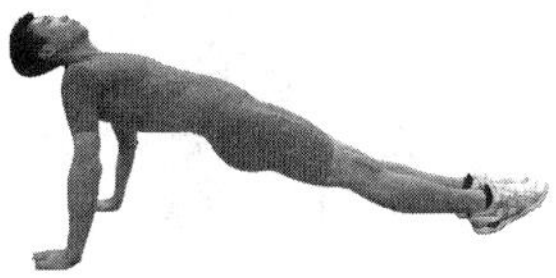

图6－15

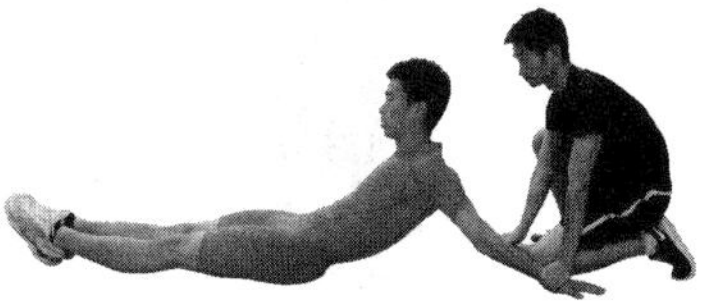

图6－16

（1）拉伸者采用坐姿，双腿伸直，双手在臀后方30厘米处支撑地板，指尖朝后；同伴跪于拉伸者身体正后方，双手握住拉伸者双手腕；

（2）呼气，同时由同伴将拉伸者的双臂缓缓向远离身体方向移动。注意动作过程中拉伸者与同伴始终保持交流；

（3）吸气放松，恢复至初始姿势。

3. 跪姿俯卧撑（难度：容易/中等；图6－17、图6－18）

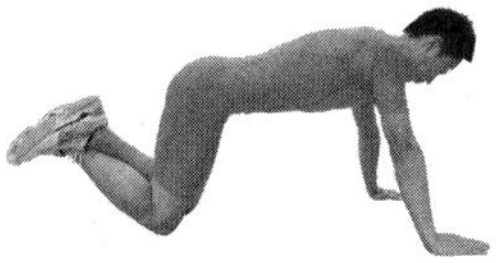

图6－17

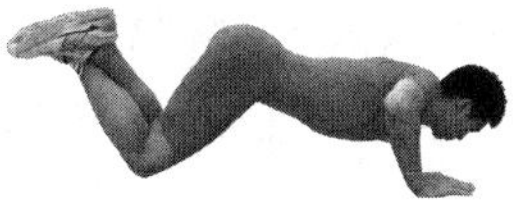

图6－18

（1）跪姿；图6－18所示，双腿膝关节着地，双手撑于肩前侧地面，略比肩宽；

（2）呼气，同时向下做俯卧撑，尽可能地将双肩展开；当俯撑做到最低点时，保持双臂上臂与肩成一条直线；

（3）吸气，恢复至初始姿势。

4. 屈臂拉肩（难度：中等；图6－19）

图 6－19

（1）双手放在稳定的椅子边缘，手臂伸直，手指向前握住椅子前沿，双腿伸直；

（2）呼气，同时使臀部下沉，肩部尽量展开，保持该姿势一定时间，明显感觉到肩部前侧被拉伸；

（3）吸气放松，恢复至初始姿势。

（4）注意这一动作持续时间不要过长。

5. 侧平举展肩（难度：容易/中等；图 6－20、图 6－21）

图 6－20

图 6－21

（1）拉伸者采用坐姿，双膝自然弯曲，两臂侧平举，尽可能向后张开肩部，同伴站在拉伸者身体正后方，屈膝抵于拉伸者两肩胛骨之间位置，双手扶于拉伸者肘关节处；

（2）呼气，同时由同伴缓慢向后方水平牵拉拉练习者的双肘部位，帮助拉伸者将肩部进一步打开，保持该姿势一段时间，进行该动作过程中拉伸者与同伴始终保持交流；

（3）吸气放松，恢复至初始姿势；

（4）该动作对于胸部肌肉也有一定的拉伸作用。

6. 背向拉肩（难度：容易/中等；图 6－22、图 6－23）

图 6－22

图 6－23

（1）拉伸者采用坐姿，双膝自然弯曲，双臂与肩同宽，呈后伸展状。同伴站立拉伸者的正后方大约一臂距离，双手抓住拉伸者的手腕；

（2）呼气，同时由同伴缓缓向上方抬起拉伸者的双臂，帮助拉伸者获得更进一步的拉伸；当拉伸者手臂被抬至最大幅度时，保持该姿势一定时间；拉伸者在做动作的过程中尽可能地保持上体直立，并始终与同伴保持交流；

（3）吸气放松，恢复至初始姿势；

7. 背向拉肩（难度：容易/中等；图 6－24、图 6－25）

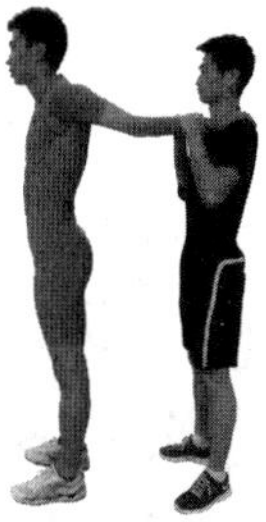

图 6－24

图 6－25

（1）拉伸者采用站立姿势，双臂后伸；同伴站立拉伸者的正后方大约一臂距离，双手抓住拉伸者双手放于自己肩上，保持拉伸者手臂处于伸直状态；

（2）呼气，同时主动缓缓地下蹲，体会到肩部前侧得到拉伸感觉，由同伴帮助固定拉伸者的双臂，进行该动作的过程中拉伸者始终与同伴保持交流；

（3）吸气放松，恢复至初始姿势，然后重复该动作，尽量通过增加下蹲幅度来增加拉伸效果；

（4）该拉伸动作使得控制动作幅度的主动权掌握在拉伸者的手中，能够更好地避免损伤。

8. 健身球拉肩（难度：容易；图 6－26、图 6－27）

图 6－26

图 6－27

（1）跪坐于地板上，将健身球放于身体正前方，伸出一臂搭于球上，缓慢向远离身体方向推球，上体前倾，上臂贴于耳旁，缓缓伸展手臂。然后将健身球转到身体同侧，手臂侧平举搭于球上，身体缓慢向下前方压，使肩部尽可能地展开；

（2）进行对侧身体的练习。

（二）肩后侧拉伸练习

1. 肩部固定拉伸(难度:容易;图 6－28)

（1）左臂在胸前水平交叉到对侧，右手在左肘关节处顶住左臂；

（2）呼气，同时缓缓向内拉上臂，向胸靠近，保持最大拉伸幅度一定时间，动作过程中，始终保持身体冲向正前方；

（3）吸气放松，恢复至初始姿势。然后进行身体对侧的拉伸练习；

（4）该动作也可以用健身球进行(图 6－29)。将一手臂搭在球上，上身下压，体会肩部后侧被拉伸感觉。

图 6－28

图 6－29

2. 十字交叉拉肩式(难度:容易/中等;图 6－30)

（1）马步蹲，双手十字交叉放于两腿大腿面上，掌心向上；

（2）呼气，同时上身缓缓下压，左右移动上半身重心，体会肩部后侧被拉伸感觉；

（3）吸气，恢复至初始姿势。

（三）肩内旋肌拉伸练习

转肘(难度:容易/中等;图 6－31)

图 6－30

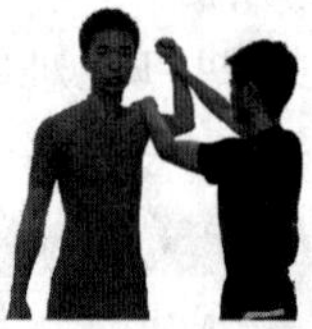

图 6－31

（1）拉伸者采用站姿，左臂侧平举，上臂与肩成一条直线，手握拳，拳心冲前，小臂向前上方弯曲；同伴站于拉伸者面前，右手握拉伸者左手腕，左手扶拉伸者的肘关节，以维持上臂稳定；

（2）呼气，同时同伴轻轻将拉伸者手腕向后压，拉伸者感觉到肩内旋肌被拉伸；

（3）吸气放松，恢复至原来姿势。

（四）肩外旋肌的拉伸练习

1. 背后拉臂拉伸(难度:容易/中等;图 6－32)

（1）左臂于背后弯曲，右手从背后抓住左臂肘关节；

（2）呼气，同时右手尽可能将左臂拉向后背中部，同时将右耳贴向右肩。进行该动作过程中始终保持双肩放松，避免耸肩；

（3）吸气放松，恢复至初始姿势。然后对侧手臂进行练习；

（4）头偏向一侧，可同时拉伸颈部肌肉。

2. 鹰手拉伸(难度:中等;图 6－33)

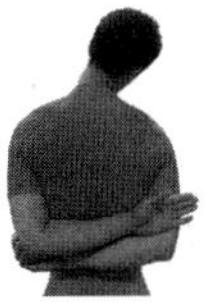

图 6－32

图 6－33

（1）拉伸者采用站姿，双臂在体前鹰式交叉，下面的手臂弯曲向上，越过上面的手臂，双手手掌相对，大拇指指向自己；

（2）呼气，同时缓缓降低双肘以增加肩部外旋肌的拉伸强度；

（3）吸气放松，恢复至初始姿势。

3. 背后祈祷式拉伸(难度:中等;图 6－34)

（1）拉伸者采用站立或坐立姿势，双手五指指尖相对，指尖向上放在背后；

（2）呼气，同时手指指向天花板方向，慢慢推动双掌至贴紧状，维持最大拉伸幅度一定时间；

（3）吸气放松，恢复至初始姿势；

（4）该拉伸动作也可以在同伴帮助下进行更大程度地拉伸(图 6－35)，同伴扶住拉伸者双臂的肘关节外侧；呼气，同时慢慢将拉伸者的双肘向中间推压，尤其注意：该拉伸动作进行中拉伸者要与同伴保持交流。

图 6－34

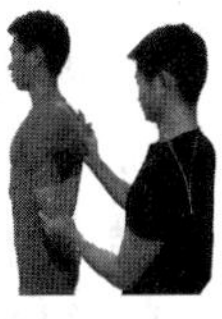

图 6－35

（五）肩伸展练习

1. 翻转肩部拉伸（难度：容易/中等；图 6－36、图 6－37）

图 6－36

图 6－37

（1）拉伸者两脚与肩同宽呈站立姿态，双手外展，正握长度适中的木杆或毛巾，双手间距越窄越好；

（2）呼气，同时双臂上举；吸气，同时双臂继续向头后运动；转肩，将杆翻至臀部，然后再翻转回来；呼气，同时从背后位置转至头上方；吸气，恢复至初始姿势；

（3）进行该动作的过程中，要避免发生：不能通过手臂的弯曲达到木杆或毛巾的转动，必须是依靠肩部的转动，并保持肘不动实现该拉伸动作的完成。

2. 上举鹰手拉伸（难度：容易；图 6－38）

（1）双臂上举，手掌交叉，相互接触；

（2）呼气，慢慢向上推动双手，注意该动作的过程中，背部始终要挺直；

（3）吸气放松，恢复至初始姿势；

（4）该拉伸姿势对背部也有很好的拉伸效果。

3. 跪姿反向拉肩（难度：容易/中等；图 6－39）

图 6－38

图 6－39

（1）拉伸者采用跪姿，双手于背后相握；

（2）呼气，同时双臂尽量向后上方举，为增加动作幅度，上体可以略微前倾，但要尽量保持上体直立，并保持最大幅度一段时间；

（3）吸气放松，缓慢恢复至初始姿势。

4. 跪姿挂颈拉伸（难度：容易/中等；图 6－40、图 6－41）

图 6－40

图 6－41

（1）拉伸者采用跪姿，同伴站于拉伸者正后方。拉伸者双臂上举环绕同伴于颈部，同伴将膝盖顶于拉伸者肩胛骨之间（图 6－40）；

（2）呼气，同时同伴缓缓向后移动，将拉伸者的肩关节尽可能向后打开，拉伸至最大幅度拉伸后保持一段时间。在该动作进行过程中，拉伸者应始终与同伴保持交流，以避免拉伸过度（图 6－41）；

（3）吸气放松，恢复至初始姿势。

5. 健身球肩部拉伸（难度：中等；图 6－42、图 6－43）

图 6－42

图 6－43

（1）拉伸者仰卧于健身球上，两手持哑铃胸前平举；

（2）呼气，同时双臂上举至头顶，靠哑铃重力使双臂尽量伸展，至最大幅度保持一段时间；

（3）吸气放松，恢复至初始姿势；

（4）该拉伸动作对胸部肌群也有很好的拉伸效果。

（六）胸部拉伸练习

1. 坐姿展胸伸展（难度：容易；图 6－44）

（1）拉伸者坐在椅子上，双脚自然分开，双手十指交叉放于头后，双肘抬至水平，双肩尽量外展；

（2）呼气，同时上半身尽可能地向后倾，双肩进一步向外展，保持胸部伸展至最大幅度，并保持一定时间；

（3）吸气放松，恢复至初始姿势。

2. 扶椅压胸（难度：容易；图 6－45）

图 6 - 44

图 6 - 45

(1) 拉伸者采用跪姿，距离适当正对椅子，身体前倾，两前臂互相交锁，双肘架在椅子边缘；

(2) 呼气，同时头部和上身尽量下压，拉伸至最大幅度并保持一定时间；

(3) 吸气放松，恢复至初始姿势；

(4) 该拉伸动作也可通过健身球来进行，在健身球上进行该动作难度增大；

(5) 该动作对肩部肌群也有很好的拉伸效果。

图 6 - 46

3. 双臂卡腰后展拉伸(难度:容易;图 6 - 46)

(1) 拉伸者采用站姿或坐姿都可以，目视前方，双手卡腰，两肘向身体外侧张开，保持上体直立；

(2) 呼气，同时两肩胛骨内收，向后伸展双臂，两肘关节尽量向一起靠拢，拉伸至最大幅度，并保持一定时间；

(3) 吸气放松，恢复至初始姿势。

4. 撑门拉伸(难度:容易,图 6 - 47、图 6 - 48)

图 6 - 47

图 6 - 48

(1) 拉伸者站于门前，前臂和手掌与门框架相接触；

(2) 呼气，同时双臂与门框紧紧接触，以提供支撑力，使拉伸者胸部尽可能伸展；

(3) 该动作进行过程中，可通过调整手臂的位置来拉伸胸部的不同部位。

5. 单臂靠墙拉伸(难度:容易/中等;图 6 - 49)

(1) 拉伸者采取站姿，右侧前臂和肱二头肌贴墙，手臂保持适当的角度；

（2）呼气，同时右手臂紧紧贴墙以提供支撑力，左肩带动身体向左后方旋转；

（3）吸气放松，恢复至初始姿势。然后进行对侧身体的拉伸；

（4）通过调整贴紧墙壁的手臂的位置，该动作可对胸部不同部位进行拉伸。

6. 滚球展胸(难度:容易/中等;图 6－50)

图 6－49

图 6－50

（1）拉伸者采取坐姿，背部靠在健身球上，双脚与肩同宽分开；

（2）呼气，同时双臂上举，身体沿着球面滚动，直至健身球位于肩胛骨下方，双脚贴地，双臂慢慢伸向地面，髋部向上展开，伸展至最大位置并保持一定时间；

（3）吸气放松，恢复至初始姿势；

（4）该动作对肩部也有很好的拉伸效果。

7. 单腿滚球展胸(难度:容易/中等,图 6－51)

（1）如图 6－50 中动作要点相同，不同点是：当健身球滚至肩胛骨下方时，双臂侧平举展开，同时平抬起一条腿；

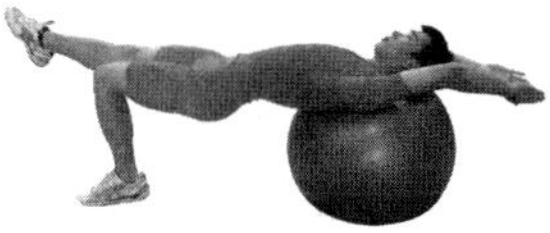

图 6－51

（2）该动作对平衡能力有很好的锻炼效果。练习时要注意：髋关节向上送出，伸展的身体始终保持一条直线；

（3）该动作对肩部也有很好的拉伸效果。

8. 健身球扩胸拉伸(难度:中等/高;图6－52、图6－53)

图 6－52

图 6－53

（1）拉伸者躺于健身球上，保持身体平衡，双手各持一较轻哑铃，胸前平举；

（2）呼气，同时做扩胸练习，双手外展到与肩水平，保持最大伸展幅度一定时间；

（3）吸气放松，恢复至初始姿势；

（4）做该动作过程中，肘关节可轻微弯曲；

（5）该动作对肩部也有很好的拉伸效果。

9. 十字架式拉伸（难度：中等；图 6－54）

（1）拉伸者坐于健身球或椅子上，双手侧平举，弯曲小臂或者双手交叠放在脑后；同伴站在拉伸者正后方，于肘关节处扣住拉伸者的上臂；

（2）呼气，同时由同伴向后牵拉拉伸者的双臂，使拉伸者的胸部尽可能地展开，并保持最大伸展幅度至一定时间。该动作过程中，拉伸者要始终保持与同伴的交流；

（3）吸气放松，恢复至初始姿势。

图 6－54

（七）背部拉伸练习

背部的拉伸可以分为下背部和上背部。

1. 下背部的拉伸

（1）直角式（难度：容易；图 6－55）

① 拉伸者两腿并拢直立；

② 呼气，同时身体缓慢前屈至上体与地面平行，双手扶于双膝，保持背部伸展至一定时间；

③ 吸气时，低头含胸，慢慢恢复至初始直立姿态。

（2）胎儿式（难度：容易；图6－56）

图 6－55

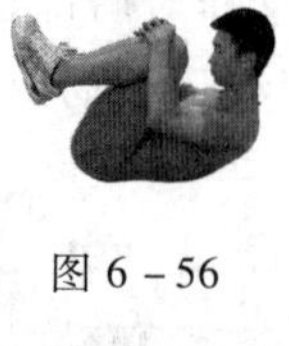

图 6－56

① 拉伸者平躺在地上，背部和头部都贴紧地面；

② 慢慢弯曲双腿至胸部，双臂环绕抱腿，保持稳定；

③ 呼气，同时逐渐抬高臀部离开地面，使双腿更加靠近胸部；

④ 保持该姿势，并慢慢抬起下颌至胸；该动作同时可以拉伸颈部。

（3）猫展式（难度：容易；图 6－57、图 6－58）

图 6－57

图 6－58

① 该动作以跪撑姿态开始，四肢着地，保持背部平直；

② 呼气，同时背部缓慢向上弓起，直到最大幅度，眼睛看向肚脐；

③ 吸气放松，恢复至初始姿态。

（4）屈膝肩肘倒立（难度：容易/中等；图 6－59）

图 6－59

① 拉伸者初始姿态：仰卧，双臂自然放于体侧，掌心向下；

② 呼气，同时双手发力，双腿并拢，脚尖指向天花板方向，屈膝向身体上方伸展；

③ 双手支撑于下背部，肘关节内收，屈膝，双膝慢慢靠向头部；

④ 为避免颈部过度弯曲，注意双膝不要碰到躯体。

（5）下脊柱伸展式（难度：容易/中等；图 6－60、图 6－61）

图 6－60

图 6－61

① 拉伸者屈膝站立，双手放于双脚两侧，背部保持平直，胸部尽量靠近大腿前侧；

② 慢慢伸直膝关节，背部始终保持伸展；

③ 呼气，同时缓慢屈膝，恢复至初始姿态。

（6）犁式拉伸（难度：中等；图 6－62）

图 6－62

① 仰卧，双臂自然放于身体两侧，掌心向下；

② 呼气，同时双手发力，双腿并拢向头后方向伸展；

③ 双手支撑于下背部，肘关节内收，脚尖接触头后方地板，双腿尽量伸直。

④ 吸气放松，恢复至初始姿势。

（7）童式变异式拉伸（难度：容易/中等；图 6－63）

图 6－63

① 跪坐姿态，身体前倾，胸部靠向地板，双手尽量向前伸展；

② 呼气，同时向侧方扭转躯体上部，将上臂和手掌贴于地面，感觉到腰部肌群被拉伸。

③ 吸气放松，恢复至初始姿势。

(8) 弓步伸展式(难度:容易/中等;图 6－64)

① 弓步准备姿势，前腿膝盖不能超过脚尖，后脚前脚掌撑地；身体靠近前腿大腿面，双手扶于前脚两侧，背部保持平直；

② 呼气，同时向下前方尽量伸展背部；

③ 吸气放松，恢复至初始姿势。

(9) 坐姿手握脚拉伸(难度:容易;图 6－65)

图 6－64

图 6－65

① 拉伸者坐在椅子上，从臀部开始弯曲，上身靠近大腿；

② 双手抓脚，慢慢呼气，胸部放在两腿之间；

③ 手臂放松，深呼吸，同时将身体恢复到初始坐姿。

(10) 坐姿手臂胯下后伸(难度:容易;图6－66)

① 拉伸者分腿坐在椅子上，从臀部开始弯曲躯干，上身靠近大腿；

② 呼气，同时双臂尽量从胯下向后方伸展，身体尽可能向下压；

③ 吸气，同时身体恢复至初始坐姿。

(11) 坐姿躯干转体拉伸(难度:容易;图 6－67)

图 6－66

图 6－67

① 拉伸者坐在椅子上，保持背部挺直，双脚平贴地面，十指交叉握在一起，双肘抬高；

② 呼气，同时向左侧转动躯干，转动过程中始终保持髋关节正对前方；

③ 吸气，同时恢复至初始坐姿，然后进行对侧练习。

（12）小猫抱球拉伸（难度：容易；图 6－68）

图 6－68

① 拉伸者采用跪姿，将健身球放于双腿前，双手扶在健身球上；

② 呼气，同时身体慢慢趴向健身球，将球置于腹部下方，双手双脚自然地触地；

③ 保持该姿势一定时间，然后吸气放松。

（13）健身球直角坐姿拉伸（难度：容易；图 6－69）

① 双腿并拢，直腿坐于健身球上，尽量向远处伸展，并保持上体处于直立状态；

② 呼气，同时上身（背部保持平直）慢慢下压，靠近腿部，双手沿着腿前侧下滑，直到躯干前倾达到最大幅度。

（14）双膝触胸部拉伸（难度：容易/中等；图 6－70）

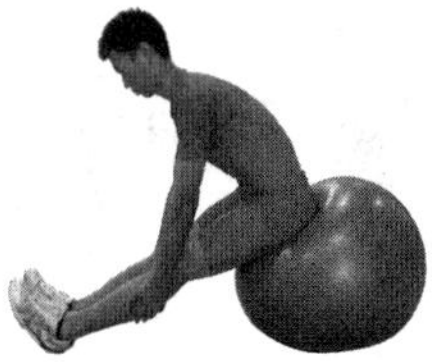

图 6－69

图 6－70

① 拉伸者采用仰卧姿势，双臂自然放于身体两侧，掌心向下，以保持身体平衡；双腿弯曲抬起，大腿后侧与小腿后侧紧贴在一起；

② 呼气，同时同伴双手放在拉伸者双膝处，并用力向下压，使你的大腿前侧贴向胸部，臀部略微抬离地面，但要保持背部的中上部与地面接触；

③ 在整个拉伸过程中，拉伸者要时刻与同伴保持交流。

以上是数种下背部的拉伸方法，每次练习中并不需要将所有动作都进行练习，只需挑选一些动作，能达到练习者预期拉伸效果即可。

2. 上背部的拉伸

（1）坐姿抱腿拉伸（难度：容易；图 6－71）

① 坐立姿势，呼气，同时向前弯腰，双手从大腿下方抱腿；

② 在胸部弯向大腿时，双脚伸开，同时保持双膝并拢；

③ 在抱紧两腿的前提下，上背部逐渐远离膝关节，感觉到斜方肌逐渐被

拉伸。

（2）沙滩排球拉伸练习（难度：容易；图 6－72）

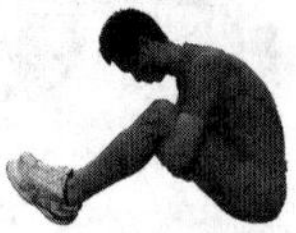

图 6－71

图 6－72

① 站立姿态，保持腰部直立，双手前伸，与肩同高，稍微弯背；

② 双手掌心向内，把一只手放在另一只手前面；

③ 内侧手向外推，同时外侧手向内收，双手对抗，双手臂形成一个圆形，慢慢呼气；

④ 在拉伸过程中慢慢低头，然后抬头，在抬头之前吸气放松双臂。

（3）肩背推拉练习（难度：容易；图 6－73、图 6－74）

图 6－73

图 6－74

① 站立姿态，双脚与肩同宽平行站立，躯干部位呈体前平屈姿势，双手向头上方伸出，抓住一个固定的物体，如扶杆、同伴的腰部；

② 呼气，同时胸部和腹部下沉，背部尽可能地拉伸。

（4）坐姿脊柱延展式（难度：容易；图 6－75）

① 拉伸者端坐于健身球上，两腿略分，躯干保持直立；

② 呼气，同时双臂上举，大臂尽量靠近双耳，双手十指交叉相握，掌心向上，朝天花板方向伸展，进行该动作过程中，背部始终保持伸展状态。

图 6－75

（5）扶椅背部半转动拉伸（难度：容易；图 6－76）

① 双腿分开站立，与肩同宽，双手扶于椅背，上体前压；

② 呼气，同时向右侧缓慢转动身体至最大幅度，背部始终保持伸展；

③ 吸气放松，恢复至初始姿态，然后进行对侧练习；

④ 该动作同样可以拉伸躯干侧部；

⑤ 扶椅背部半转动拉伸动作也可以在健身球上完成，动作要求与在椅子上基本相同，初始姿态由站立变为跪姿（图6－77、图6－78）。

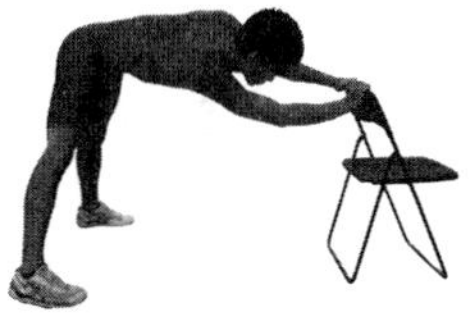

图6－76

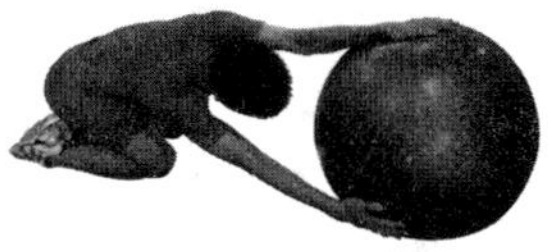

图6－77

（6）扶球拉伸背部上侧练习（难度：中等；图6－79）

图6－78

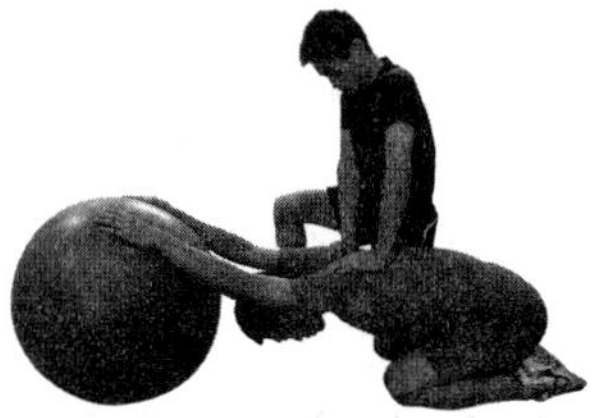

图6－79

① 以跪姿为初始姿态，双臂伸直，掌心放在健身球上，双膝分开，臀部坐在脚上；同伴双手扶于双肩后侧；

② 呼气，同时同伴缓慢向下推压双肩，动作进行过程中拉伸者始终与同伴语言沟通；

③ 该动作同时也能够拉伸胸部和肩部的肌肉。

三、臂、腕部拉伸方法

首先，介绍如何进行手臂拉伸，一般来说人们在进行体育活动之前很少专门对手臂进行拉伸，但这并不说明手臂不需要进行拉伸。其常见拉伸方法如下：

（一）肱二头肌的拉伸练习

1. 转臂拉扶杆拉伸（难度：容易；图6－80）

（1）拉伸者采取站姿，向后伸出右手臂，抓住扶杆或其他替代物，手臂伸直，肘向上，拇指朝下；

（2）呼气，同时慢慢转动手臂使肘向下；

（3）吸气放松，恢复至初始姿势。然后进行对侧手臂的练习。

2. 靠墙拉伸（难度：容易/中等；图6－81）

图 6 - 80

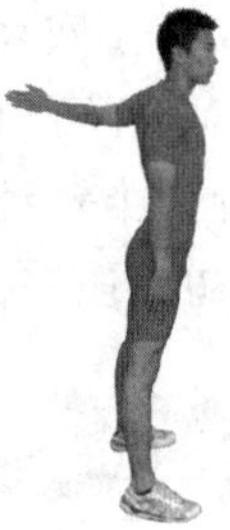

图 6 - 81

（1）拉伸者将其右侧躯体的手掌、肘关节内侧和肩平行贴向墙；

（2）呼气，同时慢慢向远离墙面方向转动身体，但右手臂始终保持紧贴于墙面，感觉到肱二头肌和胸肌被拉伸；

（3）吸气放松，恢复至初始姿势。然后调整手的位置（上下方向），重复上面动作，再次感受肱二头肌和胸部肌肉的拉伸；而后可进行对侧身体的拉伸。

3. 重物辅助运动（难度：容易；图 6 - 82）

（1）坐于健身球或椅子上，保持坐姿，背部直立，双肩后缩，把右手放在左大腿上；左手持重物（重量根据个人能力而定），保持手臂（手肘内侧朝外）伸直，垂于两腿之间，左肘放在右手的腕关节上；

（2）依靠重物的重量使手臂下垂，感觉肱二头肌被拉伸；

（二）肱三头肌的拉伸练习

1. 肱三头肌拉伸（难度：容易/中等；图 6 - 83）

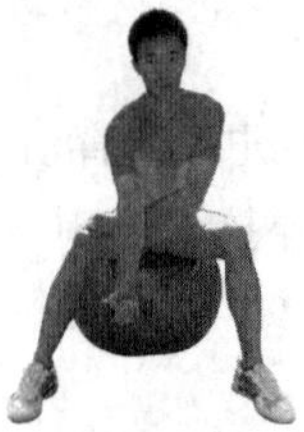

图 6 - 82

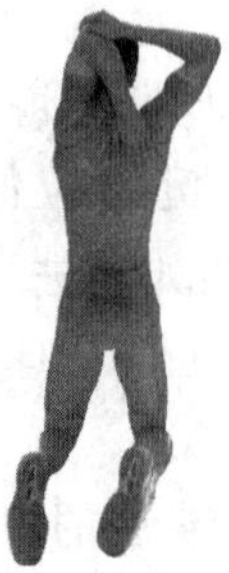

图 6 - 83

（1）伸出任一只手，放在背部中央，手指指向下方，用另一只手抓住肘关节；

（2）呼气，同时轻轻下压肘关节，使手沿着脊柱下滑至最大幅度；

（3）该动作可以在同伴帮助下进行更进一步的拉伸。图 6 - 84 所示，同伴一手扶于手腕，另一手扶于肘关节，在拉伸者呼气的同时，缓缓向下拉手腕，并慢慢下推肘关节，以使拉伸者获得进一步的拉伸。注意在进行该动作的过程中拉伸者要始终保持与同伴的交流。

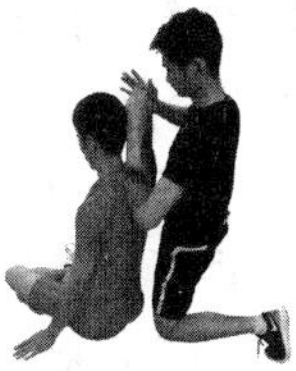
图 6-84

2. 双手互锁式拉伸肱三头肌(难度:中等/高;图 6-85)

(1) 伸出一只手臂，从肩上弯曲，小臂贴于脊柱，掌心向内；弯曲另一只手臂，从下背部弯曲，小臂贴于脊柱，掌心向外，如果柔韧性够好，双手可在背后十指相扣；如果柔韧度达不到，可借助一条毛巾(图 6-86)完成这一练习；

(2) 呼气，同时拉动双臂，尽量使两手靠近，掌心贴拢，同时注意展胸；

图 6-85

图 6-86

(3) 吸气，恢复至初始姿势。

3. 双臂持重物头后屈(难度:中等;图 6-87、图 6-88)

图 6-87

图 6-88

(1) 坐于健身球或椅子上，双手持重物(重量根据自身能力而定)，上举双臂，大臂贴于耳旁；

(2) 呼气，同时弯曲肘关节，把重物沿头后部慢慢往下放，注意不要使重物碰到头，始终保持双臂贴耳；

(3) 吸气，恢复至初始姿势。

4. 双人肱三头肌拉伸(难度:容易/中等;图 6-89)

(1) 拉伸者采取坐姿，左臂上举，头后屈；右臂绕胸环抱。

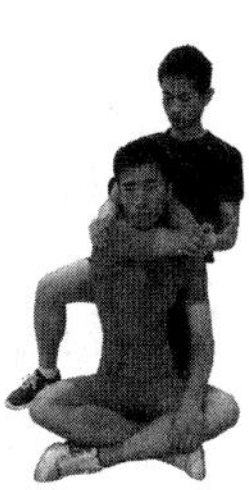
图 6-89

同伴跪于拉伸者身后，右手扶拉伸者左臂肘关节，左手扶住拉伸者右臂肘关节；

（2）呼气，同时同伴下压拉伸者左肘关节，往内按压拉伸者右臂肘关节，帮助拉伸者完成更大幅度的拉伸。

（3）吸气放松，恢复至初始姿态。然后进行对侧拉伸。

（三）手腕部拉伸

手腕在人体所有关节中算是运用比较频繁的关节之一，很多精细动作的完成都离不开灵活有力的腕关节。一旦手腕受伤，其恢复过程很慢。为了最大可能地避免受伤或劳损，平时多对手腕进行针对性的拉伸练习则显得必不可少。下面我们将介绍一些关于手腕的拉伸方法。

1. 跪姿压腕（难度：容易，图 6－90、图 6－91）

图 6－90

图 6－91

（1）拉伸者采用跪姿，手臂翻转，双手着地，指尖对着膝盖，拉伸腕关节和前臂的肌肉；

（2）呼气，同时臀部缓缓坐向脚跟，使手臂拉长；

（3）该动作可通过手指方向的变化演变出其他拉伸动作。

2. 胸前合掌拉伸（难度：容易；图 6－92）

图 6－92

（1）拉伸者采取站姿，抬高双肘，掌心相对，双掌合十；

（2）呼气，同时双手互相用力推压，感受前臂和手腕关节的拉伸；然后双手缓缓向下移动至只有十指相触，掌心分开，感觉到手指被拉伸；

（3）也可以用任一手指与另一只手掌形成合掌，互相推压，感受手指的拉伸。

3. 翻腕拉伸（难度：容易；图 6－93）

（1）拉伸者采用站姿，左手于体前翻腕，手臂伸直，右手抓住左手手指后翻，感觉到左前臂和左腕关节被拉伸；

（2）进行对侧手臂的练习。

4. 伸展手腕（难度：容易/中等；图 6－94）

（1）图 6－94 所示：拉伸者掌心向上，双手反握杆，拇指指向身体后侧，其余四指指向身体外侧；

图 6－93

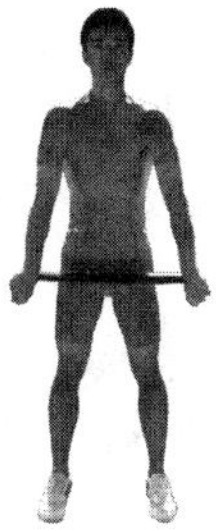

图 6－94

（2）呼气，同时缓缓弯曲手臂，并向上提杆；

（3）吸气放松，恢复至初始姿势；

（4）该动作可以通过窄、中、宽等不同抓握间距进行练习。

四、腰腹部拉伸方法

腰腹部是一个天然整体，不可能人为地将其拆分进行练习。我们在拉伸练习过程中也不能只拉伸腹肌而不牵涉到腰部，或者只拉伸腰部而不动用腹肌，只能是该动作是否对腹部或腰部的刺激更大一点。以下是针对腰腹部的不同的拉伸动作。

1. 脊柱弯曲拉伸(又名眼镜蛇式或上体后屈拉伸)(难度:容易;图 6－95)

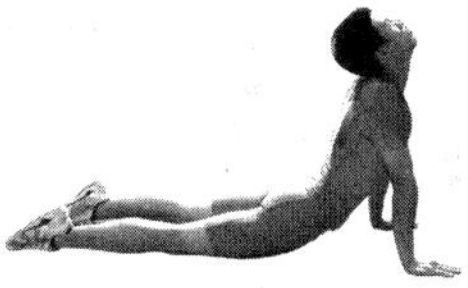

图 6－95

（1）俯卧姿势，双手靠近胸部，手指向前，手掌着地；

（2）呼气，同时用双臂把身体撑起，撑起过程中应收紧臀部，保持双脚面紧紧贴地；

（3）抬头看天花板，使颈部肌肉有拉伸的感觉；

（4）该动作也可以在健身球上完成(图 6－96)，不过难度加大不少，但在拉伸的同时又锻炼了身体平衡能力。

2. 看天花板(骆驼式)(难度:中等;图 6－97)

图 6－96

图 6－97

（1）跪立姿态，双手扶腰；

（2）呼气，同时上体缓缓后屈，伸出右手扶右脚后跟，然后伸出左手扶左脚后跟，髋部尽量向前上方伸展，背形成拱形，目视天花板。

3. 反降落伞式拉伸（难度：中等；图 6－98、图 6－99）

图 6－98

图 6－99

（1）俯卧姿势，小腿弯曲，双手由后背分别抓住双脚或其踝关节；

（2）呼气，同时胸部和大腿缓缓抬离地面，保持臀部收紧，抬头目视前上方，髋关节尽量抬离地面，以腹部为支点，支撑整个身体。

4. 背弓变式双人拉伸（难度：容易/中等；图 6－100）

（1）双人背靠背坐姿状态，拉伸者屈膝而坐，同伴直腿而坐，两人手臂上举，在头顶相握；

（2）呼气，同时同伴做体前屈，带动拉伸者向上作背弓，拉伸者髋关节尽量上顶；

（3）吸气放松，同时恢复至初始姿势；

（4）进行该练习时，拉伸者的体重实际上更好的帮助同伴进行了腘绳肌的拉伸练习，因此，该练习可以作为双人拉伸的动作；

（5）做练习过程中注意，两人背部始终紧贴；

（6）实际上该动作对拉伸者的肩部也有很好的效果。

5. 俯冲式拉伸（难度：容易/中等；图 6－101）

图 6－100

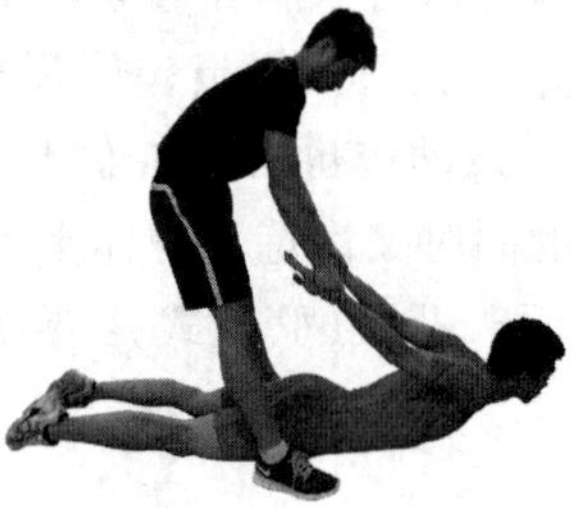

图 6－101

（1）俯卧姿势，两臂伸直放在身体两侧；

（2）同伴跨步站在拉伸者臀部上方，同伴两手分别抓在拉伸者的肱二头肌和肘关节之间；

（3）拉伸者慢慢吸气时，同伴慢慢将拉伸者胸部抬离地面，使拉伸者呈俯冲式弓形姿势；

（4）收紧臀部，在整个抬起过程中，双脚不要离开地面；

（5）拉伸者与同伴始终要保持交流，以便控制身体的拉伸程度；

（6）该动作也可以在健身球上完成(图 6－102)，这样在拉伸的同时，还可以练习身体平衡能力。

6. 坐地用肘触膝拉伸(难度:容易;图 6－103)

图 6－102

图 6－103

（1）拉伸者坐在地上或椅子上，双手放于头后，双臂尽量外展；

（2）呼气，同时倾斜右肘，使右肘向右侧膝盖方向伸展，左肘同时向后上方移动；

（3）吸气放松，恢复至初始姿势。然后进行对侧身体的练习。

7. 分腿坐姿体侧屈(难度:容易/中等;图 6－104)

（1）分腿坐于地上，上体保持直立；

（2）呼气，同时向左做体侧屈，右臂贴于耳，从头顶伸向左脚(尽可能地握住脚趾)，整个左侧躯干尽可能贴住右腿；

（3）吸气放松，恢复至初始姿势。然后进行对侧身体的拉伸练习。

8. 侧跪立体侧屈(难度:容易;图 6－105)

图 6－104

图 6－105

（1）跪立姿势，右腿向右侧伸开，使得右脚和右膝在一条直线上，同时两臂侧平举；

（2）呼气，同时身体向右侧屈体，右手放在右脚上，左臂上举贴于左耳，整个身体保持在一个平面内；

（3）吸气放松，恢复至初始姿势。然后进行对侧身体的拉伸练习；

（4）该拉伸练习也可以在同伴的帮助下进行更大幅度的拉伸（图6－106）。同伴站于拉伸者的身后，一手按住拉伸者的髋关节，另一手扶住伸展手臂的肘关节，帮助拉伸者获得更大幅度的动作。

9. TFL 式拉伸（难度：容易；图 6－107）

图 6－106

图 6－107

（1）拉伸者采用站姿，手臂自然垂于身体两侧，手掌贴于大腿外侧；

（2）左脚置于右脚前，尽可能地内收，呼气，同时身体缓缓向左侧屈体，手掌始终保持贴于大腿外侧；

（3）吸气放松，恢复至初始站姿。然后进行对侧身体的练习；

（4）该动作同时也能拉伸臀部外侧肌群。

10. 分腿单臂仰撑（难度：中等/高；图 6－108、图 6－109）

图 6－108

图 6－109

（1）分腿坐于地面，上体略微后倾，双手支撑于臀部后方；

（2）吸气，同时左臂举起，上臂贴于耳旁，向头顶右上方伸展；右手和双脚跟同时用力，将身体向上撑起；

（3）呼气放松，恢复至初始坐姿。然后进行对侧身体的练习。

11. 球上体侧屈(难度:容易;图 6 - 110)

图 6 - 110

(1) 端坐于健身球上，两腿略微分开，双手卡腰；

(2) 呼气，同时左臂上举，贴于耳旁，上体向右侧做体侧屈，左手臂尽量向右上方伸展；

(3) 吸气放松，恢复至原始坐姿。然后进行对侧方向的练习。

12. 侧卧健身球拉伸(难度:容易/中等;图 6 - 111)

(1) 把身体的一侧从臀到腋下沿着健身球放在合适的部位；

(2) 下方腿伸直向前，上方腿弯曲伸向后面，以保持身体平衡；

(3) 呼气，同时上方手臂绕过头，伸向地面；

(4) 吸气放松，保持身体稳定于球上，通过手臂的重量控制拉伸程度。

13. 背杆转体拉伸(难度:容易;图 6 - 112、图 6 - 113、图 6 - 114)

图 6 - 111

图 6 - 112

图 6 - 113

图 6 - 114

(1) 双脚与肩同宽，双膝稍弯曲；将轻杆负于肩后(也可以选择有一定重量的杆,根据自身情况而定)，两肘后张，尽量向后展胸；

(2) 呼气，同时缓缓向左侧转动上体；

(3) 吸气放松，恢复至初始站姿。然后进行对侧身体的练习；

(4) 进行该动作过程中，不要旋转太快，或拉伸用力过猛。

14. 持哑铃体侧屈拉伸(难度:容易;图 6-114、图 6-115)

(1)拉伸者采取站立姿势，左手持一个较轻的哑铃；

(2)呼气，同时向左侧屈体，靠哑铃的重量达到更大幅度的拉伸，头偏向左侧，感觉到整个右侧躯干被拉伸；

(3)吸气放松，恢复至初始站姿。然后进行对侧身体的练习；

(4)如果把头偏向没有持哑铃手臂的一侧，该动作将对颈部也会有较好的拉伸效果。

15. 双人转体击掌(难度:容易,图 6-116)

(1)两人背对站立，相距大约一脚距离，两腿打开与肩同宽，两手自然垂于体侧；

图 6-115

图 6-116

(2)呼气，两人同时向左转动上半身，双手于两人胸前击掌；

(3)吸气，恢复至初始站姿。然后进行对侧身体的练习。

16. 双人背靠背体侧屈(难度:容易,图 6-117、图 6-118)

图 6-117

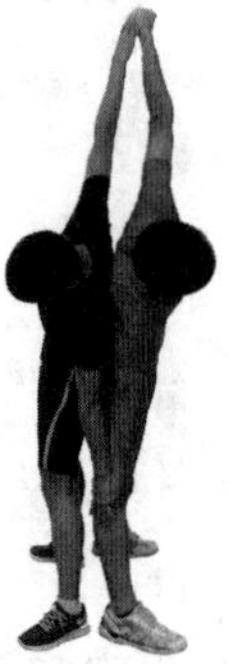

图 6-118

(1)两人背对站立，相距大约一脚距离，双腿打开与肩同宽，手臂图 6-118 所示侧平举，两人的手指相互扣在一起；

(2)呼气，同时一人做左侧屈，另一人做右侧屈，手臂尽可能地向地板方向延展；

（3）吸气放松，恢复至初始站姿。然后进行对侧身体的拉伸。

17. 双人侧弓步侧拉伸(难度:容易/中等;图 6－119)

（1）两人反向侧弓步站好，伸展腿抵在一起，手臂拉成环状；

（2）呼气，两人同时向外侧用力，使上体得到进一步的伸展；

（3）吸气放松，恢复至初始姿势。然后两人交换位置进行对侧身体的拉伸。

18. 体侧屈(难度:容易/中等,图 6－120)

图 6－119

图 6－120

（1）两腿分开与肩同宽呈站立姿势，左手垂于体侧，右臂上举并于头后弯曲，同伴一手扶于拉伸者髋关节处，另一手扶于右臂肘关节处；

（2）呼气，同时向左侧屈体，保持身体在一个平面内，再呼气，在同伴的帮助下更大幅度的拉伸；

（3）吸气放松，恢复至初始站姿。然后进行对侧身体的练习。

五、髋部、大腿部拉伸方法

髋部和大腿肌群拉伸主要是对髋关节和股四头肌、大腿内收肌及腘绳肌群的拉伸练习，具体拉伸方法如下。

（一）髋关节拉伸练习

1. 弓步拉伸(难度:中等;图 6－121、图 6－122)

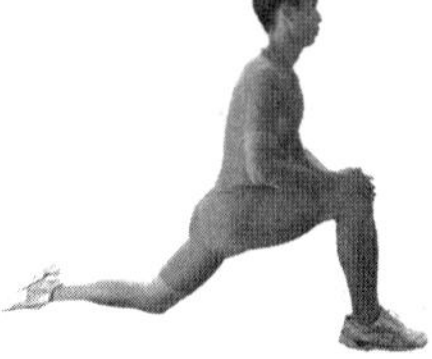

图 6－121

图 6－122

（1）弓步姿势，前侧大腿与小腿夹角要小于 90 度，膝盖不超过脚尖；后侧腿的胫骨前肌和膝盖放在地板上，两腿尽可能打开；上体始终保持直立，双手自然扶在前侧腿膝关节上；

（2）该动作也可借助健身球进行，将双腿架于球上，以打开髋关节（图 6－122）。

2. 单腿半坐球髋部拉伸（难度：容易/中等；图 6－123）

（1）抬起一腿，小腿后侧贴紧大腿后侧，膝关节外展压在健身球上，另一腿后伸，展开髋关节；上体保持直立，感觉到髋部被拉伸；

（2）该动作进行的过程中，始终保持髋部对着正前方；

（3）该动作对臀部也有较好的拉伸效果，并对平衡能力也有一定的锻炼。

图 6－123

3. 髋关节拉伸双人（难度：容易；图 6－124、图 6－125）

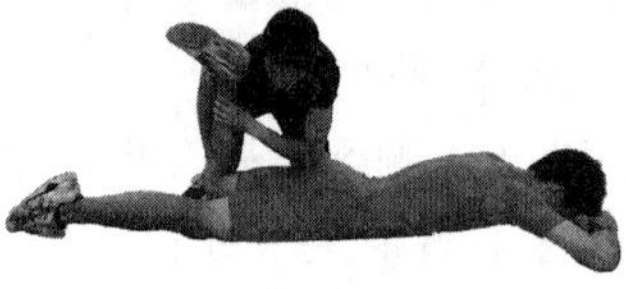

图 6－124

图 6－125

（1）俯卧姿势，自然弯曲一腿；同伴跪于拉伸者身体一侧，一手抱住膝盖骨上侧，另一手按于臀纹线根部；

（2）吸气，同时同伴协助拉伸者向上方抬起弯曲腿；同伴放于膝盖骨上侧的手发力向上抬拉伸者的弯曲腿，按于臀纹线根部的手帮助维持正确的身体姿态，使得髋关节不发生偏转至最大拉伸幅度并保持一定时间；进行该动作过程中拉伸者要始终保持与同伴的交流；

（3）呼气，恢复至俯卧放松姿势。然后对侧身体进行练习。

4. 滚球拉髋（难度：容易/中等，图 6－126、图 6－127）

（1）拉伸者采用站姿，健身球放于拉伸者面前；

（2）抬起一腿脚掌放于球上，呼气，同时缓慢向前滚动健身球，使得两腿尽可能张开，展开髋关节；

（3）吸气放松，恢复至初始站姿。然后进行对侧腿练习；

（4）该动作进行过程中，始终保持髋关节正对正前方。该练习对平衡能力的锻炼也很有效果。

图 6 - 126

图 6 - 127

5. 屈膝后举腿(难度:高;图6 - 128)

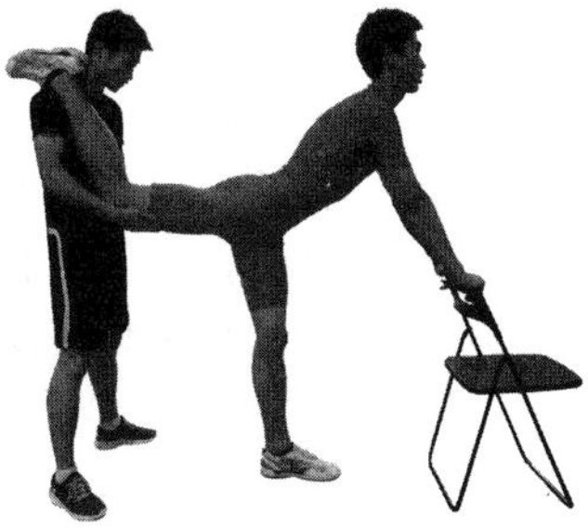

图 6 - 128

(1) 拉伸者扶椅背或墙壁站立;同伴站于拉伸者正后方,与拉伸者保持适当的距离;

(2) 拉伸者由髋关节开始向后抬起左腿,膝关节自然弯曲。同伴一手抓住拉伸者左腿膝关节,另一手按于弯曲腿的臀部上方。吸气时,同伴抓住膝关节的手向上方进一步抬起左腿,按于臀部上方的手则往下压,保证髋关节不发生偏转至最大拉伸幅度并保持一定时间;该动作进行过程中拉伸者要始终保持与助手的交流;

(3) 呼气放松,恢复至初始站姿。然后进行对侧身体的练习。

(二) 大腿部位的拉伸

大腿部位主要由股四头肌、内收肌和腘绳肌三部分组成,下面我们首先从大腿股四头肌部位开始介绍相关拉伸动作。

1. 股四头肌拉伸

(1) 俯卧牵拉股四头肌(难度:容易;图 6 - 129)

图 6 - 129

① 俯卧姿势,下颚着地,两腿并拢伸直;

② 弯曲一条腿,双手抓住脚踝或脚尖,呼气,同时缓慢牵拉脚踝或脚尖,使大小腿尽可能贴在一起,脚跟碰触臀部;

③ 吸气放松,恢复至俯卧姿势。然后进行对侧身体的练习;

④ 进行该动作过程中,要始终保证髋关节不要发生扭转,背部不要向上拱起;

⑤ 如果做该动作时手抓不到脚,可用一条毛巾辅助。

(2) 侧卧牵拉股四头肌(难度:容易;图 6 - 130)

① 侧卧姿势，身体保持在一个平面内，下方手臂支撑于头部侧面，保持两腿大腿并拢，放在下方的腿伸直，上方腿向后弯曲，上方手抓住弯曲腿的脚踝或脚尖；

图 6－130

② 呼气，同时手臂发力牵拉弯曲腿，使大小腿尽可能贴在一起，尽量使脚跟接触到臀部；

③ 吸气放松，恢复至侧卧姿势。然后进行对侧身体的练习；

④ 如果拉伸者抓不到自己的脚，可以用一条毛巾或其他器材辅助。

(3) 站立拉伸股四头肌(难度:容易;图 6－131)

① 站立姿势，双腿并拢，双手自然垂于体侧；

② 呼气，同时屈膝向后弯曲小腿，双手从体后抓住弯曲腿脚踝或脚尖；自然呼吸，尽可能将脚跟贴至臀部至最大拉伸幅度并保持一定时间；

③ 吸气放松，恢复至初始站姿；

④ 该动作过程中始终保持两腿根部并拢，双膝靠在一起；站立腿可稍微弯曲；

⑤ 该动作对身体平衡能力也有一定的锻炼效果。

(4) 单腿后架拉伸股四头肌(难度:中等,图 6－132)

图 6－131

图 6－132

① 背对站立于椅子或某个固定的平台前，保持适当的距离；向后抬起一腿，脚放在椅子或者固定的平台上；双手卡腰，上体保持直立；

② 呼气，同时缓缓下蹲，感觉到大腿前侧股四头肌被拉伸；

③ 吸气放松，恢复至初始姿势。然后进行对侧身体的练习；

④ 该动作对身体平衡能力也有一定的锻炼效果。如果拉伸者的平衡较差，也可手扶某物体以维持平衡。

(5) 单腿后屈倒体拉伸练习(难度:中等,图 6－133、图 6－134)

① 拉伸者采用坐姿，一条腿前伸，另一条腿后屈，大小腿贴紧，脚背贴地，脚跟贴于臀部；上体保持直立，双手撑于体侧地面；

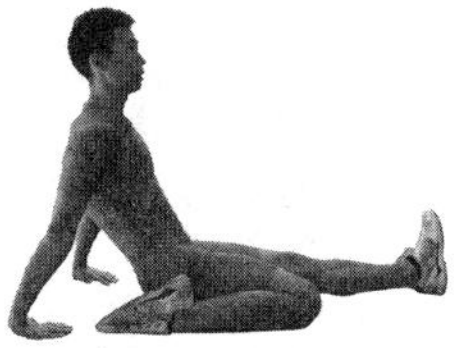

图 6 - 133

图 6 - 134

② 呼气，同时双手发力，背部缓缓向后倾，直到躺于地板，自然呼吸，尽可能地将髋关节向上顶出，保持一定时间，感觉到股四头肌被拉伸；

③ 吸气，通过双臂发力，恢复至初始姿势。然后进行对侧身体的拉伸。

(6) 双腿后屈倒体拉伸练习(难度:高;图 6 - 135、图 6 - 136)

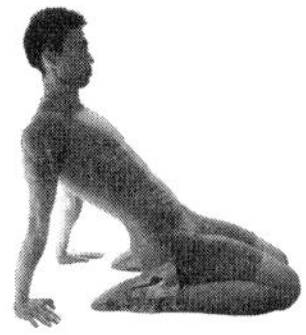

图 6 - 135

图 6 - 136

① 拉伸者跪在地上，脚背贴地，脚跟贴至臀侧；臀部坐于两腿之间；双手分别放在脚掌上；

② 呼气，同时背部缓缓向后倾，直到躺于地板，自然呼吸，尽可能地将髋关节向上顶出，保持该姿势一定时间，感觉到股四头肌被拉伸；

③ 吸气，双臂发力，恢复至初始姿势；

④ 进行该动作过程中，注意保持膝关节内侧和胫骨前侧不要离开地面。

(7) 仰卧双人拉伸股四头肌(难度:容易;图 6 - 137)

① 仰卧姿态，向后弯曲一腿，使膝关节内侧和胫骨贴于地面，脚背贴地，脚跟贴于臀侧；同伴跪于拉伸者体侧，一手扶在拉伸者髋关节前侧，另一手按住拉伸者膝关节；

② 呼气，同伴同时缓缓下压髋关节和膝关节；该动作进行过程中拉伸者要始终保持与助手的及时沟通；

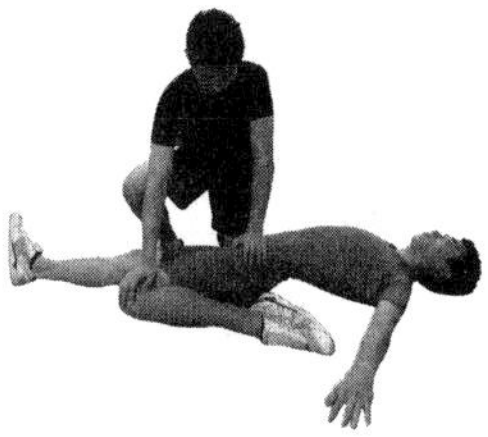

图 6 - 137

③ 吸气放松，恢复至仰卧姿势。然后进行对侧身体的练习；

④ 进行该动作时，注意对膝关节的保护。

(8) PNF 法拉伸股四头肌练习(难度:容易;图 6 - 138)

① 俯卧姿势，下巴放在手背上，弯曲一腿；同伴跪于拉伸者体侧，一手抓住弯曲腿胫骨，另一手放在弯曲腿脚掌上；

② 呼气，同时同伴发力，将脚跟压向臀部，拉伸者收缩股四头肌以对抗同伴施加的外力，持续 10 秒钟后，拉伸者放松股四头肌，自然呼吸，同伴缓缓将脚跟压向臀部。进行该动作过程中拉伸者始终保持与同伴及时沟通；

③ 吸气放松，恢复至俯卧姿势，然后进行对侧身体的练习；

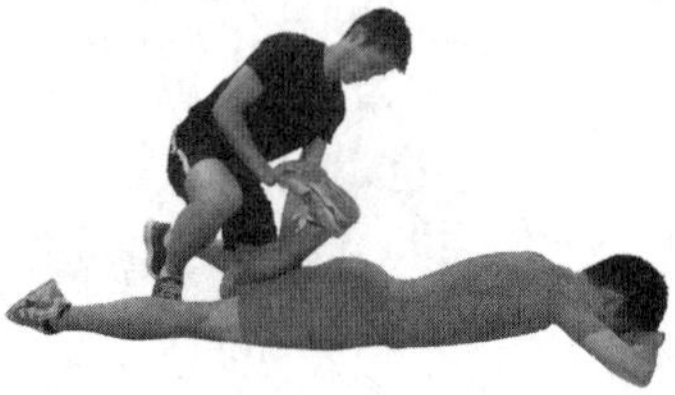

图 6－138

④ 进行该动作过程中，同时按压脚掌，对于小腿后侧肌也有很好的拉伸效果。

（9）背靠背双人下蹲拉伸练习（难度：容易；图 6－139、图 6－140、图 6－141）

图 6－139

图 6－140

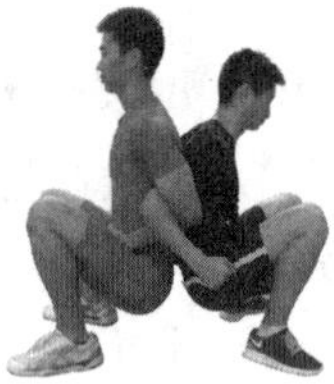

图 6－141

① 双人背靠背站立，手肘互挽；

② 呼气，两人同时下蹲，直至不能再继续下蹲，保持一定时间；然后吸气，缓缓起身；进行该动作过程中两人动作速度始终一致；

③ 该动作对身体平衡能力也有一定的锻炼效果。同时还有助于培养团队合作精神。

2. 大腿内收肌拉伸

（1）束脚坐式练习（难度：容易/中等；图 6－142）

① 束脚式坐姿，脚掌相对，双膝向外张开，双手抓住双脚的脚趾；

② 呼气，同时两腿尽可能压向地面；如果进行上述动作有困难，可以将上体从尾骨向前倾，逐渐加大拉伸幅度，并保持最大幅度一定时间；

③ 吸气放松，恢复至初始坐姿；

④ 进行该动作过程中，注意控制动作幅度，以防拉伸强度过大。

（2）仰卧举腿拉伸内侧腿（难度：中等；图 6－143）

图 6－142

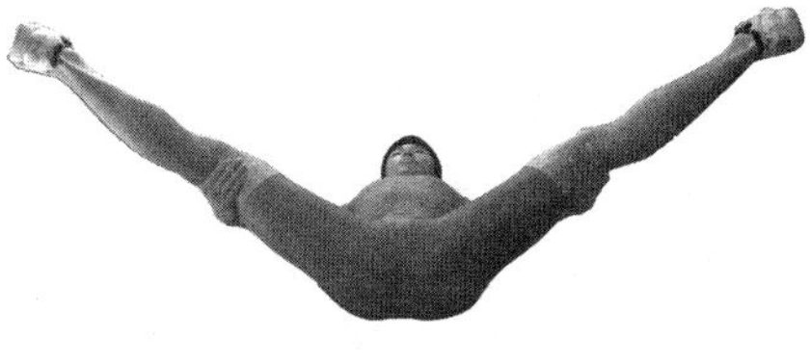

图 6－143

① 仰卧姿势，用两条毛巾分别缠住两脚；

② 吸气，同时向上抬起双腿；呼气，同时双腿尽可能向两侧张开，双手拉住毛巾，缓缓向下拉伸；

③ 吸气放松，双腿恢复至双腿上举姿势；呼气，落下双腿成仰卧姿势；

④ 为达到良好的效果，最好让脚跟和臀部贴于墙壁。

（3）分腿坐侧压腿（难度：容易/中等；图 6－144）

① 分腿而坐，两腿尽可能向两侧分开，上体保持直立姿势；

② 呼气，同时转动躯干朝向一腿方向，缓缓下压，躯干尽可能的贴向腿面，双手前伸够脚；

③ 吸气放松，恢复至初始坐姿。然后进行对侧身体的练习。

（4）分腿坐体侧屈（难度：容易；图 6－145）

图 6－144

图 6－145

① 分腿而坐，两腿尽可能分开；上体保持直立姿势，左臂放松，右臂上举；

② 呼气，同时身体向左侧做体侧屈，保持胸部朝向正前方，右手尽可能伸向左脚；

③ 吸气放松，恢复至初始姿势。然后进行对侧身体的练习；

④ 进行该动作过程中，始终保持躯干和躯干所压的腿在一个平面内。

图 6－146

（5）仰卧侧搬腿（难度：容易/中等；图 6－146）

① 仰卧姿势，竖直向上举起左腿，左手抓住左脚掌或左脚踝，尽可能保持该腿伸直；

② 呼气，同时慢慢向左侧放下左腿，使整条腿的外侧贴于地面，保持该

姿势一定时间；

③ 吸气放松，左腿恢复至竖直位置；呼气，落下左腿成仰卧姿势。然后进行对侧身体的练习。

（6）立蛙式拉伸练习（难度：容易/中等；图 6－147）

① 脚尖朝外，双腿分开约 30 厘米站立，下蹲，双臂肘关节顶住大腿内侧，双手自然垂放于体前地面；

② 呼气，同时肘关节用力向外顶大腿内侧，使双腿尽可能向外展开；

③ 吸气放松，恢复至初始姿势，然后重复练习。

（7）卧蛙式拉伸练习（难度：中等/高；图 6－148、图 6－149）

图 6－147

图 6－148

① 跪撑姿势，两腿尽可能向外展开，脚尖对身体两侧；双臂肘关节贴于地面，整个身体呈青蛙姿势；

② 呼气，同时双臂前移，两腿尽力向外展开，身体重心落于两腿之间，缓缓下降身体，尽可能使腹股沟贴近地板；

图 6－149

③ 吸气放松恢复初始姿势，然后重复练习；

④ 该动作也可在同伴帮助下做进一步的拉伸（图 6－150），同伴跪于拉伸者正后方，双手按于拉伸者臀部上，适度下压，帮助拉伸者展开髋关节。

（8）侧弓步拉伸练习（难度：容易；图 6－151、图 6－152）

图 6－150

图 6－151

① 站立姿势，双脚脚尖向前，双腿以两倍肩宽呈侧弓步，身体向对正前方，弯曲腿一侧手臂肘关节架于大腿上，另一侧手臂扶于伸直腿大腿外侧；

② 呼气，同时身体缓慢下压；弯曲腿脚尖稍微向外转动，以加大拉伸幅度。吸气放松；

③ 进行该动作过程中，避免身体前倾，或弯曲腿膝关节超过脚尖；

④ 为增加拉伸强度，伸直腿可以慢慢向外移动几公分，重复这一动作；

⑤ 该动作也可以借助健身球练习（图 6－152），将髋关节架于健身球上，以保持髋关节处于展开状态；在健身球上进行练习对身体平衡能力也有很好的锻炼效果。

（9）高跨步拉伸练习（难度：中等；图 6－153）

图 6－152

图 6－153

① 面向椅背或者较高的稳定物站立，保持适当距离；抬起一腿，前脚掌踩在椅背或者较高的稳定物上；

② 呼气，同时身体向前压，进一步弯曲前腿，展开髋关节；

③ 吸气放松。然后进行对侧身体的练习；

④ 进行该动作过程中始终保持髋关节正对前方。

（10）站立体侧屈压腿拉伸练习（难度：中等；图 6－154）

① 拉伸者侧对椅背或者较高的稳定物体站立，抬起一腿架于椅背或者较高的稳定物上，脚尖冲上；双臂上举，两手于头顶正上方相握；

② 呼气，同时手臂带动躯干弯向架起的腿，由小幅度的弹动逐渐过渡到静止的较大幅度的拉伸状态，并保持最大拉伸幅度一定时间；

③ 吸气放松。恢复初始姿态，然后进行对侧身体的练习；

④ 为使架起的腿能够得到更大程度上的拉伸，站立腿可稍微弯曲。

（11）单腿跨椅拉伸练习（难度：容易；图 6－155）

图 6－154

图 6－155

① 拉伸者侧对椅子或者固定平台站立，保持适当的距离，抬起一腿放于椅子或固定平台上，脚尖向前或向外都可，双膝微微弯曲；

② 呼气，同时上体前屈，双手触地；

③ 吸气，头部先抬起，然后沿脊柱方向由头至腰部一节一节缓缓抬起，恢复至初始姿势。然后进行对侧身体的练习。

(12) 坐姿横开腿拉伸练习(难度:中等;图 6－156)

图 6－156

① 拉伸者采用坐姿，两大腿尽可能向外展开；全脚掌着地，双脚脚尖朝向身体两侧；双手扶于两膝关节上方；

② 呼气，同时上体从尾骨开始前倾，身体缓缓压向两腿之间；双手同时用力往外掰两膝，以增加拉伸幅度至最大幅度并保持一定时间；

③ 吸气放松，恢复至初始姿势，而后重复练习。

(13) 束脚内收肌双人拉伸练习(难度:中等;图 6－157、图 6－158)

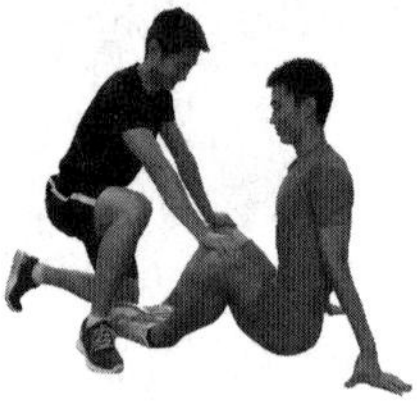

图 6－157

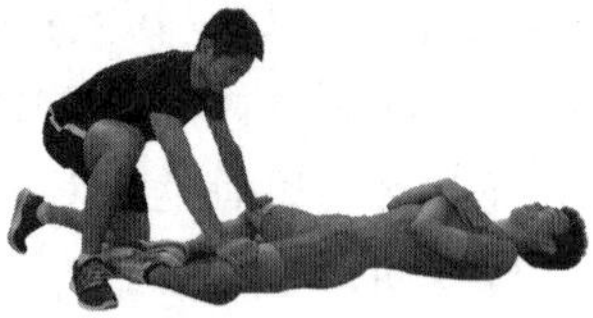

图 6－158

① 拉伸者采用束脚式坐姿，上体直立，双手支撑在身体后侧的地面；同伴单腿跪立于拉伸者前方，双手放于拉伸者的两膝上方；

② 呼气，同时同伴缓缓向下压拉伸者的双膝，尽可能地使拉伸者膝盖贴近地面；注意进行该动作的整个过程中拉伸者始终要与同伴及时进行交流；

③ 吸气放松，恢复至初始姿势，然后重复该练习；

④ 该动作也可以采用仰卧的姿势来进行练习(图 6－158)。

(14) 双人分腿前压(难度:容易/中等;图 6－159)

① 分腿而坐，尽可能展开髋关节，两腿夹角尽可能趋近 180°；同伴站于拉伸者正后方；

② 呼气，同时上体前压，同伴双手按于拉伸者的下背部，加大幅度动作，尽可能地使拉伸者上体贴向地面；

③ 吸气放松，恢复至初始姿势。然后重复该练习。

(15) 仰卧举腿牵拉内侧腿(难度:容易/中等;图 6－160)

图 6－159

图 6－160

图 6－161

① 拉伸者采取仰卧姿势，两手自然放于身体两侧，两腿绷直向上抬起，脚尖指向天花板，同伴面向拉伸者站立于两腿之间，保持适当距离；

② 呼气，同时拉伸者双腿向两侧尽可能大地展开，同伴通过对拉伸者双腿施加适当推力，缓缓下压至最大拉伸幅度并保持一定时间；进行该动作过程中拉伸者要始终保持与同伴及时交流；

③ 吸气放松，双腿恢复至中间位置，然后重复该练习。

（16）分腿坐式拉伸练习（难度：容易/中等；图 6－161）

① 分腿而坐，双手放在背后支撑于地面或者背靠墙而坐；同伴跪于拉伸者体前，双手扶于拉伸者大腿内侧；

② 呼气，同时同伴给予拉伸者大腿内侧适当推力，使拉伸者双腿向两侧尽可能展开；进行该动作过程中拉伸者始终要保持与助手及进行交流；

③ 吸气放松，恢复初始姿势，然后重复该练习；

④ 进行该动作时上体尽量保持正直。

（17）侧搬腿拉伸练习（难度：中等/高；图 6－162、图 6－163）

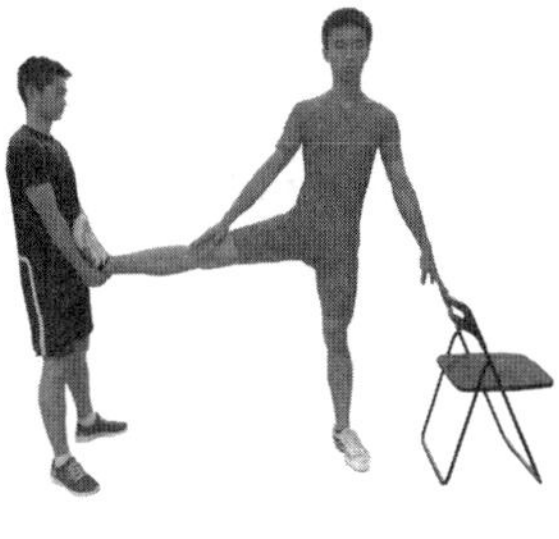

图 6－162

图 6－163

① 拉伸者侧对椅背或者较高的稳定物站立；同伴站于拉伸者侧面大约一腿距离；拉伸者右手扶椅背，向左侧抬起左腿至地面水平位置；同伴双手抱住

拉伸者脚踝；

② 呼气，同时同伴缓缓向上抬起左腿，架于同伴肩上，髋关节尽可能地打开至最大拉伸幅度并保持一段时间；进行该动作过程中拉伸者始终保持与同伴及时进行交流；

③ 吸气放松，同侧重复几次练习。然后进行对侧身体的练习；

④ 做该动作过程中注意避免腿抬过高；并且在腿下放的过程中控制好节奏。

图 6－164

(18) 屈膝侧抬腿展髋练习(难度:容易;图 6－164)

① 拉伸者侧对健身球跪立，右腿向右侧屈膝抬起将膝关节架于球上，上体挺直，双手卡腰；

② 呼气，同时用架起腿向右侧滚动健身球，使髋部进一步展开；

③ 吸气放松，恢复至初始姿势。同侧重复几次练习。然后进行反方向的练习；

④ 做该动作过程中始终保持上体的姿势不变。该动作对身体平衡能力也有一定的锻炼作用。

3. 腘绳肌拉伸

(1) 仰卧直腿触胸拉伸练习(难度:容易;图 6－165、图 6－166)

图 6－165

图 6－166

① 仰卧姿势，双腿弯曲，脚跟尽可能贴向臀部；向上抬起一腿，双手抱住抬起腿膝后或者小腿；

② 呼气，同时抬起腿保持伸直，并尽可能贴近胸，当膝关节下部肌腱紧张时，通过收缩同一条腿的四头肌以放松其紧张程度；

③ 吸气放松，恢复至初始姿势。然后进行对侧身体的练习；

④ 做该动作的过程中，始终保持上体不要抬离地面。如果柔韧性不好，可以用一条毛巾套在脚上进行练习。

图 6－167

(2) 坐姿单举腿拉伸练习(难度:高;图 6－167)

① 坐姿，左手撑在身体的斜后方，以保持平衡，右手抓住右脚后跟；

② 呼气，同时把右腿向上抬起，使其向右肩方向靠近；保持该姿势一定时间；

③ 吸气放松，恢复至初始姿势。然后进行对侧身体的练习；

④ 做该动作的过程中，始终保持上体直立和抬起腿伸直，而且应该避免腿向外侧伸或交叉到对侧。

(3) 坐姿体前屈拉伸练习(难度:高;图 6－168)

① 拉伸者采用坐姿，双腿并拢伸直，脚尖勾起；

② 呼气，同时上体由髋关节开始前倾，双手抓住脚掌或脚踝，轻轻把下巴贴向双膝或胫骨；保持该姿势一定时间；

③ 吸气放松，脊柱由头至臀部方向逐渐抬起，恢复至初始姿势；

④ 如果柔韧性不好，可以在脚上套一条毛巾以帮助完成该动作。

(4) 分腿立体前屈(难度:容易/中等;图 6－169)

图 6－168

图 6－169

① 分腿站立，保持两腿伸直；

② 呼气，同时上体由髋关节开始前倾，抓住脚踝或脚面，尽可能的使胸部靠在腿上；

③ 吸气，屈膝，脊柱由头至脚逐渐抬起，恢复至初始姿势。

图 6－170

(5) 后弓步体前屈(难度:容易;图6－170)

① 两腿前后站立，距离约 30 厘米，后腿弯曲；

② 呼气，同时上体由髋关节开始前倾，双手放于前侧腿两侧，尽可能将胸部贴于前侧腿大腿面，如果柔韧性较好，可以尝试将后腿伸直；

③ 吸气放松，恢复至初始姿势。然后进行对侧身体的练习。

(6) 后弓步压腿(难度:容易;图 6－171)

① 两腿前后站立，距离约 30 厘米，后腿弯曲；双手扶于膝关节上方；

② 呼气，同时双手下压，上体由髋关节开始前倾，臀部后坐；

③ 吸气放松，恢复至初始姿势。然后进行对侧身体的练习。

(7) 正压腿练习(难度:容易/中等;图 6－172、图 6－173)

图 6－171

图 6－172

① 拉伸者采用站姿，距离椅背或者较高的平台适当的距离；抬起左腿架于椅背或者平台上，保持腿部伸直；

② 呼气同时，双手沿着左腿滑动，使胸部向腿面贴近；

③ 吸气放松，恢复至初始姿势。然后进行对侧身体的练习；

④ 做该动作过程中始终保持骨盆正对前方，不能发生偏转。

(8) 跨骑坐式拉伸练习(难度:中等/高;图 6－173、图 6－174)

图 6－173

图 6－174

① 拉伸者采用坐姿，弯曲一腿，将髋向外展开，另一腿保持伸直；

② 呼气，同时上体由髋关节开始前倾，胸部贴向伸直腿，双手分别抓住两脚脚踝；

③ 吸气放松，恢复至初始姿势。然后进行对侧身体的练习。

(9) 体前屈(难度:高;图 6－175、图 6－176、图 6－177)

图 6－175

图 6－176

① 拉伸者双腿并拢站立；

② 呼气，同时双腿弯曲，上体由髋关节开始前倾，慢慢把双手放于双脚

两侧的地面上；胸部尽可能与大腿面贴拢；柔韧性较好的，可以尝试将双腿伸直，加大拉伸的幅度；保持一定时间；

③ 吸气，弯曲双腿，脊柱由头至臀逐渐抬起，恢复至初始姿势；

④ 该动作也可以在同伴帮助下完成(图 6 - 178、图 6 - 179)，同伴站在拉伸者体前，拉伸者向下做体前屈时，双手抓住同伴双脚的脚踝，同伴双手放于拉伸者背部，适当用力帮助拉伸者下压。

图 6 - 177

图 6 - 178

（10） PNF 式拉伸练习(难度:容易/中等;图 6 - 180、图 6 - 181)

图 6 - 179

图 6 - 180

① 仰卧姿势，双手自然放在体侧，一腿弯曲，脚跟尽量靠近臀部，另一腿伸直向上抬起；同伴取适当位置，一手抓住抬起腿脚踝，另一手从正面抱住大腿；

② 呼气，同伴将抬起腿向躯干适当推压，同时拉伸者紧绷腿部肌肉以对抗同伴的推力，持续约 10 秒，然后拉伸者放松，在同伴的帮助下将腿压向躯干方向；该动作的过程中始终保持与同伴的交流；

图 6 - 181

③ 吸气放松，然后进行对侧身体的练习；

④ 做该动作时，可以重复进行几组对抗练习，或者把脚后跟放在同伴的

肩上，以增加拉伸强度；

⑤ 该动作过程中，始终保持上体紧贴地面，臀部贴地；做该动作时，可以收缩四头肌，以帮助放松膝关节下部的肌腱。

(11) 辅助正抬腿拉伸练习(难度:中等;图 6 - 182)

① 拉伸者采取站姿，向前抬起右腿；同伴站于拉伸者正前方，抓住右脚后跟，使右腿伸直与地面水平；

② 呼气，同时同伴向上抬起拉伸者的右腿，拉伸者支撑腿可以稍稍弯曲，维持身体平衡；

③ 吸气放松，右腿下落至与地面平行位置，重复该动作两到三次。然后换腿进行对侧身体的练习；

④ 做该动作过程中，保持股四头肌的收缩，以帮助放松膝关节下部肌腱，同时加大拉伸幅度；

图 6 - 182

(12) 坐姿跨栏式拉伸练习(难度:中等;图 6 - 183、图 6 - 184)

图 6 - 183

图 6 - 184

① 拉伸者采用坐姿，一腿前伸，另一条腿弯曲放在后面(跨栏姿势)；同伴站于拉伸者正后方；

② 呼气，上体由髋关节开始前倾，双手前伸抱住脚掌，同伴双手按于拉伸者上背部，适当用力前推，使得胸部尽可能地贴向腿面；保持一定时间；该动作过程中拉伸者始终保持与同伴的交流；

③ 吸气放松，恢复至初始姿势。然后进行对侧身体的练习。

六、小腿拉伸方法

小腿拉伸主要是对小腿后侧、外侧及内侧肌群的拉伸练习，具体方法如下：

1. 单腿脚踝内转拉伸(难度:容易/中等;图 6 - 185)

(1) 拉伸者采用坐姿，右腿前伸，左腿弯曲，左脚掌贴于右大腿内侧；上体直立从髋关节处开始前倾，右手扶于右脚脚背；

（2）向内旋转右脚，将右脚内侧压向地面；保持该姿势一定时间；

（3）放松，然后进行对侧身体的练习；

（4）该动作对腘绳肌也有很好的拉伸效果。

2. 双脚脚踝内转拉伸(难度:中等/高;图 6－186)

图 6－185

图 6－186

（1）分腿而坐，从髋关节处身体慢慢前倾，双手抓住双脚背；

（2）两脚逐渐向内旋转，尽可能将双脚内侧面压向地面，保持该姿势一定时间；

（3）放松，然后重复该练习。

3. 下压脚趾(难度:容易,图 6－187、图 6－188)

图 6－187

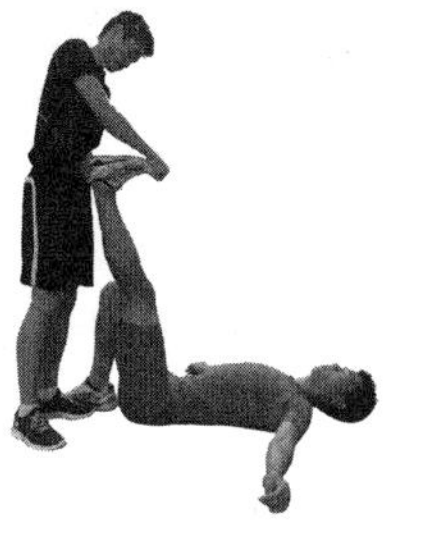

图 6－188

（1）仰卧姿势，伸直向上抬起一腿，另一腿弯曲，且脚掌靠近臀部平放；同伴站于适当位置，一手抓住抬起腿的脚跟，另一只手放于抬起脚脚趾处；

（2）呼气，同时同伴将脚趾下压，使小腿后侧肌群得到充分拉伸；

（3）以同一姿势，同伴一只手放在脚面上向上牵拉踵，另一只手抓住脚跟固定；

（4）吸气放松，恢复至初始姿势。然后进行对侧身体的练习。

（5）做该动作过程中拉伸者始终保持与同伴的交流。

4. 单腿跪立式拉伸阿基利斯腱与小腿后侧(难度:容易/中等;图 6－189)

（1）单腿跪立，双手自然放于体前地面，跪姿腿的脚背贴地，支撑腿全脚掌贴地；

(2) 呼气，同时身体重心缓缓前移，使支撑腿膝关节超过脚尖，感觉到支撑腿阿基利斯腱的拉伸；

(3) 吸气放松，然后进行对侧身体的练习。

图 6 - 189

5. 高位俯撑拉伸(难度:容易/中等;图 6 - 190)

(1) 以俯撑姿势开始，双手向双脚方向后移，臀部抬起，身体呈三角形；

(2) 两脚交替脚跟下压，感觉到阿基利斯腱和小腿后侧肌肉的拉伸；动作的同时，注意保持一侧腿处于伸直状态；

(3) 如果柔韧性比较好，这个动作也可以采用双脚后跟同时下压着地；

(4) 如果拉伸者柔韧性较差，也可以采用双手放在较高的平台上，这样可以降低膝关节下部肌腱的紧张程度。

6. 勾脚体前屈(难度:容易;图 6 - 191)

图 6 - 190

图 6 - 191

(1) 拉伸者采取站立姿势，左脚跟在右脚趾前大约 30 厘米处，左脚尖勾起；

(2) 呼气，同时由髋关节处开始向前屈体，尽可能使手触地，胸贴左腿腿面；并保持最大拉伸幅度一定时间；

(3) 吸气放松，脊柱由头至髋关节逐渐抬起，恢复至初始站姿。然后进行对侧身体的练习；

(4) 做该动作过程中，始终保持两腿伸直。

7. 屈腿后压拉伸(难度:容易;图 6 - 192)

(1) 双脚前后站立，两脚距离与肩同宽，双脚脚尖正向前方，上体保持直立，两手卡腰；

(2) 呼气，同时臀部下沉，并缓慢将身体重心向后方脚移动；

(3) 吸气放松，恢复初始姿势，然后进行对侧身体的练习；

(4) 做该动作过程中，始终保持后方脚掌平贴于地面，脚尖指向正前方。

8. 小腿后侧肌群拉伸(难度:容易;图 6 - 193)

图 6 - 192

图 6 - 193

(1) 两脚前后站立，与肩同宽，保持在一条直线上；双手作前伸推墙状；前腿弯曲，膝关节与脚趾在一条垂直线上；后脚脚尖指向正前方，脚跟抬起；身体前倾，使头部、臀部和后脚脚后跟呈一条直线；

(2) 呼气，同时后脚跟下压，后腿尽可能地伸直；

(3) 吸气放松，重复该动作；

(4) 做该动作时，注意：当后脚向后拉伸时，双脚仍应维持一条直线。

9. 提压踵(难度:容易;图 6 - 194)

(1) 双脚前脚掌站在椅子、台阶或者某个高台的边缘上，抓住固定物以保持平衡；

(2) 呼气，同时慢慢下落脚后跟(幅度不能过大)，吸气时自然抬起；

(3) 可单脚，也可双脚做提踵练习。

10. 脚跟走(难度:容易;图 6 - 195)

图 6 - 194

图 6 - 195

原地站立，也可小步慢速向前，双脚后跟交替着地，把身体重心放在脚跟上，保持上体直立。

11. 俯卧下压脚趾(难度:容易;图 6 - 196)

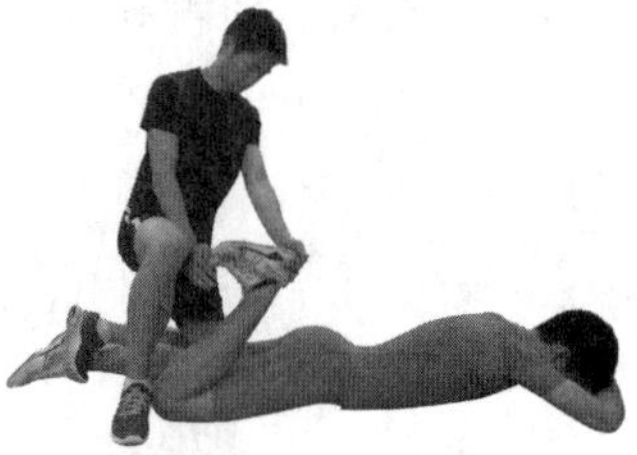

图 6 - 196

(1) 拉伸者采取俯卧姿势，左腿向后屈，脚掌与地面平行；同伴跪于拉伸者体侧，一只手抓住左脚跟，另一只手放于左脚前脚掌；

(2) 呼气，同时同伴将脚趾下压。使小腿后侧肌群得到充分拉伸；至最大拉伸幅度保持一定时间；

(3) 吸气放松，恢复至初始姿势。然后进行对侧身体的练习；

(4) 进行该动作过程中拉伸者始终保持与同伴的交流。

七、常用拉伸练习动作组合

下面介绍经常用的拉伸组合练习，以期在较短时间内使身体获得很好的拉伸效果(图 6 - 197 之 1 ~ 15)。

图 6 - 197 之 1

图 6 - 197 之 2

图 6 - 197 之 3

图 6 - 197 之 4

图 6 - 197 之 5

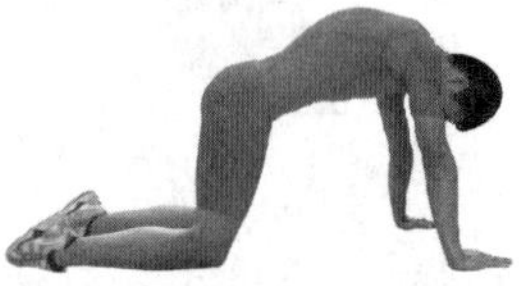

图 6 - 197 之 6

图 6－197 之 7

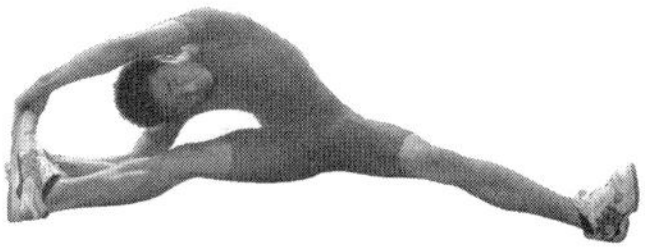

图 6－197 之 8

图 6－197 之 9

图 6－197 之 10

图 6－197 之 11

图 6－197 之 12

图 6－197 之 13

图 6－197 之 14

图 6－197 之 15

第四节　柔韧性的测量与评价

拉伸的测量方法主要有改良式坐位屈伸测试、全身旋转测试及肩关节旋转测试等，通过这些柔韧素质的拉伸测试，可以对运动员的柔韧素质进行合理、有效的评价。

一、改良式坐位屈伸测试

改良式坐位屈伸测试是一种测量和评价身体整体柔韧性的方法。

（1）测试所用设备：Acuflex Ⅰ 坐位屈伸箱（图 6－198）。

图 6－198　改进后的坐位屈伸测试的初始姿势

（2）确保受测者测试前进行适宜的热身活动。

（3）测试时不能穿鞋，受测者坐在地上，其背部、臀部和头紧贴着墙，腿完全伸展，脚底顶着 Acuflex Ⅰ 坐位屈伸箱。

（4）确保 Acuflex Ⅰ 坐位屈伸箱上端的“L”型的滑动设备正常。

（5）测试初始姿势：受测者将一只手放于另一只手之上，保持背部、臀部和头紧贴着墙，尽力往前伸展。肩关节尽力前伸，但是一定要注意背部、臀部和头不能离开墙。测试员将 Acuflex Ⅰ 箱上的“L”型设备滑动至受测者指尖刚好处于零刻度的位置，这个起始姿势在每次测试前都要做到位。

（6）准备就绪后，受测者的头和背可以离开墙，慢慢向前滑动（3 次），第三次时尽可能地将“L”型设备上的滑片推得更远，并且在能推至最远处至少保持 2 秒。在测试过程中，始终确保膝盖不能弯曲；记录此次测试数据。

（7）受测者需进行两次测试，两次测试的平均成绩作为最终测试结果。测试完之后可根据表 6－2 对结果进行评价。

表 6－2　基于测试结果百分比的柔韧性的优劣

百分比范围	柔韧性优劣
81	极好
61～80	好
41～60	一般
21～40	较差
20	差

二、全身旋转测试操作程序

全身旋转测试是对运动员旋转柔韧性进行测量与评价的方法。

（1）全身旋转测试要用 AcuflexⅡ柔韧测试架，AcuflexⅡ应固定于墙上或其他地方，高度调至与受测者肩部相适应；在地板上画约 5 米长的直线（图 6－199）。

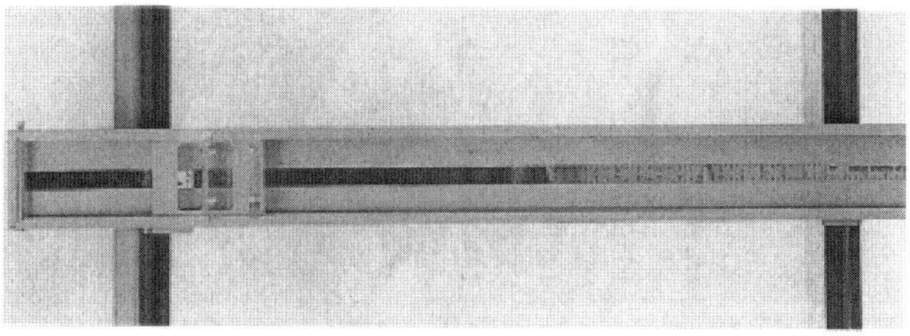

图 6－199　AcuflexⅡ柔韧测试架

（2）确保受测者测试前进行适宜热身。

（3）受测者距墙一臂的距离，双脚微微分开，平行站立，脚尖踩在线上，离墙远的手臂水平伸出，手呈拳状握住测试仪器。

（4）受测者可旋转身体（伸展开的手臂一直呈水平状态），尽可能滑动 AcuflexⅡ柔韧测试架上的滑柄至最远处。保持最大旋转程度至少 2 秒。手握滑柄的姿势如图 6－200 所示；在整个测试过程中，不能试图通过改变手的姿势将滑柄推得更远，比如受测者不可以用指关节、手腕或肘关节推动滑柄。在测试过程中，膝关节可稍稍弯曲，但是双脚必须保持最初的姿态，不能有任何改变。躯干尽力保持垂直于地面。

图 6－200　全身旋转测试（右侧）

（5）每侧身体进行两次测试，两次测试结果的平均值作为最终测试结果，可根据表 6－3 至表 6－7 对结果进行评价。

三、肩关节旋转测试

肩关节旋转测试是对运动员肩关节的旋转柔韧性进行测量与评价的方法。

表 6 - 3 改良式坐位屈伸测试评价——男(英寸)

% tile rank ↓ / Age →	→5	6	7	8	9	10	11	12	13	14	15 - 19	20 - 29	30 - 39	40 - 49	50 - 59	60 >
99	12.0	16.6	16.2	17.5	16.3	17.1	18.2	18.3	19.4	20.6	21.2	23.5	20.8	18.6	19.4	19.2
95	10.5	15.0	14.9	14.0	13.5	14.5	16.5	17.1	18.5	19.4	18.5	19.3	17.4	16.8	16.4	17.0
90	10.1	13.6	13.8	13.1	12.4	13.1	15.2	16.4	18.2	18.0	17.5	17.9	16.3	15.5	15.5	15.5
80	9.4	12.2	12.7	12.0	11.8	12.5	13.1	15.7	16.5	15.7	16.3	17.3	14.9	14.5	13.5	14.5
70	8.9	11.4	11.8	11.0	10.8	11.8	12.4	14.8	15.3	14.6	15.5	16.2	13.9	13.5	12.5	13.8
60	8.0	10.3	10.5	10.6	10.3	11.0	11.2	13.3	14.2	14.0	14.5	15.3	13.3	12.9	11.6	12.5
50	7.5	9.5	10.0	10.0	10.0	10.5	10.0	12.2	13.5	13.5	13.6	14.3	12.3	12.3	10.6	12.3
40	7.0	8.8	9.0	9.0	9.3	10.0	9.0	11.0	12.6	12.8	12.6	13.8	11.5	11.4	10.0	11.7
30	6.5	8.0	8.5	8.5	8.8	9.5	8.8	10.3	12.0	11.7	11.8	13.0	10.5	10.8	9.3	10.3
20	5.8	7.0	7.8	7.5	8.0	8.8	8.5	9.1	11.6	10.3	10.8	11.8	8.4	10.0	8.5	9.3
10	4.5	6.3	6.8	6.8	6.7	7.5	7.9	8.3	9.5	8.5	9.0	10.3	7.0	8.0	7.4	8.8
5	4.1	5.5	6.0	6.3	5.8	6.4	7.1	7.4	8.1	7.8	8.5	9.3	6.7	7.3	5.4	7.5
1	3.3	4.0	3.5	4.0	4.4	5.2	6.0	6.5	7.0	6.1	6.5	5.5	4.1	3.8	2.0	2.9

n = 1 933

表 6－4　改进后坐位屈伸测试评价——女(英寸)

% tile rank ↓↓ Age →	5	6	7	8	9	10	11	12	13	14	15－19	20－29	30－39	40－49	50－59	60 >
99	13.4	13.5	14.9	17.0	17.5	18.3	19.5	22.7	23.0	22.7	23.0	23.7	22.1	22.0	19.4	18.2
95	11.8	12.2	13.2	15.0	16.5	17.0	18.0	21.2	21.9	21.4	20.6	20.8	17.9	17.5	16.6	15.6
90	11.2	11.4	12.5	14.2	15.5	16.0	17.8	18.7	21.0	20.5	18.8	19.7	17.0	16.9	15.9	15.5
80	10.3	10.6	11.7	13.0	14.5	14.5	16.8	17.6	19.6	19.5	17.8	18.3	16.8	16.0	13.9	14.3
70	10.0	10.0	10.9	12.0	13.0	13.5	15.6	17.0	18.8	18.5	16.7	17.0	16.1	15.0	13.5	13.0
60	9.5	10.5	11.5	11.5	12.0	13.0	15.0	16.5	17.6	17.5	15.8	16.2	15.0	14.2	12.5	10.5
50	9.0	9.8	11.0	11.0	11.5	12.5	14.0	15.8	16.5	17.0	15.3	15.5	14.3	13.0	11.5	9.8
40	8.5	9.3	10.0	10.1	10.9	12.0	13.5	14.8	15.8	16.5	14.8	14.8	13.6	12.5	10.3	9.5
30	8.0	8.8	9.5	9.5	10.0	11.0	12.9	13.8	15.5	15.5	13.8	14.0	12.5	12.0	9.8	9.2
20	7.5	8.0	8.5	8.9	9.5	10.5	12.3	13.0	14.0	14.5	12.8	13.0	11.1	10.7	8.5	7.7
10	6.5	7.0	7.5	7.2	8.8	9.0	11.5	11.8	13.0	13.3	11.6	11.9	9.0	8.6	7.5	5.9
5	5.3	6.2	6.7	6.5	7.9	9.0	10.5	10.6	10.4	12.5	10.3	10.7	8.0	8.0	6.0	3.0
1	3.1	4.9	5.1	4.0	6.6	5.8	7.2	8.3	7.9	9.3	7.5	9.2	6.4	4.9	3.3	1.5

n = 2 165

表 6-5 全身旋转测试评价(右和左)——男(英寸)

% tile	Right Rotation								Left Rotation							
rank Age→ ↓↓	8-10	11-14	15-19	20-29	30-39	40-49	50-59	60>	8-10	11-14	15-19	20-29	30-39	40-49	50-59	60>
99	27.9	28.1	31.7	29.6	27.0	26.8	24.7	23.9	28.2	28.0	31.8	28.9	27.2	26.9	24.0	25.1
95	24.5	24.8	27.3	25.9	23.6	23.9	20.9	20.6	25.1	25.0	27.2	25.3	23.1	23.5	20.5	21.5
90	23.5	22.9	25.5	24.9	21.5	21.5	19.5	18.4	22.9	24.9	25.3	24.3	22.5	20.7	19.0	20.3
80	21.6	21.3	23.7	22.5	19.9	20.6	18.0	16.2	22.1	23.8	23.4	22.5	20.8	17.8	16.5	16.7
70	20.5	20.4	22.3	21.0	18.6	18.9	16.5	15.0	21.2	22.1	21.6	20.5	19.5	17.0	14.8	14.8
60	20.0	19.4	21.0	19.0	16.6	17.1	16.0	13.2	20.3	20.6	20.5	19.5	18.0	16.2	13.7	13.9
50	18.5	18.9	20.0	17.8	15.9	16.0	14.0	12.1	19.1	19.5	19.3	18.0	16.5	16.0	13.0	12.0
40	17.9	18.5	18.0	16.5	14.9	14.3	13.2	11.3	18.8	18.5	17.9	16.5	14.7	14.1	12.5	11.1
30	17.5	17.9	16.8	15.0	13.0	13.5	11.0	10.1	18.3	17.6	16.3	15.0	13.5	12.9	11.5	9.4
20	17.0	15.5	14.0	13.8	11.5	10.5	10.1	6.4	17.8	16.5	14.0	13.1	12.0	10.4	10.5	5.6
10	16.0	14.6	11.4	11.8	7.8	7.9	7.6	2.9	16.5	15.4	11.1	10.8	10.6	8.0	9.1	2.8
5	12.3	11.8	10.0	9.6	6.3	4.6	4.6	2.2	13.7	12.0	9.5	8.7	8.1	5.2	5.2	2.0
1	8.6	7.2	6.8	2.1	2.0	1.9	1.4	1.0	11.0	8.7	4.0	2.0	2.9	1.5	1.1	0.6

n = 795

表 6-6 全身旋转测试评价（右和左）——女（英寸）

% tile rank ↓↓ Age→	Right Rotation 8-10	11-14	15-19	20-29	30-39	40-49	50-59	60 >	Left Rotation 8-10	11-14	15-19	20-29	30-39	40-49	50-59	60 >
99	25.9	27.7	29.5	29.5	29.2	26.2	25.0	24.2	27.5	29.2	32.5	29.5	30.0	27.5	25.7	24.0
95	22.8	25.2	27.8	26.8	24.9	23.5	20.9	20.0	23.1	26.1	27.3	26.3	24.5	24.0	21.5	20.5
90	22.3	23.7	26.8	24.8	22.0	20.2	19.0	19.2	22.3	24.3	26.0	25.2	22.5	21.8	20.9	19.6
80	21.3	21.8	25.0	23.1	20.0	18.7	17.8	16.0	21.6	22.5	24.6	23.0	21.0	18.1	19.3	18.1
70	20.0	20.6	23.5	21.5	18.8	17.0	16.3	15.3	20.8	21.8	22.8	21.5	19.5	17.5	17.4	17.3
60	19.5	19.6	21.8	20.0	17.0	16.5	15.0	13.8	20.1	21.3	21.5	20.4	18.5	16.7	16.3	15.4
50	18.5	18.9	20.8	19.0	15.8	13.8	13.5	10.0	19.6	20.3	20.3	19.0	17.0	16.0	14.5	11.5
40	17.6	17.3	19.0	17.6	15.0	12.0	13.4	8.1	19.3	19.5	19.0	17.6	16.0	14.9	13.4	8.0
30	16.5	16.8	17.0	16.0	14.0	11.0	11.9	3.9	18.4	19.0	17.5	16.2	14.5	13.1	12.1	5.4
20	15.7	15.5	15.8	14.5	12.5	9.5	6.7	2.3	17.8	17.7	16.5	15.1	13.0	10.8	9.0	3.8
10	13.9	14.7	13.2	12.2	9.0	5.7	3.5	2.0	16.9	15.9	13.8	13.0	9.0	8.7	5.9	2.4
5	11.7	14.5	11.0	9.9	6.0	4.1	1.1	1.7	14.7	13.0	12.3	10.5	7.8	5.6	4.4	0.8
1	8.2	11.0	9.0	3.4	2.9	1.6	0.5	0.3	11.4	9.6	9.5	4.7	3.8	2.2	0.9	0.3

n = 886

表 6－7 肩关节测试评价(英寸)

% tile	Men								Women							
rank Age→ ↓↓	8－10	11－14	15－19	20－29	30－39	40－49	50－59	60 >	8－10	11－14	15－19	20－29	30－39	40－49	50－59	60 >
99	3.2	4.0	2.6	5.9	9.8	15.8	22.0	24.1	0.7	0.5	0.2	0.2	3.5	9.5	19.2	20.2
95	10.7	11.8	12.0	12.6	18.7	21.1	25.7	28.5	7.8	6.2	7.0	5.2	10.6	15.6	24.5	24.6
90	12.3	14.6	15.2	15.9	19.8	22.2	27.0	28.9	10.7	12.4	10.9	7.5	13.8	16.4	20.5	24.7
80	16.5	17.3	19.5	19.3	20.9	24.5	28.3	29.9	13.6	16.2	13.9	13.0	16.3	18.1	21.8	28.8
70	17.7	19.0	22.0	21.6	23.2	26.6	29.3	30.5	14.7	17.6	15.7	14.9	18.5	21.5	23.5	30.3
60	18.5	19.2	24.0	23.5	25.0	27.6	29.9	31.8	16.0	20.4	18.4	18.0	20.6	23.2	24.5	31.8
50	19.2	20.7	25.5	25.1	26.8	28.9	30.5	32.9	16.9	21.5	20.0	19.5	21.6	24.1	25.5	32.3
40	20.0	23.0	27.0	26.3	29.3	31.0	31.0	33.7	17.7	22.7	22.3	21.0	23.6	25.8	26.9	33.3
30	21.0	23.8	29.0	27.8	30.5	32.6	31.4	34.2	20.0	23.7	24.0	23.6	25.2	26.8	28.5	33.8
20	22.5	24.2	30.5	30.0	33.0	33.6	33.7	35.6	22.1	26.8	25.5	25.0	27.1	30.8	31.1	34.7
10	24.6	25.9	33.0	32.5	35.5	36.4	37.4	38.4	23.4	29.1	28.0	28.3	30.0	32.0	33.2	36.9
5	25.4	26.5	34.5	34.4	37.5	37.9	39.5	42.0	24.9	31.8	31.0	30.2	30.8	33.8	36.4	41.1
1	27.2	29.8	37.0	38.0	40.2	42.1	44.7	48.1	27.2	32.7	33.5	34.9	35.7	38.3	42.5	46.8

Men. n＝795； Women. n＝886

(1) 该测试需用 AcuflexⅡ柔韧测试架，此设备可测量肩宽和肩关节旋转。

(2) 确保受测者测试前适当热身。

(3) 测量肩峰距(图 6－201)。

(4) 将 AcuflexⅢ杆放于受测者背后，受测者反握设备，右手紧贴零刻度，并且在整个测试过程中右手都是紧握状态，不能有任何移动。左手可根据需要进行移动，调整握距(图 6－202)。

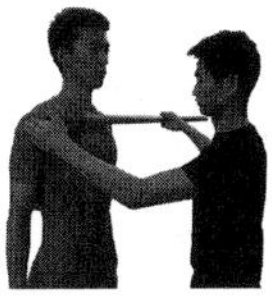

图 6－201 肩宽的测量

(5) 保持直立姿态，双臂完全伸展，肘关节固定，受测者慢慢将 AcuflexⅢ杆举过头顶(图 6－203)。为了完成该动作，左手可以 0.5～1 英寸/次向外移动，以确保受测者在做测试时候没有不适感或手肘弯曲。测试数据从手内侧(两小手指之间距离)开始计算。

图 6－202 肩关节旋转测试的初始姿势

图 6－203 肩关节旋转测试

(6) 最终成绩是肩关节旋转距离减去肩峰距离。例如受试者能够按照要求完成测试的旋转距离是 42 英寸，而其肩峰距离为 15 英寸，其最终成绩为 27 英寸。

参考文献

[1] 田麦久. 运动训练学. 北京：人民体育出版社. 2000.

[2] American College of Sport Medicine position Stand, SPORTMEDICINE. Human Kinetics, 1998.

[3] Bob Anderson. STRETCHING. Shelter. 2000.

[4] 柳爱莲，李建钢，王永明. PNF 牵伸练习对自行车运动员力量及 EMG 参数的影响. 北京：北京体育大学学报，2009，32(3)：123～126.

反盗版举报电话　（010）58581999　58582371

反盗版举报邮箱　dd@hep.com.cn

通信地址　北京市西城区德外大街4号

高等教育出版社法律事务部

邮政编码　100120